A educação moral

COLEÇÃO SOCIOLOGIA
Coordenador: Brasilio Sallum Jr. – Universidade de
São Paulo

Comissão editorial:
Gabriel Cohn – Universidade de São Paulo
Irlys Barreira – Universidade Federal do Ceará
José Ricardo Ramalho – Universidade Federal do Rio de Janeiro
Marcelo Ridenti – Universidade Estadual de Campinas
Otávio Dulci – Universidade Federal de Minas Gerais

Dados Internacionais de Catalogação na Publicação (CIP)
(Câmara Brasileira do Livro, SP, Brasil)

Durkheim, Émile, 1858-1917.
   A educação moral / Émile Durkheim ; tradução de Raquel Weiss.
2. ed. – Petrópolis, RJ : Vozes, 2012. – (Coleção Sociologia)
   Título original: L'Éducation morale.
   Bibliografia.

   4ª reimpressão, 2021.

   ISBN 978-85-326-3668-3
   1. Educação – Finalidade e objetivos 2. Educação moral
3. Valores (Ética) I. Título. II. Série.

08-02228   CDD-370.114

Índices para catálogo sistemático:
1. Educação moral... 370.114

Émile Durkheim

A educação moral

Tradução de Raquel Weiss

Petrópolis

Tradução realizada a partir do original em francês intitulado *L'Éducation morale*

© desta tradução:
2008, Editora Vozes Ltda.
Rua Frei Luís, 100
25689-900 Petrópolis, RJ
www.vozes.com.br
Brasil

Todos os direitos reservados. Nenhuma parte desta obra poderá ser reproduzida ou transmitida por qualquer forma e/ou quaisquer meios (eletrônico ou mecânico, incluindo fotocópia e gravação) ou arquivada em qualquer sistema ou banco de dados sem permissão escrita da editora.

CONSELHO EDITORIAL

Diretor
Gilberto Gonçalves Garcia

Editores
Aline dos Santos Carneiro
Edrian Josué Pasini
Marilac Loraine Oleniki
Welder Lancieri Marchini

Conselheiros
Francisco Morás
Ludovico Garmus
Teobaldo Heidemann
Volney J. Berkenbrock

Secretário executivo
João Batista Kreuch

Editoração: Sheila Ferreira Neiva
Diagramação: AG.SR Desenv. Gráfico
Capa: Juliana Teresa Hannickel

ISBN 978-85-326-3668-3

Editado conforme o novo acordo ortográfico.

Este livro foi composto e impresso pela Editora Vozes Ltda.

Nota da tradutora

Esta tradução, a primeira do Brasil, foi feita a partir da edição francesa publicada pela Presses Universitaires de France no ano de 1963, que é atualmente considerada a edição de referência desta obra, em substituição à primeira edição, de 1925, da Editora Félix Alcan. Conforme mencionado no prefácio de Paul Fauconnet, esta obra consiste na reunião das aulas redigidas por Émile Durkheim para um curso ministrado pela primeira vez na Sorbonne no ano letivo de 1902-1903, o que explica o caráter informal e oral do texto, que se procurou manter nesta tradução, seja nas expressões utilizadas, seja na própria pontuação e divisão dos parágrafos. Outra característica que se procurou preservar foi a forma de apresentação das referências dos textos citados pelo autor, que ora figuram no corpo do texto, ora aparecem nas notas de rodapé.

Raquel Weiss[*]

---

[*] Bacharel em Ciências Sociais/USP; mestre em Sociologia/USP, com a dissertação *Émile Durkheim e a Ciência da Moral;* doutoranda em Filosofia/USP, onde desenvolve a pesquisa *A teoria moral normativa de Émile Durkheim.*

Sumário

Apresentação da coleção, 9
Prefácio, 11

INTRODUÇÃO, 15
Primeira lição: A moral laica, 17

PRIMEIRA PARTE: OS ELEMENTOS DA MORALIDADE, 31

Segunda lição: **O primeiro elemento da moralidade**: o espírito de disciplina, 33

Terceira lição: O espírito de disciplina (continuação), 48

Quarta lição: O espírito de disciplina (fim); **O segundo elemento da moralidade**: a adesão aos grupos sociais, 61

Quinta lição: O segundo elemento da moralidade: a adesão aos grupos sociais (continuação), 76

Sexta lição: O segundo elemento da moralidade: a adesão aos grupos sociais (fim). Relações e unidade entre os dois elementos, 90

Sétima lição: Conclusões sobre os dois primeiros elementos da moralidade; **O terceiro elemento**: a autonomia da vontade, 103

Oitava lição: O terceiro elemento da moralidade: a autonomia da vontade (fim), 117

SEGUNDA PARTE: COMO CONSTITUIR NA CRIANÇA OS ELEMENTOS DA MORALIDADE, 131

I. O espírito de disciplina, 131

Nona lição: A disciplina e a psicologia da criança, 133

Décima lição: A disciplina escolar, 146

Décima primeira lição: A penalidade escolar, 158

Décima segunda lição: A penalidade escolar (continuação), 171

Décima terceira lição: A penalidade escolar (fim), 186

II. A vinculação aos grupos sociais, 201

Décima quarta lição: O altruísmo da criança, 203

Décima quinta lição: A influência do ambiente escolar, 218

Décima sexta lição: O ambiente escolar (fim) – O ensino das ciências, 231

Décima sétima lição: O ensino das ciências (fim), 245

Décima oitava lição: A cultura estética – O ensino histórico, 258

Apresentação da coleção

Brasílio Sallum Jr.

A **Coleção Sociologia** ambiciona reunir contribuições importantes desta disciplina para a análise da sociedade moderna. Nascida no século XIX, a sociologia expandiu-se rapidamente sob o impulso de intelectuais de grande estatura – considerados hoje clássicos da disciplina –, formulou técnicas próprias de investigação e fertilizou o desenvolvimento de tradições teóricas que orientam o investigador de maneiras distintas para o mundo empírico. Não há o que lamentar o fato de a sociologia não ter um *corpus* teórico único e acabado. E, menos ainda, há que esperar que este seja construído no futuro. É da própria natureza da disciplina – de fato, uma de suas características mais estimulantes intelectualmente – renovar conceitos, focos de investigação e conhecimentos produzidos. Este é um dos ensinamentos mais duradouros de Max Weber: a sociologia e as outras disciplinas que estudam a sociedade estão condenadas à eterna juventude, a renovar permanentemente seus conceitos à luz de novos problemas suscitados pela marcha incessante da história. No período histórico atual, este ensinamento é mais verdadeiro do que nunca, pois as sociedades nacionais, que foram os alicerces da construção da disciplina, estão passando por processos de inclusão, de intensidade variável, em uma sociedade mundial em formação. Os sociólogos têm respondido com vigor aos desafios desta mudança histórica, ajustando o foco da disciplina em suas várias especialidades.

A **Coleção de Sociologia** pretende oferecer aos leitores de língua portuguesa um conjunto de obras que espelhe o tanto quanto possível o desenvolvimento teórico e metodológico da disciplina. A coleção conta com a orientação de comissão editorial, composta por profissionais relevantes da disciplina, para selecionar os livros a serem nela publicados.

A par de editar seus autores clássicos, a **Coleção Sociologia** abrirá espaço para obras representativas de suas várias correntes teóricas e de suas especialidades, voltadas para o estudo de esferas específicas da vida social. Deverá também suprir as necessidades de ensino da Sociologia para um público mais amplo, inclusive por meio de manuais didáticos. Por último – mas não menos importante –, a **Coleção Sociologia** almeja oferecer ao público trabalhos sociológicos sobre a sociedade brasileira. Deseja, deste modo, contribuir para que ela possa adensar a reflexão científica sobre suas próprias características e problemas. Tem a esperança de que, com isso, possa ajudar a impulsioná-la no rumo do desenvolvimento e da democratização.

Prefácio

Este curso sobre *A educação moral* é o primeiro curso sobre a Ciência da Educação ministrado por Durkheim na Sorbonne, no ano letivo de 1902-1903. Ele havia começado a esboçá-lo há algum tempo, em suas aulas em Bourdeaux. Ele o repetiu ulteriormente, por exemplo, no ano de 1906-1907, sem modificar a redação. O curso compreendia vinte lições. Nós apresentamos aqui apenas dezenove. As duas primeiras são lições de metodologia pedagógica. A primeira é a lição de abertura, publicada em Janeiro de 1903 na *Revue de Métaphysique et Morale,* e reproduzida no pequeno livro *Éducation et Sociologie*[1], por nós publicado em 1922.

Durkheim redigia suas aulas *in extenso*. Encontraremos aqui a reprodução textual de seu manuscrito. Nossas correções são puramente formais ou insignificantes. Acreditamos inútil assinalá-las. Em todo caso, elas não comprometem o pensamento do autor.

Pedimos ao leitor para aceitar de bom grado um defeito inevitável deste livro. Quase sempre, o início de uma lição começa nas últimas páginas da lição anterior: seja porque Durkheim apresenta um resumo da lição anterior, para estabelecer uma conexão mais clara entre as duas, seja porque reescreve alguma linha de raciocínio que não teve tempo de expor oralmente na semana precedente. Para corrigir esse defeito, seria preciso que fizéssemos alguns remanejamen-

---

1. Este livro foi publicado no Brasil com o título de *Educação e Sociologia*, no ano de 1978, pela Editora Melhoramentos. O capítulo que corresponde a esta aula inaugural de Durkheim é o terceiro do livro. Os dois primeiros capítulos consistem na reprodução dos artigos que correspondem aos verbetes "Educação" e "Pedagogia", redigidos por Durkheim para o *Nouveau Dictionnaire de Pédagogie et d'Instruction Primaire*, organizado por Fernand Buisson, Paris, Hachette, 1911. O quarto e último capítulo do referido livro é a aula inaugural de um curso preparado para os candidatos à agregação do ensino secundário, em 1905, e publicada inicialmente na *Revue Bleue*, 20/01/1906.

tos que resultariam inevitavelmente arbitrários. Pensamos que escrúpulos puramente literários não deveriam prevalecer sobre o respeito ao texto original. Com frequência, as duas redações sucessivas diferenciam-se por detalhes interessantes.

A primeira parte do curso constitui aquilo que Durkheim legou de mais completo sobre aquilo que chamamos de "moral teórica": teoria do dever, do bem, da autonomia. Parte dessas lições está contemplada na comunicação sobre "La détermination du fait moral", inserida no *Bulletin de la Société Française de Philosophie* de 1906, e reimpressa no volume intitulado: *Sociologie et Philosophie*[2] (1924). As mesmas questões seriam retomadas nos Prolegômenos de *La Morale,* nos quais Durkheim trabalhou durante os últimos anos de sua vida, e dos quais Marcel Mauss publicou um fragmento na *Revue Philosophique* de 1920, tomo 89, página 79. Está fora de dúvida que o pensamento de Durkheim progrediu em alguns pontos no período de 1902 a 1917.

A segunda parte do curso, simétrica à primeira, deveria compreender três seções: uma sobre o espírito de disciplina, a segunda sobre o espírito de abnegação, a terceira sobre a autonomia da vontade, estudada dessa vez de um ponto de vista propriamente pedagógico. A última dessas três seções não está publicada aqui. Ocorre que a educação da autonomia é o assunto de *L'enseignement de la morale à l'école primaire*, tema ao qual Durkheim se dedicou diversas vezes, especialmente no ano letivo de 1907-1908, em que ministrou um curso inteiro sobre isso. O manuscrito desse curso não foi redigido de forma a permitir sua publicação[3].

---

2. No Brasil, este livro foi publicado com o título de Sociologia e Filosofia, reeditado pela editora Forense em 1994.

3. De fato, o conteúdo desse curso nunca chegou a ser publicado. Porém, é possível ter uma ideia geral acerca de como o autor acreditava que a moral laica deveria ser ensinada, se tomarmos como referência as palavras do autor em uma conferência proferida aos alunos da *École Normale de Auteuil*, cujo título é exatamente "L'Enseignement de la morale à lécole primaire", que provavelmente data do ano de 1908-1909 ou 1909-1910. O conteúdo desta conferência foi publicado pela primeira vez no ano de 1992, na *Revue Française de Sociologie*, sob os cuidados da professora Jacqueline Gautherin, que encontrou este texto datilografado a partir de registros taquigráficos da conferência, nos arquivos da biblioteca da *École Normale d'Instituteurs de Paris* – atualmente, *Institut Universitaire de Formation de Maîtres* (IUFM). Este texto foi publicado no Brasil com o título "A educação moral na escola primária", na revista *Novos Estudos Cebrap*, n. 78, julho de 2007, p. 59-75.

Poderá ser observado que as lições não correspondem com precisão aos capítulos e que, com frequência, é no decorrer de uma lição que se faz a passagem para o assunto seguinte. O plano da obra pode ser conferido no índice.

Paul Fauconnet

Introdução

PRIMEIRA LIÇÃO

A moral laica

Neste curso, falarei a vocês na condição de pedagogo, e, exatamente por isso, se faz necessário determinar o que se deve entender por pedagogia[1]. Eu já mostrei anteriormente que ela não é uma ciência[2]. Não é que uma ciência da educação não seja possível, mas a pedagogia não é essa ciência. Essa distinção é necessária para que não se julgue as teorias pedagógicas mediante princípios que não convêm senão às pesquisas propriamente científicas. A ciência deve preocupar-se em pesquisar com a maior prudência possível; ela não é forçada a obter algum resultado em um tempo definido. A pedagogia não tem o direito de ser tão paciente; porque ela responde a necessidades vitais que não podem esperar. Quando uma transformação no ambiente reclama de nós uma ação apropriada, essa ação não pode ser adiada. Tudo aquilo que o pedagogo pode e deve fazer é reunir, o mais cuidadosamente possível, todos os dados que a ciência coloca à sua disposição a cada momento, para que assim possa guiar a ação; e não se pode exigir dele nada mais do que isso.

Mas, se a pedagogia não é uma ciência, ela também não é uma arte. A arte[3], com efeito, é produto de hábitos adquiridos, de práti-

---

[1]. Durkheim foi convidado para a Sorbonne para substituir Fernand Buisson na cadeira de Pedagogia.

[2]. O autor refere-se à aula inaugural do curso, que foi publicada na coletânea *Educação e Sociologia*, conforme explicado no Prefácio.

[3]. É importante notar que o conceito de "arte" não é utilizado aqui em seu sentido estético. A seguinte definição apresentada por André Lalande, que foi aluno de Durkheim no Liceu de Sens, oferece uma ideia precisa acerca do sentido no qual esse termo deve ser entendido no presente contexto, sentido este que era muito utilizado àquela época: "Em geral, conjunto de procedimentos que servem para produzir determinado resultado. [...] A arte opõe-se nesse sentido à ciência concebida como puro conhecimento independente das aplicações" (LALANDE, André. *Vocabulário técnico e crítico da filosofia*. São Paulo: Martins Fontes, 1999, p. 89).

cas constantes, de habilidades desenvolvidas. A arte da educação não é a mesma coisa que a pedagogia, é a destreza do educador, a experiência prática do mestre.

Essas duas atividades são tão nitidamente distintas, que é possível que alguém seja um excelente mestre, sem que tenha muito talento para especulações pedagógicas. Por outro lado, também não é necessário que o pedagogo possua qualquer habilidade prática. Nós não confiaríamos voluntariamente uma classe nem a Montaigne nem a Rousseau, e os repetidos fracassos de Pestalozzi provam que ele não tinha muita habilidade para educar. A pedagogia é, portanto, algo intermediário entre a arte e a ciência. Ela não é a arte, porque não consiste em um sistema de práticas organizadas, mas em um sistema de ideias relativas a essas práticas. Ela é um conjunto de teorias. Nesse sentido ela se aproxima da ciência. Contudo, enquanto as teorias científicas têm como única finalidade exprimir a verdade, as teorias pedagógicas têm como objetivo imediato guiar a conduta. Se elas não constituem a ação propriamente dita, elas preparam a ação e nesse aspecto se aproximam dela. É na ação que reside toda sua razão de ser. É esta natureza mista que gostaria de exprimir, ao afirmar que se trata de uma teoria prática. Nessa definição está estabelecida a natureza dos serviços que podemos esperar da pedagogia. Ela não é a prática em si e, por isso mesmo, não pode dispensar a prática. Na verdade, ela pode esclarecê-la. Portanto, ela é útil na medida em que a reflexão é útil à própria experiência profissional.

Se ela exceder os limites de seu domínio legítimo, se ela pretender substituir a experiência, ditando receitas prontas, que o professor deve seguir mecanicamente, ela acabará por degenerar em teorizações arbitrárias. Por outro lado, se a experiência abdicar de toda a reflexão pedagógica, ela resultará em uma rotina cega, ou ficará à mercê de reflexões pobres, elaboradas sem qualquer método. A pedagogia consiste, precisamente, em uma reflexão, a mais metódica e mais documentada possível, colocada a serviço da prática do ensino.

Concluída essa questão inicial, podemos começar a tratar do assunto que nos ocupará durante este ano, qual seja, o problema da educação moral. Para que possamos abordá-lo com rigor, convém, acredito, determinar em que termos esse problema se põe atualmente. Isso porque ele se apresenta em condições bastante peculiares. Com efeito, é exatamente nessa parte de nosso sistema pedagógico tradicional que a crise da qual tratei na última lição atinge sua maior intensidade. É importante compreender bem quais são as razões disso.

Se escolhi o problema da educação moral como principal assunto deste curso, não foi apenas em virtude da importância vital que os pedagogos sempre lhe concederam, mas porque se trata de um problema particularmente urgente nos dias de hoje. É nessa parte de nosso sistema educacional que a crise é mais profunda e, ao mesmo tempo, mais grave; porque tudo aquilo que pode diminuir a eficácia da educação moral, tudo aquilo que ameaça tornar a ação mais incerta, ameaça à moralidade pública em sua própria fonte. Não há, portanto, nenhuma outra questão que se imponha com mais urgência à atenção do pedagogo.

Essa situação permaneceu latente durante muito tempo, e aquilo que a tornou mais evidente foi a grande revolução pedagógica que nosso país tem intentado realizar há cerca de vinte anos, mas que, até o momento, se concretizou apenas parcialmente. Decidimos dar às nossas crianças, em nossas escolas, uma educação que fosse puramente laica: com isso se deve entender uma educação que abdica de qualquer referência aos princípios sobre os quais repousam as religiões reveladas, que se apoia exclusivamente sobre ideias, sentimentos e práticas que se justificam unicamente pela razão, em uma palavra, uma educação puramente racionalista. Ora, uma novidade tão importante não poderia ocorrer sem perturbar as ideias consolidadas, sem incomodar hábitos adquiridos, sem implicar transformações radicais no conjunto de nossos procedimentos educativos, sem colocar problemas novos, em relação aos quais devemos tornar-nos plenamente conscientes. Sei que, com isso, toco em questões que têm o triste privilégio de despertar paixões contraditórias. Mas é impossível que essas questões não sejam abordadas de forma resoluta. Falar de educação moral, sem determinar com precisão todas as questões envolvidas nesse problema, seria condenar essa discussão a permanecer presa a argumentos vagos e sem relevância. Não tentaremos definir aqui em que deve consistir a educação moral para o homem em geral, mas para os homens de nosso tempo e de nosso país. Ora, é em nossas escolas públicas que se forma a maioria de nossas crianças, são essas escolas que devem ser as guardiãs por excelência de nosso caráter nacional; não importa o que fizermos, elas são a engrenagem da educação geral; é delas, portanto, que vamos nos ocupar aqui e, por consequência, da educação moral tal qual ela é e deve ser entendida e praticada. Estou certo de que quando se traz um pouco de espírito científico para o exame dessas questões torna-se mais fácil tratá-las sem despertar paixões, sem ofender a qualquer sensibilidade legítima.

Que uma educação moral inteiramente racional seja possível, é o que está inicialmente implicado no postulado que está na base da ciência; trata-se do postulado racionalista, que pode ser enunciado da seguinte maneira: não existe nada na realidade que nos autorize a considerá-la como radicalmente refratária à razão humana. Chamando tal princípio de postulado, sirvo-me de uma expressão bastante imprópria. Ele possuía esse caráter quando o espírito ousou pela primeira vez submeter-se à realidade, se é que podemos falar que essa primeira conquista do mundo para o espírito teve um início determinado. Quando a ciência começa a se constituir, é necessário que seja postulada como um empreendimento possível, ou seja, é preciso postular que as coisas podem se exprimir em uma linguagem científica ou, dito de outra forma, racional, porque os dois termos são sinônimos. Mas esse postulado, que foi uma antecipação do espírito, uma conjectura provisória, foi progressivamente demonstrado por todos os resultados da ciência. Ela provou que os fatos podiam ser ligados uns aos outros mediante relações racionais, à medida que descobria essas relações. Sem dúvida, há muitas, ou melhor, uma infinidade de relações que permanecem desconhecidas; inclusive, não há nada que nos assegure que poderão ser completamente descobertas, que chegará um momento em que a ciência estará acabada e exprimirá de maneira adequada a totalidade das coisas. Tudo leva a crer que o progresso científico não estará jamais acabado. Contudo, o princípio racionalista não implica que a ciência possa esgotar o real; ele apenas nega que se tenha o direito de olhar para qualquer parte da realidade, qualquer categoria de fatos como absolutamente irredutível ao pensamento científico, quer dizer, como irracional em sua essência. O racionalismo não supõe em absoluto que a ciência possa estender-se até os últimos limites do dado; afirma apenas que, no dado, não há limites que a ciência não possa jamais transpor. Ora, podemos afirmar que, assim entendido, esse princípio é provado pela própria história da ciência. A maneira com que ela tem progredido demonstra que é impossível estabelecer um ponto a partir do qual a explicação científica se torna inviável. Ela conseguiu superar todas as fronteiras nas quais se tentou encerrá-la. Todas as vezes em que se acreditou que a ciência havia atingido o limite, pudemos assistir à retomada de sua marcha, que a levou a adentrar em lugares que se acreditava interditados. Uma vez que a Física e a Química foram constituídas, pareceu que a ciência iria parar por ali. O mundo da vida parecia depender de princípios misteriosos que escapavam aos instrumentos do pensamento científico. E, no entanto, as ciências biológicas acabaram por se consolidar. Depois foi a Psicologia que, ao se fundar, veio a demonstrar a racionalidade dos fatos mentais. Nada, pois, nos autoriza a supor que seja de forma diferente com os fenômenos morais. Tal exceção, que seria única, é contrária a todas as inferências. Não há razão para crer que essa última barreira, que ainda se tenta opor aos progressos da razão, seja mais intransponível do que as outras. De fato, foi fundada uma ciência, que ainda está em seu princípio, mas que pretende tratar os fenômenos da vida moral como fenômenos naturais, quer dizer, racionais[4]. Ora, se a moral é coisa racional, se ela torna reais ideias e sentimentos que emanam da razão, por que seria necessário, para fixar nos espíritos e no caráter, recorrer a procedimentos que escapam à razão?

 Uma educação puramente racional configura-se não apenas como logicamente possível, mas impõe-se como uma necessidade a partir de todo nosso desenvolvimento histórico. Sem dúvida, se a educação tivesse adquirido abruptamente essa característica há alguns anos, poderíamos duvidar de que uma transformação tão repentina pudesse estar implicada na natureza das coisas. Mas, na realidade, ela não é senão o resultado de um desenvolvimento gradual, cujas origens remontam, por assim dizer, às origens da própria história.

---

4. Durkheim refere-se aqui à "ciência da moral", que ele próprio pretendeu fundar, como um ramo da Sociologia (Cf. DURKHEIM, Émile. Définition du fait moral. In: *Textes* – Vol. 2. Religion, Morale, Anomie. Paris: De Minuit, Collection: Le Sens Commun. Organizado por Victor Karady, 1975).

Há séculos que a educação vem passando por um processo de laicização. Já foi dito algumas vezes que os povos primitivos não possuíam qualquer moral. Foi um erro histórico. Não existe povo que não tenha sua moral: o que ocorre é que a moral das sociedades inferiores não é a mesma que a nossa. Aquilo que caracteriza a moral dessas outras sociedades é que se trata de uma moral essencialmente religiosa. Com isso, entendo que a maior parte dos deveres, e também aqueles mais importantes, não são os dos homens para com os homens, mas destes para com seus deuses. As principais obrigações não ordenam respeitar ao próximo, ajudá-lo, assisti-lo, mas cumprir com exatidão os ritos prescritos, dar aos deuses aquilo que lhes é devido e exigem até mesmo, conforme a necessidade, sacrifícios de si próprio para a glória dos deuses. Quanto à moral humana, ela se reduz a um pequeno número de princípios, cuja violação é fracamente reprimida. Tais princípios estão apenas no limiar da moral. Mesmo na Grécia, o assassinato ocupava um lugar bastante inferior aos atos graves de impiedade na escala dos crimes. Nesse contexto, a educação moral não poderia ser senão essencialmente religiosa, tal qual a própria moral. Apenas as noções religiosas poderiam constituir a base de uma educação cujo principal objetivo consistia em ensinar ao homem a maneira de se comportar em relação aos seres religiosos. Mas, pouco a pouco as coisas mudaram. Pouco a pouco, os deveres humanos se multiplicaram, tornaram-se mais precisos, passaram ao primeiro plano, enquanto os outros, por outro lado, tendiam a enfraquecer-se. É possível afirmar que foi o próprio cristianismo o que mais contribuiu para acelerar esse resultado. Religião essencialmente humana, porque fez morrer seu Deus para a salvação da humanidade, o cristianismo professa que o principal dever do homem para com Deus é cumprir seus deveres humanos para com seus semelhantes. Mesmo que ainda subsistam deveres religiosos propriamente ditos, isto é, ritos que se dirigem apenas à divindade, o lugar que eles ocupam, a importância que lhes é atribuída vêm se reduzindo. A falta por excelência não é mais o pecado, mas o próprio pecado tende a se confundir com a falta moral. Sem dúvida, Deus continua a desempenhar um papel importante na moral. É ele que assegura o respeito e reprime a violação. As ofensas dirigidas contra a moral são ofensas dirigidas contra ele. Mas ele não é mais do que o guardião. A disciplina moral não é mais instituída *para ele*, mas *para os homens*, e a intervenção divina se dá para torná-la mais eficaz. Há algum tempo, o conteúdo de nossos deveres já é, em larga medida, independente de noções religiosas, que, embora os garanta, não podem mais fundá-los. Com o protestantismo, a autonomia da moral aumenta ainda mais, pelo simples fato de que a parte do culto propriamente dito foi diminuída. As funções morais da divindade se tornaram sua única razão de ser; trata-se do único argumento alegado para demonstrar sua existência. A filosofia espiritualista[5] continua a obra do protestantismo. Mesmo entre os filósofos que ainda acreditam na necessidade de sanções supraterrenas, não há um que não admita que a moral pode ser inteiramente construída de forma independente de qualquer concepção teológica. Assim, o laço que primitivamente unia e mesmo confundia os dois sistemas foi se desfazendo aos poucos. É, portanto, inquestionável que no dia em que rompemos definitivamente esse laço estávamos caminhando no mesmo sentido da história. Esse é um raro exemplo de uma revolução cuja preparação vem de longa data.

Mas, se tal empreendimento era possível e necessário, se cedo ou tarde ele deveria se impor, mesmo se não existe qualquer razão para considerá-lo prematuro, ele não transcorre sem dificuldades. É importante que se perceba isso: é apenas sob a condição de não dissimular tais dificuldades que esse empreendimento poderá triunfar. Contemplando a obra realizada até o momento, não é ilícito considerar que ela poderia encontrar-se num estágio mais avançado, estar mais consolidada, se no início não tivéssemos apostado que este seria um trabalho bastante fácil e bastante simples. Com efeito, nós acreditamos tratar-se de uma operação puramente negativa. Parecia que para laicizar, para racionalizar a educação, bastaria suprimir tudo aquilo cuja origem não fosse laica. Uma simples operação de subtração deveria produzir o efeito de desprender a moral racional de todos os elementos adventícios e parasitários que a infectavam e a impediam de ser ela mesma. Bastaria ensinar, como se costumava dizer, a velha moral de nossos pais, mas sem recorrer qualquer no-

---

5. Durkheim se refere aqui a uma escola de pensamento denominada "Espiritualismo", que dominou a filosofia universitária francesa durante boa parte do século XIX e cujo principal representante foi Victor Cousin.

ção religiosa. Ora, na verdade, a tarefa era bem mais complexa. Não bastaria proceder a um simples processo de eliminação para atingir o objetivo que havia sido proposto; seria preciso uma transformação profunda.

Sem dúvida, se os símbolos religiosos tivessem sido superpostos à realidade moral a partir de fora, teria sido suficiente eliminá-los para que se encontrasse a moral racional isolada, em seu estado puro, capaz de bastar-se a si mesma. Entretanto, o fato é que esses dois sistemas de crenças e de práticas permaneceram unidos de forma demasiado estreita ao longo da história, estiveram profundamente interpenetrados durante séculos, para que a relação entre ambos resultasse tão exterior e superficial, para que sua separação pudesse ser consumada mediante um processo tão pouco complicado como se supôs. Não se pode esquecer que, ainda ontem, ambos estavam estruturados sobre a mesma pedra angular, uma vez que Deus, centro da vida religiosa, era também a garantia suprema da ordem moral. Essa aliança não deve surpreender-nos, se levarmos em consideração que os deveres da religião e aqueles da moral têm em comum o fato de ambos serem deveres, isto é, são práticas moralmente obrigatórias. Portanto, é natural que os homens tenham sido induzidos a ver em um único ser a fonte de toda obrigação. Mas, então, pode-se facilmente prever, em razão desse parentesco e dessa fusão parcial, que alguns elementos de um e de outro sejam aproximados, ao ponto de se confundirem de tal maneira que parecem ser uma só coisa; que certas ideias morais tenham se unido a certas ideias religiosas, ao ponto de se tornarem indistintas, ao ponto em que as primeiras deixam de ter ou parecem deixar de ter (o que produz o mesmo resultado) uma existência e uma realidade fora das segundas. Como consequência, se, para racionalizar a moral e a educação moral, se resolve retirar da disciplina moral tudo aquilo que é religioso, sem colocar nada em seu lugar, corre-se o risco de também retirar elementos propriamente morais. E, então, sob o nome de moral racional não se teria mais do que uma moral empobrecida e desbotada. Para evitar esse perigo, não podemos nos contentar em efetuar uma separação exterior. É preciso ir buscar, no próprio seio das concepções religiosas, as realidades morais que ali estão perdidas e dissimuladas; é preciso decantá-las, descobrir em que consistem, determinar sua própria natureza e exprimi-la em uma linguagem racional. É preciso, em uma palavra, descobrir os equivalentes racionais dessas noções religiosas que, durante muito tempo, serviram de veículo às ideias morais mais essenciais.

Um exemplo pode precisar melhor esse argumento.

Sem que se tenha que levar a análise muito adiante, todo mundo sente facilmente que, em certo sentido, a ordem moral constitui uma espécie de ordem à parte no mundo. As prescrições da moral parecem marcadas por um sinal exterior que impõe um respeito todo particular. Enquanto todas as opiniões relativas ao mundo material, à organização física ou mental, seja do animal, seja do homem, atualmente podem ser objeto de livre discussão, nós não admitimos que as crenças morais sejam tão facilmente submetidas à crítica. Quem quer que seja que conteste diante de nós que as crianças possuem deveres para com seus pais, que a vida do homem deve ser respeitada, desperta em nós uma reprovação muito diferente daquela que pode suscitar uma heresia científica, e que se assemelha em todos os aspectos àquela que o blasfemador suscita na alma do crente. Com efeito, os sentimentos provocados pelas infrações às regras morais não são de forma alguma comparáveis aos sentimentos resultantes das transgressões corriqueiras aos preceitos da sabedoria prática ou da técnica profissional. Portanto, o domínio da moral parece envolto por uma barreira misteriosa que o mantém a salvo dos profanadores, assim como o domínio religioso é subtraído aos ataques do profano. É um domínio *sagrado*. Todas as coisas que ele envolve são investidas de uma dignidade particular, que as eleva acima das individualidades empíricas, que confere a elas uma espécie de realidade transcendente. Não dizemos frequentemente que a pessoa humana é sagrada, que é preciso prestar-lhe um verdadeiro culto? Considerando que a moral e a religião são intimamente ligadas, esse caráter sagrado se explica facilmente, uma vez que a moral, assim como a religião, é concebida como sendo dependente e resultante da divindade, fonte de tudo aquilo que é sagrado. Tudo aquilo que dela provém participa de sua transcendência, e por isso mesmo se encontra num patamar distinto de todas as outras coisas. Mas, se essa noção de divindade for metodicamente rejeitada sem que nada seja posto em seu lugar, essa ideia da moral como algo que possui um caráter quase religioso parecerá destituída de qualquer fundamento, uma vez que se renuncia à ideia que foi seu fundamento tradicional, sem lhe atribuir nenhum outro. Nessa condição se está praticamente inclinado a negá-la; chega a ser impossível sentir essa realidade, mesmo que tal caráter religioso possa estar fundado na realidade das coisas. É bastante plausível que exista algo nas regras morais que mereça ser chamado por esse nome, e que possa ser justificado e explicado logicamente, sem que por isso se tenha que pressupor a existência de um ser transcendente ou noções propriamente religiosas. Do fato de que a eminente dignidade atribuída às regras morais tenha sido sempre expressa a partir de ideias religiosas, não se segue que não se possa exprimi-las de outra maneira e, por conseguinte, é preciso tomar cuidado para que elas não afundem junto com essas ideias, com as quais acabaram se tornando solidárias em virtude do longo tempo em que permaneceram unidas. Do fato de que os povos tenham apresentado a moral como um reflexo, uma irradiação da divindade, para que pudessem explicá-la, não se segue que ela não possa ser vinculada a uma outra realidade, uma realidade puramente empírica, na qual ela possa encontrar uma explicação, e da qual a ideia de Deus seja apenas a expressão simbólica. Se, pois, ao racionalizar a educação não nos preocupamos em manter essa característica e torná-la sensível à criança, corremos o risco de transmitir uma moral destituída de sua dignidade natural. Ao mesmo tempo, corre-se o risco de deixar secar a fonte da qual o mestre obtém a sua própria autoridade e do calor necessário para aquecer os corações e estimular os espíritos. Isso porque o próprio sentimento de falar em nome de uma realidade superior elevava o mestre acima de si mesmo, conferindo-lhe um suprimento de energia. Se não conseguimos manter esse mesmo sentimento, fundamentando-o de outra maneira, corremos o risco de ter uma educação moral sem prestígio e sem vida.

Eis, portanto, um conjunto de problemas eminentemente positivos e complexos, que se impõem à nossa atenção quando pretendemos laicizar a educação moral. Não é suficiente suprimir, é preciso substituir. É preciso descobrir essas forças morais que os homens, até o presente, representaram apenas sob a forma de alegorias religiosas; é preciso descolá-las de seus símbolos, apresentá-las, por assim dizer, em sua nudez racional, e encontrar o meio de fazer com que a criança possa sentir essa realidade, sem recorrer a qualquer intermediário mitológico. É a isso que devemos nos apegar inicialmente se quisermos que a educação moral, tornando-se racional, produza todos os efeitos que devemos esperar.

Mas isso não é tudo, e essas não são as únicas questões que se nos impõem. Não é suficiente tomar cuidado para que no processo de racionalização a moral não perca nenhum de seus elementos constitutivos, mas, ainda, é preciso que ela possa ser enriquecida com novos elementos. A primeira transformação da qual falei se refere apenas à forma de nossas ideias morais. Contudo, o fundamento mesmo não pode permanecer sem modificações profundas. Isto porque as próprias causas que encetaram o processo de laicização da moral e da educação estão arraigadas de forma muito profunda em nossa organização social para manter inalterada a própria matéria da moral, para que o próprio conteúdo dos nossos deveres não fosse afetado. E, com efeito, se sentimos a necessidade de uma educação inteiramente racional com mais intensidade do que nossos pais, é porque nos tornamos mais racionalistas. Ora, o racionalismo não é senão um aspecto do individualismo: é seu aspecto intelectual. Não temos aqui dois estados de espírito distintos, mas um é o verso do outro. Quando sentimos a necessidade de libertar o pensamento individual, isso resulta, de uma maneira geral, da necessidade que sentimos de libertar o próprio indivíduo. A servidão intelectual é apenas uma das formas de servidão que o individualismo pretende combater. Ora, todo o desenvolvimento do individualismo tem como efeito abrir a consciência moral a ideias novas e torná-la mais exigente. Considerando que todo o progresso do individualismo caminhou no sentido de produzir uma concepção mais elevada e um sentido mais refinado acerca do que consiste a dignidade do homem, ele não pode se desenvolver sem que nos faça perceber como sendo contrárias à dignidade humana, ou seja, injustas, algumas relações sociais cuja injustiça, há bem pouco tempo, nos passava despercebida. Inversamente, aliás, a fé racionalista reage sobre o sentimento individualista e o estimula. A injustiça é insensata e absurda e por isso nos tornamos mais sensíveis a ela na medida em que nos tornamos mais sensíveis aos direitos da própria razão. Por conseguinte, qualquer progresso da educação moral que tenha em vista uma maior racionalidade não pode ocorrer sem que, ao mesmo tempo, surjam novas tendências morais, sem que desperte uma maior sede de justiça, sem que a consciência pública se sinta perturbada por aspirações de natureza obscura. O educador que se lançar nessa empreitada de racionalizar a educação sem prever a eclosão desses sentimentos novos, sem preparar e mesmo orientar esse processo, falhará em parte de sua tarefa. Esse é o motivo pelo qual não é possível simplesmente se limitar a comentar a velha moral de nossos pais, como já se sugeriu anteriormente. É preciso que o educador ajude as gerações mais jovens a tomar consciência do novo ideal para o qual já se tende, embora de maneira confusa, e que as oriente nesse sentido. Não é suficiente que ele conserve o passado, é preciso que prepare o devir.

Aliás, é com essa condição que a educação moral atinge a plenitude de sua tarefa. Se alguém se contenta em inculcar na criança esse conjunto de ideias morais médias[6], sobre as quais a humanidade tem vivido durante séculos, conseguirá, sem dúvida, assegurar a moralidade privada dos indivíduos. Mas essa não é sequer a condição mínima da moralidade e um povo não pode se contentar apenas com isso. Para que uma grande nação como a nossa goze verdadeiramente de um estado de saúde moral, não é suficiente que a maioria dos cidadãos se mantenha distante dos atentados mais grosseiros, como o assassinato, os furtos e as fraudes de todo tipo. Uma sociedade em que as transformações ocorrem pacificamente, sem qualquer sorte de conflito, mas que não trazem nada de verdadeiramente novo, produzirá apenas uma moral demasiado medíocre. É preciso que a sociedade tenha diante de si um ideal para o qual ela deve tender. É preciso que ela tenha algo a fazer, um bem a realizar, uma contribuição original para legar ao patrimônio moral da humanidade. A ociosidade é má conselheira, tanto para as coletividades quanto para os indivíduos. Quando a atividade individual não sabe para que lado se dirigir, volta-se contra ela mesma. Quando as forças morais de uma coletividade permanecem desocu-

---

6. O conceito de "moralidade média" está vinculado à discussão sobre os importantes conceitos de "normal" e "patológico", discutidos no capítulo 4 de *As regras do método sociológico*.

padas, quando elas não estão engajadas em alguma atividade a ser realizada, elas se desviam de seu sentido moral e passam a ser empregadas de maneira mórbida e nociva. E, da mesma forma que o trabalho é tanto mais necessário ao homem quanto mais civilizado ele for, quanto mais a organização intelectual e moral se eleva e se torna complexa, tanto mais se torna necessário que elas abasteçam com novos alimentos essa atividade intensificada. Uma sociedade como a nossa não pode se dar por satisfeita com os resultados morais já adquiridos. É necessário conquistar novos resultados: é preciso, portanto, que o mestre prepare as crianças que lhes são confiadas para essas novas conquistas, que ele não se resigne a transmitir o evangelho moral de seus antepassados como se fosse um livro fechado e acabado há tempos, mas que suscite nelas o desejo de acrescentar novas linhas, e que ele realmente anseie poder prepará-las para satisfazer essa ambição tão legítima.

Agora vocês podem compreender melhor por que eu dizia, em minha última aula, que o problema pedagógico se nos apresenta de maneira particularmente urgente. Quando me exprimi dessa forma pensava, sobretudo, em nosso sistema de educação moral que se encontra, como vocês podem ver, num processo de reconstrução de boa parte de suas peças. Não podemos mais nos servir do sistema tradicional que, já faz algum tempo, se mantinha em pé por algum equilíbrio miraculoso, pela força do hábito. Há tempos que ele não repousa mais sobre bases sólidas; há tempos que ele não encontra apoio em crenças suficientemente fortes, que o permitam realizar suas funções de maneira eficaz. Mas, para substituí-lo de forma útil, não basta fazermos um plágio desse sistema. Não basta arrancar alguns rótulos, correndo o risco de, ao mesmo tempo, jogar no lixo realidades concretas. É preciso proceder a uma refundação de nossas técnicas educativas. É preciso encontrar uma nova inspiração para substituir aquela antiga, que ecoa nos corações cada vez mais debilmente. Em relação ao sistema antigo, é necessário desvendar nele as forças morais que permaneceram escondidas sob formas que dissimularam sua verdadeira natureza, fazer transparecer sua verdadeira realidade e descobrir em que devem se transformar essas forças no momento presente: porque elas próprias não devem permanecer imutáveis. É necessário, ainda, levar em consideração as transformações que uma educação moral pressupõe e, às vezes, suscita. A tarefa é, portanto, mais complexa do que parecia à primeira vista. Mas não há nada que deva nos surpreender ou nos desencorajar. Ao contrário, a relativa imperfeição de alguns resultados explica-se por razões que autorizam as melhores esperanças. A ideia dos progressos que estamos por fazer, longe de deixar os corações deprimidos, deve ter por efeito impulsionar as vontades a seguir adiante. Basta que face às dificuldades se saiba que elas só se tornam perigosas se insistirmos em dissimulá-las ou em nos esquivarmos delas arbitrariamente.

PRIMEIRA PARTE

Os elementos da moralidade

SEGUNDA LIÇÃO

O primeiro elemento da moralidade: o espírito de disciplina

Não se pode tratar de forma útil de uma questão de pedagogia, qualquer que seja, a não ser que se comece por precisar os dados, isto é, por determinar tão exatamente quanto possível quais são as condições do tempo e do lugar em que se situam as crianças das quais devemos nos ocupar.

Para satisfazer a essa regra metodológica, esforcei-me, na última aula, em demarcar os termos com que se põe para nós o problema da educação moral.

Podemos distinguir duas idades, duas fases da infância: a primeira, que ocorre quase inteiramente no âmbito da família ou da escola maternal, sucedâneo da família, como indica o próprio nome; a segunda, que se passa na escola primária, quando a criança começa a sair do círculo familiar e a se inserir no meio que a circunda[1]. Esse

---

1. Neste momento de suas aulas Durkheim está fazendo uso de argumentos de psicologia infantil, o que, segundo sua própria definição, seria um dos principais tipos de ciência que deveria fornecer as informações necessárias para a elaboração de teorias pedagógicas: "Só a história do ensino e da pedagogia permite esclarecer os fins que a educação deve colimar, em cada época. Mas, no que toca aos meios necessários à realização desses fins é à psicologia que devemos pedi-los. [...] Ora, é à psicologia infantil que toca a realização desses problemas" (DURKHEIM, Émile. *Sociologia e Filosofia*. São Paulo: Melhoramentos, p. 58). Cabe ainda lembrar que, nessa época, a psicologia experimental começava a se consolidar, e as ideias que se tinha acerca do desenvolvimento infantil eram bastante diferentes daquelas formuladas posteriormente. Para conhecer as teorias psicológicas com as quais Durkheim teve contato mais direto e nas quais inspirou-se particularmente, ver a obra de Wilhelm Wundt, Pierre Janet e Théodule Ribot.

é o período que designamos como segunda infância. Iremos tratar aqui com maior ênfase precisamente da educação moral neste período da vida. Esse é o momento crítico para a formação do caráter moral. Mais cedo, a criança é ainda muito jovem; sua vida intelectual ainda é muito rudimentar e sua vida afetiva demasiadamente simples e pobre; nesse momento não se tem matéria mental suficiente para a constituição das noções e sentimentos relativamente complexos que estão na base de nossa moralidade. Os contornos estreitamente cerrados de seu horizonte intelectual também limitam seu horizonte moral. Nesse período só é possível uma propedêutica bastante geral, uma iniciação preliminar a um pequeno número de ideias simples e de sentimentos elementares. Inversamente, depois da segunda infância, quer dizer, depois da idade escolar, se as bases da moral já não estiverem constituídas, jamais o serão. A partir desse momento, tudo o que se pode fazer é aperfeiçoar a obra começada, refinando os sentimentos, intelectualizando-os, isto é, fazendo com que a inteligência penetre neles com profundidade cada vez maior. Mas o essencial já deve estar feito. Portanto, é especialmente sobre essa idade que se deve fixar o olhar. Aliás, precisamente por se tratar de uma fase intermediária, aquilo sobre o que falaremos poderá ser facilmente aplicado, *mutatis mutandis*, às fases anterior e seguinte. De uma parte, para delimitar com precisão em que deve consistir a educação moral nesse momento, seremos conduzidos a mostrar como ela constitui um complemento da educação doméstica e vem se juntar a esta; de outra parte, para saber no que essa moral deverá se converter posteriormente, basta que esta seja projetada mentalmente no futuro, levando em consideração as diferenças de idade e de ambiente.

 Mas esse primeiro recorte não é suficiente. O assunto aqui tratado será restrito, ao menos em princípio, à educação moral da segunda infância, mas limitarei ainda mais a matéria; tratarei apenas da educação moral da segunda infância nas escolas públicas; e digo a vocês quais as razões disso. Ocorre que, normalmente, as escolas públicas são, e devem ser, a rodagem reguladora da educação nacional. A bem dizer, ao contrário da opinião muito difundida de que a educação moral deveria competir à família, acredito que o papel da escola na educação é e deve ser da mais alta importância. Existe toda uma parte da cultura, sua parte mais elevada, que não pode ser transmitida em outro lugar. Porque, se a família pode muito bem despertar e consolidar os sentimentos domésticos necessários à moral e mesmo, mais genericamente, aqueles que estão na base das relações privadas mais simples, ela, contudo, não está constituída de modo a poder formar a criança tendo em vista a vida em sociedade. Por definição, ela é um órgão impróprio para tal função. Como consequência, ao tomarmos a escola como foco de nosso estudo, situamo-nos exatamente no ponto que deve ser considerado como o centro da cultura moral dessa faixa etária. Estamos engajados com o projeto de oferecer em nossas escolas uma educação inteiramente racional, isto é, livre de qualquer princípio extraído das religiões reveladas. Com isso está nitidamente delimitado o problema que se apresenta a nós nesse momento da história a que chegamos.

Mostrei a vocês que tal obra não apenas é possível como também é necessária, que ela foi ordenada por nosso próprio desenvolvimento histórico. Mas, ao mesmo tempo, procurei chamar a atenção para toda sua complexidade. Essa complexidade não deve nos desencorajar. Ao contrário, é natural que um empreendimento dessa magnitude seja difícil; algo dessa natureza só seria simples se sua realização fosse medíocre e sem alcance. Portanto, não é nenhuma vantagem diminuir a nossos próprios olhos a grandeza da obra com a qual colaboramos, sob o pretexto de nos tranquilizarmos. É mais digno e mais proveitoso encarar as dificuldades que não poderiam deixar de acompanhar tamanha transformação. Já indiquei quais me parecem ser essas dificuldades. Em primeiro lugar, em virtude dos laços estreitos que se estabeleceram historicamente entre a moral e a religião, pode-se prever que existam elementos da moral que foram expressos apenas sob a forma religiosa; se, pois, nos limitamos a retirar do sistema tradicional tudo aquilo que é religioso sem colocar nada em seu lugar, corremos o risco de eliminar também as ideias e sentimentos que são propriamente morais. Em segundo lugar, uma moral racional não pode ser idêntica, em seu conteúdo, a uma moral que se apoia em uma autoridade diferente da razão. Isso porque os progressos do racionalismo não são dissociados dos progressos do individualismo, não podem ocorrer sem um refinamento da sensibilidade moral que agora nos faz perceber como injustas algumas relações sociais, atribuições de direitos e deveres que, outrora, não ofendiam as consciências. Aliás, entre o individualismo e o racionalismo não há apenas um desenvolvimento paralelo, mas o segundo age sobre o primeiro e o estimula. Porque a injustiça é caracterizada por não estar fundada na natureza das coisas, por não ser fundamentada na razão. Portanto, é inevitável que nos tornemos mais sensíveis à injustiça na medida em que nos tornamos mais sensíveis aos direitos da razão. Não é em vão que o livre exame tem sido incentivado, dotado de uma nova autoridade; pois as forças que conferimos ao livre pensamento acabam se voltando contra as tradições, que só se mantêm em pé enquanto permanecem subtraídas à ação do livre exame. Ao nos propormos organizar uma educação racional, nos encontramos em face de dois tipos, duas séries de problemas, um tão importante quanto o outro. É preciso tomar cuidado para não empobrecer a moral ao se tentar racionalizá-la; é preciso antecipar os enriquecimentos que ela exige pelo simples fato de ser mais racional, e preparar o terreno para isso.

Para responder à primeira dificuldade, é necessário encontrar as forças morais que estão na base de toda vida moral, de ontem e de hoje, sem desdenhar *a priori* aquelas forças que, até o momento, existiram sob a forma religiosa, empenhando-nos em descobrir sua expressão racional, buscando atingir a verdadeira natureza dessas forças, despojadas de todos os símbolos. Em segundo lugar, uma vez conhecidas essas forças, devemos descobrir no que elas devem se tornar, para qual sentido devem ser orientadas, levando-se em conta as condições sociais do momento presente. Dentre esses dois problemas, será o primeiro que nos ocupará inicialmente. É necessário começar por determinar os elementos da moralidade, naquilo que eles têm de mais essencial, antes de investigar as modificações que eles podem ser chamados a receber.

Perguntar-se quais são os elementos da moralidade não consiste em elaborar uma lista completa de todas as virtudes, nem mesmo das mais importantes: trata-se de pesquisar as disposições fundamentais, os estados de espírito que estão na raiz da vida moral; pois, formar moralmente a criança não é despertar nela determinada virtude particular, depois aquela outra e ainda uma outra, é desenvolver e mesmo constituir integralmente, pelos meios apropriados, essas disposições gerais que, uma vez formadas, se diversificam com facilidade, de acordo com as particularidades das relações humanas. Se conseguirmos descobri-las, teremos superado de uma vez por todas um dos principais obstáculos contra os quais nossa educação moral tem se chocado. Pois, o que nos faz duvidar da eficácia da escola no que concerne à cultura moral é o fato de que esta nos parece implicar tal variedade de ideias, de sentimentos, de hábitos, que o mestre, durante os breves instantes em que as crianças permanecem sob sua influência, não disporia do tempo necessário para despertá-los e desenvolvê-los. Há tal diversidade de virtudes, mesmo que se atenha às mais importantes, que, se cada uma delas tivesse que ser cultivada isoladamente, a ação seria tão dispersa que se tornaria, necessariamente, impotente. Para agir com eficácia, sobretudo quando a ação só pode ser exercida durante um período tão breve, é necessário ter um objetivo definido, representado com nitidez; é preciso ter uma ideia fixa, ou um pequeno grupo de ideias fixas que operem como um polo. Nessas condições, a ação, sendo repetida sempre na mesma direção, seguindo sempre os mesmos caminhos, poderá produzir todo seu efeito. É preciso ter uma vontade firme acerca daquilo que se almeja, e por isso temos de querer poucas coisas. Para conferir à ação educadora a energia que lhe é necessária, devemos tentar atingir os sentimentos fundamentais que estão à base de nosso temperamento moral.

    Mas como devemos proceder? Vocês sabem como os moralistas costumam resolver essa questão. Eles partem do princípio de que cada um de nós já contém em si aquilo que é essencial na moral. Assim, bastaria olhar para dentro de si com atenção suficiente, para descobrir a moral em um só golpe de vista. O moralista interroga a si mesmo e, dentre as noções que ele percebe mais ou menos claramente dentro de si mesmo, escolhe alguma que lhe parece ser a noção cardeal da moral. Para uns, é a noção de utilidade, para outros, a noção de perfeição, para aquele outro, é a ideia da dignidade humana, etc. Por ora não irei discutir a questão de saber se realmente a moral está inteiramente dentro de cada indivíduo, se cada consciência individual possui em si todos os germes dos quais o sistema moral não é mais do que simples desenvolvimento. Tudo o que se seguirá a partir daqui deverá nos conduzir a uma conclusão diferente, mas que não deve ser antecipada. Para rejeitar o método usualmente empregado, é suficiente chamar a atenção para o que há de arbitrário e subjetivo nele. Tudo aquilo que o moralista pode afirmar após ter interrogado a si mesmo é a maneira como ele próprio concebe a moral, é a ideia que faz dela pessoalmente. Mas por que a ideia que ele faz da moral seria mais objetiva que a ideia que o senso comum tem acerca do calor, ou da luz, ou da eletricidade? Admitamos que a moral seja completamente imanente a cada consciência. Resta ainda saber como descobri-la. Falta ainda saber distingui-la dentre todas as ideias que estão em nós, aquelas que são a mola propulsora da moral, e aquelas que não o são. Ora, a partir de qual critério poderemos fazer essa distinção? O que nos permite afirmar: esta é moral, esta não é? Diremos que é moral aquela que é conforme a natureza do homem? Mas, supondo que tenhamos um conhecimento bastante seguro sobre em que consiste a natureza do homem, o que prova que a moral tem por objeto realizar a natureza humana, e por que ela não teria como função satisfazer aos interesses sociais? Substituiremos esta fórmula àquela precedente? Mas, inicialmente, com que direito; e depois, quais interesses sociais a moral deve salvaguardar? Pois existem interesses de todo tipo, econômicos, militares, científicos, etc. Não podemos assentar a prática sobre hipóteses tão subjetivas. Não é partindo de construções tão puramente dialéticas que poderemos regular a educação que devemos às nossas crianças.

 Esse método, aliás, não importa a qual conclusão ele conduza, repousa sempre sobre um mesmo postulado: o de que a moral, para ser construída, não precisa ser observada. Para determinar aquilo que ela deve ser, não parece necessário investigar aquilo que ela foi ou aquilo que ela é. Acredita-se ser possível legislar imediatamente. Mas de onde provém tal privilégio? Atualmente se concorda que não podemos determinar em que consistem os fatos econômicos, jurídicos, religiosos, linguísticos, etc. se não começamos por observá-los, analisá-los, compará-los. Não há razão para que não se proceda da mesma forma em relação aos fatos morais. E, por outro lado, não se pode pretender determinar aquilo que a moral deve ser se antes não especificarmos o que designamos por esse nome, qual é a sua natureza, a quais fins ela realmente responde. Comecemos, pois, por observá-la como um fato, e vejamos aquilo que já podemos saber a seu respeito.

Em primeiro lugar, há uma característica comum a todas as ações que comumente chamamos morais, que é o fato de que estas se dão segundo regras preestabelecidas. Conduzir-se moralmente é agir em conformidade com uma norma, que determina a conduta a ser seguida antes mesmo que tomemos partido acerca do que devemos fazer. O domínio da moral é o domínio do dever e o dever é uma ação prescrita. Não significa que a consciência moral não possa defrontar-se com questionamentos; sabemos bem que ela frequentemente se embaraça, que hesita entre partidos contrários. No entanto, o que é passível de questionamento é qual a regra particular que se aplica a uma dada situação e como ela deve ser aplicada. Pois, como toda regra consiste em uma prescrição geral, ela não pode ser aplicada mecanicamente, sempre da mesma maneira em cada situação particular. É ao agente moral que cumpre determinar como ela deve ser particularizada. Existe sempre certa margem para sua iniciativa; mas essa margem é bastante restrita. O essencial da conduta já está determinado pela regra. E mais: na medida em que a regra nos deixa livres, na medida em que ela não prescreve detalhadamente o que devemos fazer, e onde a nossa ação depende de nosso arbítrio, aí ela não é objeto de apreciação moral. Nesse caso nós não somos imputáveis, justamente em razão da liberdade que nos é concedida. Da mesma forma que um ato não é um delito, no sentido mais usual e real do termo, quando ele não é proibido por uma lei instituída, também quando um ato não é contrário a uma regra preestabelecida, ele não é imoral. Podemos, portanto, afirmar que a moral é um sistema de regras que predeterminam a conduta. Elas dizem como devemos agir em cada situação; e agir bem é obedecer bem.

Esta primeira característica, que não é mais do que uma observação do senso comum, basta por ora para pôr em evidência um fato importante e frequentemente desconsiderado. Com efeito, a maior parte dos moralistas apresenta a moral como se ela estivesse contida em uma fórmula única e bastante geral; é precisamente por isso que eles admitem tão facilmente que a moral reside inteiramente na consciência individual e que um simples lance de olhar para dentro de nós mesmos bastaria para descobri-la. Essa fórmula é expressa de diversas maneiras: aquela dos kantianos não é a mesma dos utilitaristas, e cada utilitarista possui a sua. Mas, de qualquer forma que seja concebida, todos concordam em conceder a ela um lugar eminente. Todo o resto da moral não seria mais do que a aplicação deste princípio fundamental. Essa concepção é o que traduz a clássica distinção entre moral teórica e moral aplicada. A primeira tem por objetivo determinar essa lei suprema da moral, a segunda busca definir como a lei assim enunciada deve ser aplicada nas várias combinações que caracterizam as principais circunstâncias do cotidiano. As regras de detalhe que são deduzidas seguindo esse método não teriam uma realidade própria; seriam meros prolongamentos, corolários da primeira, o produto de sua refração através dos fatos da experiência. Aplique a lei geral da moral às diferentes relações domésticas, e poderá obter a moral familiar, aos diferentes tipos de relações políticas, e terá a moral cívica, etc. Não haveria deveres, mas um único dever, uma única regra que serviria de fio condutor durante a vida. Considerando a extrema diversidade e complexidade das situações e das relações, podemos constatar o quanto a moral aparece como algo indeterminado desse ponto de vista.

Entretanto, tal concepção inverte as verdadeiras relações entre as coisas. Se observarmos a moral tal como ela existe, veremos que ela consiste em uma infinidade de regras especiais, precisas e definidas, que fixam a conduta dos homens nas diversas situações que se apresentam cotidianamente. Algumas determinam como devem ser as relações entre os cônjuges; outras, a conduta dos pais para com os filhos; outras ainda, quais são as relações das coisas com as pessoas. Algumas dessas máximas estão enunciadas nos códigos e são sancionadas de forma precisa; outras estão inscritas na consciência pública, sendo traduzidas nos aforismos da moral popular e são simplesmente sancionadas pela reprovação vinculada ao ato que as viola, e não por punições definidas. Mas tanto umas quanto as outras não deixam de ter uma existência própria. A prova disso é que, enquanto algumas delas se encontram em estado mórbido, outras se encontram em estado normal. Em determinado país, as regras da moral doméstica podem deter toda a autoridade e toda a consistência necessárias, enquanto as regras da moral cívica são débeis e indecisas. Nesse caso existem fatos que não apenas são reais como são relativamente autônomos, posto que são influenciados de forma distinta pelos acontecimentos que se passam em cada sociedade. Estamos longe de ter o direito de ver nessas regras simples aspectos de um único e mesmo preceito, que conferiria substância e realidade a esses fatos. Muito ao contrário, é esse preceito geral, não importa como ele tenha sido concebido ou como o concebamos no presente, que não constitui um fato real, mas uma simples abstração. Jamais algum código, jamais alguma consciência social reconheceu ou sancionou nem o imperativo moral de Kant, nem a lei da utilidade tal qual a formularam Bentham, Mill ou Spencer. Esses preceitos gerais são apenas generalidades dos filósofos e hipóteses de teóricos. Aquilo a que chamamos de lei geral da moralidade é simplesmente uma maneira mais ou menos exata de representar esquematicamente, aproximadamente, a realidade moral, mas não é a própria realidade moral. Trata-se de um resumo mais ou menos feliz das características que são comuns a todas as regras morais; não é uma regra verdadeira, ativa, instituída. Essa lei geral é, em relação à moral real, o mesmo que as hipóteses dos filósofos que exprimem a unidade da natureza são em relação à própria natureza. Ela é da ordem da ciência, não da ordem da vida.

Assim, de fato, na prática, não nos referimos a visões teóricas, a fórmulas gerais, mas a regras particulares que visam unicamente os casos particulares que são regidos por elas. Para saber qual deve ser a nossa conduta em todas as situações importantes da vida, não costumamos fazer referência a esse distante princípio geral da moralidade para saber como devemos aplicá-lo ao caso particular. Na verdade, já existem maneiras de agir que estão previstas de forma bem definida, que se impõem a nós. Quando obedecemos à regra que nos prescreve observar o pudor e que proíbe o incesto, nós sabemos qual é sua relação com o axioma fundamental da moral? E quando somos pais, e nos encontramos, por força de uma situação de viuvez, encarregados de orientar nossa família? Para decidir como devemos agir, não precisamos remontar à fonte última da moralidade, nem mesmo à noção abstrata de paternidade, para saber tudo o que está implicado nessa circunstância. O direito e os costumes estabelecem nossa conduta.

Desse modo, não é necessário representar a moral como uma coisa muito geral, que se torna determinada apenas na medida em que se faz necessário. Mas, ao contrário, é um conjunto de regras muito precisas; são como moldes, com contornos bem definidos, nos quais temos que enquadrar a nossa ação. Essas regras não são elaboradas no momento em que devemos agir, deduzindo-as de princípios mais elevados; elas existem, já estão feitas, elas vivem e funcionam ao nosso redor. Elas são a realidade moral em sua forma concreta.

Ora, essa primeira constatação é de grande importância para nós. Ela demonstra, com efeito, que o papel da moral é, em primeiro lugar, o de determinar a conduta, de fixá-la, de subtraí-la ao arbítrio individual. Sem dúvida, o conteúdo desses preceitos morais, isto é, a natureza dos atos que prescrevem, também possui um valor moral, e falaremos sobre isso mais adiante. Mas, justamente porque todos esses preceitos tendem a regular as ações dos homens, significa que há um interesse moral no fato de que essas ações não apenas sejam desta ou daquela maneira, mas que tenham certa regularidade. Em outros termos, regular a conduta é uma função essencial da moral. Eis por que os irregulares, os homens que não sabem se ater a ocupações definidas, são olhados com desconfiança pela opinião pública. Isso porque seu temperamento moral peca na própria base e, por conseguinte, sua moralidade encontra-se no mais alto grau de incerteza e contingência. Com efeito, se eles se recusam a assumir funções regulares, é porque nutrem repugnância por qualquer hábito definido, é porque sua atividade resiste a se deixar delimitar por formas fechadas, é porque essa atividade sente a necessidade de permanecer livre. Ora, esse estado de indeterminação implica também um estado de perpétua instabilidade. Esses indivíduos geralmente dependem das impressões que têm no presente, das disposições momentâneas, da ideia que ocupa suas consciências no instante em que devem agir, porque não há neles um hábito que seja tão forte ao ponto de impedir que o presente prevaleça sobre o passado. Sem dúvida, é possível que alguma feliz disposição incline sua vontade para o bom caminho; mas é o resultado de uma coincidência de fatores que jamais poderemos saber se irá se repetir. Ora, a moral é, essencialmente, algo constante, sempre idêntica, desde que a observação não abranja um período de tempo demasiado extenso. Amanhã um ato moral deve ser o mesmo que hoje, não importa quais sejam as disposições pessoais do agente que leva a cabo esse ato. Portanto, a moral pressupõe certa aptidão a repetir as mesmas ações nas mesmas circunstâncias, e por isso pressupõe a capacidade de adquirir hábitos, uma vez que necessita de regularidade. A afinidade entre o hábito e a prática moral é de tal monta, que todo hábito coletivo apresenta quase que inevitavelmente certo caráter moral. Quando uma maneira de agir se torna habitual no âmbito de um grupo, tudo o que a contraria desperta um movimento de reprovação muito parecido com aquele produzido quando ocorre uma falta moral propriamente dita. Essas maneiras de agir habituais gozam do mesmo respeito particular de que são objeto as práticas morais. Se nem todos os hábitos coletivos são morais, todas as práticas morais são hábitos coletivos. Como decorrência disso, qualquer um que seja absolutamente refratário a tudo aquilo que é hábito corre também o risco de ser refratário à moralidade.

Mas a regularidade é apenas um dos elementos da moralidade. A própria noção de regra, se for analisada bem de perto, irá nos revelar outro elemento, não menos importante do que esse.

A regularidade, para que seja garantida, precisa apenas de hábitos solidamente constituídos. Mas os hábitos, por definição, são forças interiores aos indivíduos. Eles surgem a partir da atividade que se acumula em nós, da qual se desprendem por uma espécie de expansão espontânea. Ela vem de dentro para fora, por meio de um impulso, da mesma forma que a inclinação ou a tendência. Mas a regra, ao contrário, é em sua essência algo exterior ao indivíduo. Não podemos concebê-la senão sob a forma de uma ordem, ou ao menos de um conselho imperativo que provém de fora. Trata-se de regras de higiene? Elas advêm da ciência que as prescreve, ou, mais concretamente, dos especialistas que a representam. Trata-se de regras de habilidades profissionais? Elas provêm da tradição corporativa e, mais diretamente, dos antepassados que as transmitiram, e que as encarnam a nossos olhos. É por essa razão que durante séculos os povos viram nas regras morais emanações da divindade. Isso porque uma regra moral não é simplesmente uma maneira de agir habitual, é uma maneira de agir em relação à qual não sentimos a liberdade de mudar de acordo com nossa vontade. Ela é, na própria medida em que é uma regra, subtraída à nossa vontade. Há nela algo que resiste a nós, que nos ultrapassa, que se impõe a nós, que nos constrange. Não depende de nós que ela exista ou deixe de existir, que seja diferente do que é. Ela é aquilo que é, independente do que somos. Bem longe de exprimir nossa vontade, ela nos domina. Ora, se ela fosse simplesmente um estado interior, tal como um sentimento ou um hábito, não haveria razão para que não oscilasse com as flutuações de nosso estado interior. Sem dúvida, ocorre que estabelecemos para nós mesmos uma determinada linha de conduta, e então dizemos que definimos como regra agir de tal e tal maneira. Mas essa expressão não possui, nesse contexto, seu pleno significado. Um programa de ação que traçamos para nós mesmos, que depende apenas de nós, que podemos sempre modificar, é um projeto, não uma regra. Desse modo, se é realmente algo que escapa à nossa vontade, significa que ela se apoia em algo diferente da nossa vontade, em algo que nos é exterior. Por exemplo, nós escolhemos determinada forma de existência por ser baseada sobre a autoridade da ciência; e sua legitimidade deriva da autoridade da própria ciência. É à ciência que então obedecemos ao executar esse plano, e não a nós mesmos. É diante dela que inclinamos nossa vontade.

Podemos ver nesses exemplos o que está contido na ideia de regra, para além da ideia de regularidade. *É a noção de autoridade.* Por autoridade devemos entender a ascendência que exerce sobre nós toda força moral que reconhecemos como superior a nós. Em razão dessa ascendência, agimos de acordo com aquilo que nos é prescrito, não porque o ato exigido nos atrai, não porque somos inclinados a isso por nossas disposições interiores naturais ou adquiridas, mas porque existe algo na autoridade, que nos dita como agir, que simplesmente se impõe a nós. É nisso que consiste a obediência consentida. Quais são os processos mentais que estão à base da noção de autoridade, que constituem essa força imperativa a qual nos submetemos? É isso que tentaremos descobrir algum dia. No momento essa questão não se põe; basta que tenhamos o sentimento disso e de sua realidade. Existe, em toda força moral que sentimos como superior a nós, algo que faz nossa vontade dobrar-se. Em certo sentido, podemos afirmar que não há uma regra propriamente dita, em qualquer esfera da vida a que esteja vinculada, que não possua em algum grau essa virtude imperativa. Pois, repito, toda regra ordena; é isso que faz com que não nos sintamos livres para fazer o que quisermos.

Mas há uma categoria de regras em que a autoridade desempenha um papel absolutamente preponderante, a categoria das regras morais. Preceitos de higiene, das técnicas profissionais, preceitos diversos de sabedoria popular devem boa parte do crédito que lhes damos à autoridade que conferimos à ciência e às práticas experimentais. O tesouro dos conhecimentos e das experiências humanas nos impõe por si mesmo um respeito que é transferido para aqueles que detêm esses conhecimentos, da mesma forma que o respeito do crente pelas coisas sagradas é transferido aos padres. No entanto, em todos esses casos, se nos conformamos às regras não é somente por deferência à autoridade que delas emana; é também porque o ato prescrito possivelmente nos trará consequências úteis, enquanto o ato contrário poderá trazer prejuízos. Se, quando estamos doentes, procuramos nos cuidar, se seguimos a dieta que nos foi ordenada, não é apenas pela autoridade da nossa medicina, mas também porque assim esperamos nos curar. Aqui está presente um sentimento diferente do respeito pela autoridade, entram em cena considerações puramente utilitárias, vinculadas à natureza intrínseca do ato que nos é recomendado, às suas consequências possíveis ou prováveis. Mas o mesmo não acontece com as regras morais. Sem dúvida, se as violamos, nos expomos a consequências desagradáveis; corremos o risco de ser difamados, censurados, ou mesmo de sermos atingidos materialmente, em nossa própria pessoa ou em nossos bens. Mas é um fato consensual, incontestável, que um ato não é moral, mesmo que seja materialmente conforme à regra, se ele for levado a cabo em função das consequências desagradáveis que resultam da transgressão. Nesse caso, para que o ato seja aquilo que deve ser, para que a regra seja obedecida como deve ser obedecida é preciso que seja cumprida, não para evitar determinado resultado desagradável, determinada reprovação moral ou material, ou para obter tal recompensa; é preciso que seja cumprida simplesmente porque devemos cumpri-la, abstraindo de toda e qualquer consequência que poderia produzir a nossa ação. É preciso obedecer ao preceito moral por respeito a ele, e apenas por isso. Toda a eficácia com que se impõe sobre as vontades deriva exclusivamente da autoridade de que é revestido. Aqui, a autoridade é o único elemento atuante, e nenhum outro pode ser imiscuído sem que a conduta, na mesma medida, perca seu caráter moral. Nós dizemos que toda regra comanda, mas a regra moral é inteiramente um mandamento, e nada mais. Eis por que ela fala tão alto, porque, quando ela fala, todas as outras devem se calar. É porque ela não deixa lugar para a hesitação. Quando se trata de avaliar as eventuais consequências de um ato, a incerteza é inevitável, há sempre no devir algo de indeterminado. Poderia ocorrer uma variedade tão grande de combinações de situações diferentes que seria difícil fazer qualquer tipo de previsão. Quando se trata do dever, justamente porque todos esses cálculos estão interditados, é mais fácil obter a certeza, o problema é mais simples. Não se trata de prever um futuro sempre obscuro e incerto; trata-se de saber aquilo que é prescrito: se o dever se manifestou, é preciso obedecer. De onde provém esta autoridade é algo que não vou discutir nesse momento; irei contentar-me em observá-la, e ela é incontestável.

A moral não é, portanto, um sistema de hábitos, é um sistema de mandamentos. Dissemos inicialmente que o indivíduo irregular é moralmente incompleto; ele é um anarquista: eu tomo essa palavra em seu sentido etimológico, designando o homem que é constituído de maneira a não sentir a superioridade das realidades morais, o homem que sofre desse tipo de daltonismo, em virtude do qual todas as forças intelectuais e morais aparecem a ele como se estivessem situadas em um mesmo patamar. Aqui estamos em presença de outro aspecto da moralidade: à raiz da vida moral existe, além do gosto pela regularidade, a percepção da autoridade moral. Aliás, existe uma estreita afinidade entre esses dois aspectos, que encontram sua unidade em uma noção mais complexa, que os envolve. É a noção de disciplina. A disciplina, com efeito, tem por objeto regular a conduta; ela pressupõe ações que sempre se repetem em condições determinadas; mas ela não existe sem autoridade. Trata-se de uma autoridade regular. Podemos dizer, portanto, para resumir esta lição, que o primeiro elemento da moralidade é o espírito de disciplina. Mas prestemos muita atenção no significado dessa proposição. Comumente, a disciplina só parece útil porque necessita de certos atos que são considerados úteis. De acordo com essa perspectiva, ela seria apenas um meio para determinar esses atos na medida em que os impõe. Nesses atos que a disciplina encontraria sua razão de ser. Mas, se as considerações que apresentamos até aqui estiverem corretas, é necessário que a disciplina tenha razão de ser nela própria, pois convém que o homem seja disciplinado, com exceção dos casos em que ele é constrangido a isso. Por quê? Bem, responder a essa questão é muito importante, especialmente se levarmos em consideração que a disciplina, via de regra, aparece como um incômodo, talvez necessário, mas muito árduo, que é preciso suportar tentando minimizar seus efeitos. Sendo assim, o que, afinal, faz dela um bem? É isso que veremos na próxima lição.

TERCEIRA LIÇÃO

O espírito de disciplina
(continuação)

    Na última lição, começamos por investigar quais são as disposições fundamentais do temperamento moral, posto que sobre elas é que deve ser exercida a ação do educador. Foi isso que designamos de elementos essenciais da moralidade. Para conhecê-los, nos dedicamos a observar a moral exteriormente, tal como ela vive e opera ao nosso redor, tal como ela se aplica incessantemente às ações do homem, a fim de apreender, dentre as múltiplas características que ela possui, aquelas que são verdadeiramente essenciais, isto é, aquelas que permanecem constantes na diversidade dos deveres particulares. Isso justamente porque é evidente que o fundamental são as atitudes que nos inclinam a agir moralmente não em tal ou qual caso particular, mas no conjunto geral das relações humanas. Considerada desse ponto de vista, a moral apresenta inicialmente uma característica que, mesmo sendo exterior e formal, não deixa de ter grande importância. A moral, não apenas como podemos observar hoje, mas também no decorrer da história, consiste em um conjunto de regras definidas e especiais que determinam imperativamente a conduta. A partir dessa primeira constatação resulta, como um corolário imediato, uma dupla consequência. Em primeiro lugar, posto que a moral determina, fixa, regulariza as ações dos homens, ela pressupõe que o indivíduo tenha certa disposição para viver de maneira regular, que tenha certo gosto pela regularidade. O dever é regular, ele aparece sempre igual, uniforme, monótono mesmo. Os deveres não consistem em atos heroicos, realizados esporadicamente, nos momentos de crises intermitentes. Os verdadeiros deveres são cotidianos, e o curso natural da vida os traz de volta periodicamente. Aqueles que gostam muito da mudança e da diversidade a ponto de ter horror por toda uniformidade correm o sério risco de serem moralmente incompletos. A regularidade é o análogo moral da periodicidade orgânica.

Em segundo lugar, posto que as regras morais não são apenas um outro nome dado para os hábitos interiores, posto que elas ordenam a conduta a partir de fora e de forma imperativa, é preciso, para obedecê-las, e consequentemente, para estar em condições de agir moralmente, ter a percepção dessa autoridade *sui generis* que lhes é imanente. É preciso, em outros termos, que o indivíduo seja constituído de maneira a sentir a superioridade das forças morais, que valem mais do que ele próprio, e que se incline diante delas. Vimos inclusive que, se essa percepção da autoridade é parte da força com que todas as regras morais, quaisquer que sejam, se impõem à nossa vontade, ela desempenha um papel excepcionalmente considerável em tudo o que concerne às regras morais; porque, nesse caso, esse sentimento é o único em ação. Nenhum outro vem somar sua ação ao sentimento de autoridade. Está inscrito na própria natureza dessas regras que elas devem ser obedecidas, não em razão dos atos que prescrevem ou das consequências prováveis desses atos, mas unicamente porque ordenam. Portanto, é unicamente a sua autoridade que constitui sua eficácia, e, como consequência, a incapacidade de sentir e reconhecer essa autoridade onde ela existe ou o ato de discordância em relação a essa autoridade, consiste na negação de toda moralidade verdadeira. Sem dúvida, quando, como em nosso caso, nos recusamos a recorrer às concepções teológicas para explicar as propriedades da vida moral, podemos considerar surpreendente que uma noção puramente humana seja suscetível de exercer um ascendente tão extraordinário. Mas o fato é incontestável. Só precisamos tomar consciência dele; mais tarde daremos um exemplo que torna esse fato mais inteligível. Temos, assim, um segundo elemento da moralidade. Mas vocês viram que, na verdade, esses dois elementos são um só. O sentimento de regularidade e o sentimento da autoridade são os dois aspectos de um estado de espírito mais complexo, que podemos denominar espírito de disciplina. O espírito de disciplina, eis a primeira disposição fundamental de todo temperamento moral.

Contudo, essa conclusão se choca com um sentimento humano muito difundido. A disciplina moral se nos apresenta como uma espécie de bem em si; parece que ela deve ter um valor em si mesma e por si mesma, posto que deve ser obedecida não em razão dos atos que ela ordena e de suas consequências, mas porque ela ordena. Por isso, tendemos a ver nela um incômodo, provavelmente necessário, mas sempre penoso, um mal ao qual se deve resignar porque é inevitável, mas que se tenta minimizar tanto quanto possível. Com efeito, toda disciplina não é essencialmente um freio, uma limitação imposta à atividade humana? Limitar, frear, é o mesmo que negar, é impedir de ser, é, portanto, destruir parcialmente, e toda destruição é má. Se a vida é algo bom, como poderia ser bom contê-la, estorvá-la, impor-lhe limites que ela não pode ultrapassar? Aliás, se a própria vida não é uma coisa boa, o que poderia ter valor nesse mundo? Afinal, ser é agir, é viver, e toda diminuição da vida é uma diminuição do ser. Quem diz disciplina, diz constrangimento, material ou moral, não importa. Ora, mas todo constrangimento não é, por definição, uma violência que se faz à natureza das coisas? Foi por esses motivos que Bentham viu, em toda lei, um mal que não se poderia tolerar, que não se poderia justificar a não ser quando fosse indispensável. Porque, de fato, quando se desenvolvem as atividades individuais elas tendem a se encontrar, e quando se encontram tendem a gerar conflitos, de modo que se torna necessário estabelecer quais os limites que não podem ser ultrapassados; entretanto, inclusive esse tipo de limitação contém em si algo de anormal. Para Bentham, a moral, assim como a legislação, constituía uma espécie de patologia. A maior parte dos economistas ortodoxos utilizava a mesma linguagem. É sem dúvida sob influência desse mesmo sentimento que, após Saint-Simon, os maiores teóricos do socialismo admitiram como possível e desejável uma sociedade em que toda regulamentação fosse excluída. A ideia de uma autoridade superior à própria vida, que fosse a responsável por estabelecer a lei, parecia-lhes um retorno ao passado, um equívoco que não poderia ser mantido. É à vida que cumpre estabelecer sua própria lei. Nada poderia haver fora e acima dela.

Com isso, chega-se a recomendar aos homens, não o gosto pelo comedimento e pela moderação, o sentimento do limite moral, que é um aspecto do sentimento da autoridade moral, mas o sentimento diametralmente oposto, a impaciência em relação a qualquer freio e a qualquer limitação, o desejo de se desenvolver sem um termo, o apetite pelo infinito. Parece que o homem se sente oprimido se não tiver diante dele um horizonte ilimitado. Sem dúvida, sabemos que jamais teremos condições de atingir esse horizonte; mas acreditamos que a expectativa disso é algo necessário, que somente isso pode nos dar o sentimento de plenitude do ser. Daí provém essa espécie de culto que muitos escritores do século XIX prestaram ao sentimento do infinito. Passaram a ver nele o sentimento nobre por excelência, posto que, por ele, o homem tenderia a elevar-se acima de todas as fronteiras que a natureza lhe impõe e assim se tornaria possível, ao menos idealmente, libertar-se de toda limitação.

Um mesmo procedimento pedagógico pode produzir um resultado bastante diferente dependendo da maneira com que é aplicado; e aplicação varia conforme a concepção que se tem sobre seu papel. Portanto, a disciplina irá produzir resultados muito variados, de acordo com a ideia que se fizer de sua natureza e de sua função na vida em geral e, em particular, na educação. É importante, pois, que tentemos estabelecer com precisão qual é esse papel, e que não deixemos sem solução a importante questão que se impõe acerca deste assunto. Deve-se ver na disciplina uma simples polícia exterior e material, cuja única razão de ser consistiria em prevenir certas ações, e que não teria nenhuma outra utilidade além dessa função preventiva? Ou, ao contrário, ela deveria ser considerada, como nossa análise levaria a supor, um instrumento *sui generis* de educação moral, que possui um valor intrínseco, e que deixa uma marca especial no caráter moral?

Em primeiro lugar, devo dizer que é fácil demonstrar que a disciplina tem em si mesma uma utilidade social, independentemente dos atos que prescreve. Com efeito, a vida social é uma forma de vida organizada, e toda organização viva pressupõe algumas regras bem determinadas, das quais não se pode abdicar sem produzir consequências mórbidas. Para que a vida social possa subsistir é preciso que sempre esteja em condições de responder às exigências do meio; porque se a vida ficar em suspenso, a morte ou a doença são consequências inevitáveis. Portanto, se a cada solicitação das forças exteriores o ser vivente titubear para encontrar a reação adequada, as forças destrutivas que o circundam não tardarão em desorganizá-lo. É exatamente por isso que a reação dos órgãos nas atividades mais essenciais já está predeterminada; existem maneiras de agir que se impõem regularmente a cada vez que se repetem as mesmas circunstâncias. É isso que chamamos de função de um órgão. Ora, a vida coletiva é submetida às mesmas necessidades e por isso a regularidade também lhe é absolutamente indispensável. É preciso que o funcionamento da vida doméstica, profissional e cívica esteja garantido de forma permanente; para tanto, é indispensável que não estejamos condenados a buscar perpetuamente qual deve ser essa forma. É necessário que as normas estejam estabelecidas, que determinem como devem ser as relações sociais e que os indivíduos se submetam a essas normas. É esta submissão que constitui o dever cotidiano.

Mas essa explicação e essa justificativa são insuficientes. Afinal, não explicamos uma instituição apenas demonstrando sua utilidade para a sociedade. É preciso que essa instituição não se choque com resistências irredutíveis por parte dos indivíduos. Se ela viola a natureza individual, mesmo que pudesse ter alguma utilidade, não poderia sequer nascer, tampouco se sustentar ao longo do tempo, porque não teria condições de fincar raiz nas consciências. Sem dúvida, as instituições sociais têm como finalidade imediata os interesses da sociedade e não dos indivíduos enquanto tal. Porém, de outro lado, se elas perturbam a vida dos indivíduos, elas perturbam ao mesmo tempo a fonte da qual elas próprias emanam. Ora, já discutimos que a disciplina foi acusada muitas vezes de violentar a constituição natural do homem, na medida em que operaria como um entrave ao seu livre desenvolvimento. Essa perspectiva tem algum fundamento? É verdade que a disciplina é causa de diminuição do homem, de redução de seu poder? É verdade que a atividade humana deixa de ser ela mesma quando se submete a forças morais que a ultrapassam, que a contêm e a regulam?

Muito ao contrário, a incapacidade de permanecer dentro de certos limites é, para todas as formas de atividade e, mais genericamente, para todos os tipos de atividade biológica, um sinal de morbidez. O homem normal deixa de ter fome depois de ingerir certa quantidade de alimento; mas o bulímico nunca está saciado. Os sujeitos sadios, ativos, gostam de passear; mas um passeador compulsivo tem necessidade de perambular sem parar, sem trégua nem repouso, sem que nada possa pará-lo. Inclusive os sentimentos mais generosos, como o amor pelos animais ou pelas outras pessoas, quando excedem determinada medida, são indicação de alguma alteração comportamental. É normal que amemos os homens, que amemos os animais, desde que não sejam ultrapassados certos limites; se, ao contrário, esses sentimentos se desenvolvem em detrimento de outros, é indicador de certa desordem interior, cujo caráter patológico é bem conhecido pelos médicos. Chegamos a acreditar muitas vezes que a atividade intelectual estava livre desse problema. Costumava-se dizer que podemos saciar a fome com uma quantidade determinada de alimento, mas "não podemos saciar a razão com uma quantidade determinada de saber". Isso é um erro. Em cada época, a nossa necessidade normal de ciência é estreitamente delimitada por um conjunto de condições. A começar pelo fato de que não podemos almejar uma vida intelectual mais intensa do que a que pode ser comportada pelo grau de desenvolvimento de nosso sistema nervoso central em dado momento. Porque, se tentamos exceder esse limite, o substrato da nossa vida mental ficará desorganizado, e o mesmo acontecerá com a própria vida mental. Além disso, o entendimento é apenas uma de nossas funções psíquicas; ao lado das faculdades meramente representativas, há também as faculdades ativas. Se as primeiras se desenvolvem de maneira excessiva, é inevitável que as demais fiquem atrofiadas, e o resultado disso é uma doentia incapacidade de agir. Em nossa conduta cotidiana é necessário admitir certa quantidade de coisas mesmo sem poder elaborar uma noção científica a seu respeito. Se quisermos saber a razão de tudo, todas as nossas forças serão despendidas para raciocinar e responder a nossos perpétuos "porquês". É isso que caracteriza esses sujeitos anormais que a medicina denomina *desconfiados*. Aquilo que dissemos em relação à atividade intelectual também pode ser aplicado à atividade estética. Um povo que não está preparado para os deleites da arte é um povo bárbaro. Por outro lado, quando a arte toma um espaço excessivo em determinado povo, ele se afasta da vida mais séria, de modo que seus dias estão contados.

Com efeito, para viver, é preciso enfrentar múltiplas necessidades com uma determinada soma de energia vital. Portanto, a quantidade de energia que podemos destinar para cada atividade é necessariamente limitada: é limitada pela soma total das forças de que dispomos e da importância relativa dos fins que são perseguidos. Toda a vida é um equilíbrio complexo em que diversos elementos se limitam uns aos outros e esse equilíbrio não pode ser rompido sem provocar dor e doença. E há mais. A própria atividade em favor da qual foi rompido o equilíbrio acaba por se tornar uma fonte de sofrimentos para o indivíduo, justamente em virtude de ter um desenvolvimento exagerado. Uma necessidade, um desejo que se liberta de qualquer freio e de qualquer regulamentação, que não está vinculado a um objeto determinado que possa contê-lo, será causa de tormentos eternos para o sujeito que o vivencia. Que satisfações poderíamos obter se, por definição, esse desejo não pode ser satisfeito? Uma sede insaciável não pode ser aliviada. Para que possamos experimentar algum prazer ao agir, é preciso ainda que tenhamos a percepção de que nossa ação serve para alguma coisa, que nos aproxima progressivamente do objetivo estabelecido. Mas não é possível aproximar-se de um objeto situado no infinito. Nesse caso, a distância em relação ao objetivo será sempre a mesma, não importa o caminho que se tenha percorrido. O que pode ser mais desolador do que caminhar para um ponto que não está em lugar algum, porque ele se esquiva à medida que avançamos? É algo tão vão como caminhar em círculos; o rastro deixado por essa ação será somente a tristeza e o desencorajamento. Eis por que as épocas como a nossa, que conheceram o mal do infinito, são necessariamente épocas tristes. O pessimismo sempre acompanha as aspirações ilimitadas. O personagem literário que pode ser apresentado como a encarnação desse sentimento do infinito é o *Fausto* de Goethe. Não foi à toa que o poeta o retratou como indivíduo minado por um tormento perpétuo.

Portanto, longe de precisar ter diante de si horizontes ilimitados para ter o pleno sentimento de si mesmo, nada é mais doloroso para o homem do que a indeterminação de tal perspectiva. Longe de ter a necessidade de seguir uma carreira sem um fim estabelecido, o homem só pode ser feliz quando se dedica a atividades definidas e especiais. Essa limitação não significa absolutamente que o homem deva chegar a um estado estacionário, no qual deve permanecer indefinidamente em repouso. É possível passar ininterruptamente de uma atividade especial para outras igualmente especiais sem, com isso, afundar nessa sensação dissolvente do ilimitado. O importante é que toda atividade tenha sempre um objetivo preciso ao qual esteja vinculada, que a limita na medida em que a determina. Ora, toda força que não é contida por uma força contrária tende necessariamente a perder-se no infinito. Da mesma maneira que um corpo gasoso se expandiria por toda a imensidão do espaço se nenhum outro corpo viesse barrar essa expansão, toda energia física ou moral tende a se desenvolver indefinidamente enquanto algo não a parar. Daí advém a necessidade de órgãos reguladores, que contêm o conjunto de nossas forças vitais dentro de limites adequados. No que concerne à vida física, o sistema nervoso encarrega-se desse papel. É ele que incita os órgãos a se moverem e que distribui a quantidade de energia destinada a cada um deles. Mas a vida moral lhe escapa. Nem o cérebro nem qualquer gânglio poderiam estabelecer limites para as aspirações de nossa inteligência e de nossa vontade. Isso porque a vida mental, especialmente em suas formas superiores, já sobrecarrega o organismo. Ela depende do organismo, mas de uma forma livre, e quanto mais elevada é sua função, tanto mais indiretos e alargados são os laços que unem a vida mental ao organismo. As sensações, os apetites físicos não fazem mais do que exprimir determinado estado do próprio corpo, não ideias puras e sentimentos complexos. Somente um poder igualmente espiritual tem capacidade de agir sobre essas forças que são inteiramente espirituais. Esse poder espiritual é a autoridade inerente às regras morais.

Com efeito, graças a essa autoridade de que são revestidas, as regras morais têm força suficiente para barrar nossos desejos, necessidades e apetites de toda sorte quando eles tendem a se tornarem imoderados. Sem dúvida, essas forças não são materiais; elas não movem os corpos diretamente, mas movem os espíritos. Elas contêm em si tudo o que é necessário para dobrar as vontades, compeli-las, contê-las, incliná-las em determinada direção. Por conseguinte, pode-se dizer, sem metáforas, que elas são forças. Nós as sentimos como tal todas as vezes que intentamos contrariá-las; porque elas impõem tal resistência, que nem sempre conseguimos triunfar sobre elas. Quando um homem constituído de forma sadia ensaia cometer algum ato que ofende a moral, ele sente que há algo que o detém, da mesma forma quando tenta erguer um peso maior do que sua força é capaz de aguentar. De onde provém essa virtude tão singular? Como já afirmei anteriormente, esse é um problema que iremos adiar, que será discutido quando chegar o momento. Por hora, nos limitaremos a constatar esse fato, que é incontestável. De outro lado, dado que a moral é uma disciplina, dado que ela nos impõe ordens, é evidente que os atos que ela exige de nós não são conformes nossas inclinações individuais. Se ela exigisse apenas que seguíssemos nossa natureza, não seria preciso que falasse a nós em um tom tão imperativo. A autoridade só é necessária para estancar, conter as forças rebeldes, não para incitar as forças já dadas a seguirem seu próprio curso. Já foi dito que a moral teria a função de impedir que o indivíduo invadisse territórios que lhe são interditados e, em certo sentido, nada é mais correto do que tal afirmação. A moral é um vasto sistema de interdições. Isso quer dizer que seu objetivo consiste em delimitar o círculo no qual a atividade individual pode acontecer, e vemos agora para que serve essa limitação. O conjunto de regras morais realmente forma uma espécie de barragem ideal[2] em volta de cada homem, e a enxurrada das paixões humanas morre aos seus pés, sem poder seguir adiante. E justamente porque essas paixões são contidas que é possível satisfazê-las. Se essa barragem se romper em algum ponto, as forças humanas contidas até então irão se precipitar de forma tumultuosa; uma vez dispersas, não conseguirão encontrar um termo; seu destino é seguir dolorosamente em busca de algum fim, que sempre lhes escapa. Imaginem, por exemplo, se as regras da moral conjugal perdessem sua autoridade, se os deveres que os cônjuges têm uns para com os outros fossem menos respeitados e as paixões, os apetites que são contidos e regulamentados por essa parte da moral fossem desencadeados e desregulados, sendo exasperados pela própria desregulamentação; incapazes de serem apaziguados porque foram libertos de todas as limitações, produziriam um desencantamento que seria traduzido de forma visível na estatística dos suicídios. Da mesma forma, imaginem se a moral que preside a vida econômica fosse abalada, e as ambições que

---

[2]. O termo "ideal" deve ser entendido aqui como oposição ao conceito de "material", indicando que não se trata de um obstáculo de natureza física.

não conhecem limite se tornariam ainda mais intensas e inflamadas; com isso, também veríamos aumentar o contingente anual de mortes voluntárias. Esses exemplos poderiam ser multiplicados. Aliás, é exatamente porque a moral tem a função de limitar e conter que uma grande riqueza pode facilmente se tornar fonte de imoralidade. Isso ocorre porque a riqueza nos confere muito poder, diminuindo assim os obstáculos que se impõem a nós; por conseguinte, ela torna nossos desejos mais fortes e difíceis de moderar. Eles não se deixam enquadrar com docilidade dentro dos limites normais. Nessas circunstâncias, o equilíbrio moral é mais instável; basta um leve choque para perturbá-lo. Diante disso é possível entrever de onde provém esse mal do infinito que opera em nosso tempo. Para que o homem imagine ter diante de si espaços limitados, livremente abertos, é necessário que não enxergue mais essa barreira moral que, normalmente, deveria interromper seu olhar; é preciso que não sinta essas forças morais que o contêm e que cerceiam seu horizonte. Mas, se ele não as sente mais, é porque elas não possuem mais seu grau normal de autoridade, é porque elas estão enfraquecidas, já não são mais o que deveriam ser. Portanto, o sentimento do infinito só pode aparecer nesses momentos em que a disciplina moral perdeu seu ascendente sobre as vontades; ele é o próprio sinal desse enfraquecimento que se produz nesses períodos intermediários, nos quais o sistema moral vigente durante séculos se encontra debilitado, sem capacidade de responder às exigências das novas condições da existência humana, e em que ainda não se formou um sistema novo para substituir aquele que se esvaiu.

Assim, portanto, devemos nos abster de ver na disciplina a que submetemos a criança um instrumento de repressão ao qual precisamos recorrer apenas quando se mostra indispensável, para prevenir a repetição dos atos repreensíveis. A disciplina é, em si, um fator *sui generis* da educação; existem elementos essenciais no caráter moral que só podem ser creditados a ela. É mediante a disciplina, e somente por ela, que podemos ensinar a criança a moderar seus desejos, a limitar seus apetites de todo tipo, e, com isso, definir os objetos de sua atividade; essa limitação é condição para a felicidade e para a saúde moral. Seguramente, essa limitação necessária varia segundo cada país e cada época; ela não se mantém a mesma em todas as faixas etárias. À medida que a vida mental dos homens se desenvolve, à medida que se torna mais intensa e complexa, o âmbito de sua vida moral também deve ser ampliado, na mesma proporção. A arte, a ciência, o bem-estar já não nos contentam da mesma maneira que contentavam a nossos pais. O educador iria contrariar a própria finalidade da disciplina se tentasse estreitar artificialmente seu limite. Mas, se é mesmo necessário que ela varie, se é preciso levar em conta essas variações, não é menos importante que ela exista; e, no momento, isso é tudo o que pretendo deixar estabelecido.

Talvez alguém se pergunte se essa felicidade não custa muito caro. Com efeito, qualquer limite que se impõe a nossas faculdades não implica uma diminuição de nossas forças, uma dependência? Parece, pois, que uma atividade circunscrita é uma atividade empobrecida, menos livre e menos senhora de si mesma.

A conclusão parece impor-se como um truísmo. Na realidade, é apenas uma ilusão do senso comum e, por pouco que se reflita, é fácil constatar que, ao contrário, a onipotência absoluta é apenas outro nome que se dá para a extrema impotência.

Experimentem imaginar um ser liberto de toda limitação exterior, um déspota ainda mais absolutista que aqueles que vimos na história, um déspota que não poderia ser controlado e regulado por nenhuma força exterior. Por definição, os desejos de tal ser são irrefreáveis. Nós diríamos que ele é todo-poderoso? Certamente não, porque ele próprio não é capaz de resistir a seus desejos. Eles são seus mestres. Ele se submete a eles, não consegue controlá-los. Em uma palavra, quando nossas tendências são libertadas de todo comedimento, quando nada as limita, elas se tornam tirânicas e seu primeiro escravo é o próprio sujeito que as experimenta. Vocês sabem que triste espetáculo essa situação nos oferece. As inclinações mais contrárias, os caprichos mais antinômicos se sucedem, arrastando esse soberano, supostamente absoluto, nas mais diversas direções, de modo que essa aparente onipotência revela-se, finalmente, completa impotência. Um déspota é como uma criança; ele tem fraquezas, pelas mesmas razões que as crianças. Ele não é senhor de si. Maestria de si, eis a primeira condição de todo verdadeiro poder, de toda liberdade digna desse nome. Mas não se pode ser senhor de si quando se carrega interiormente certas forças que, por definição, não podem ser dominadas. É por essa mesma razão que aqueles partidos políticos muito fortes, aqueles que não contaram com uma minoria suficientemente forte, não podem durar muito. Eles não tardam a ser arruinados pelos próprios excessos de sua força. Isso porque, como não há nada que lhe imponha moderação, ele se deixa arrebatar por uma violência extrema, que acaba por desorganizá-lo. Um partido demasiado forte escapa a si próprio, não consegue se dirigir, precisamente por ser forte demais. As Câmaras que não se consegue encontrar são mortais diante das doutrinas cujo triunfo elas pareciam anunciar.

Mas, alguém poderá dizer, não seria possível que conseguíssemos nos conter a nós próprios, mediante um esforço interior, sem que uma pressão exterior fosse perpetuamente exercida sobre nós? Certamente, e essa atitude de maestria para consigo mesmo é um dos principais poderes que deve ser desenvolvido pela educação. Mas, para que aprendamos a resistir a nós mesmos, é preciso que antes sintamos a necessidade disso, pela própria resistência que as coisas opõem a nós. Para que nos limitemos é preciso sentir a efetividade dos limites que nos circundam. Um ser que é ou se crê ilimitado, seja de fato, seja de direito, não poderia aspirar uma autolimitação sem que isso soasse contraditório: seria fazer uma violência a sua própria natureza. A resistência interior só pode ser um reflexo da resistência exterior. Ora, se em relação a tudo que concerne à vida física o meio físico nos detém e nos faz perceber que somos apenas uma parte de um todo que nos contém e nos limita, no que se refere à vida moral, há forças morais que podem exercer essa ação sobre nós e nos proporcionar esse mesmo sentimento. Já dissemos quais são essas forças.

Chegamos, portanto, a essa importante consequência. A disciplina moral não serve apenas para a vida moral propriamente dita; sua ação tem um alcance mais amplo. Ela desempenha um papel considerável na formação do caráter e da personalidade em geral. E, com efeito, aquilo que há de mais essencial no caráter é a capacidade de autocontrole, é essa faculdade de se conter, de inibir impulsos, que permite conter nossas paixões, nossos desejos, nossos hábitos, de legislar sobre eles. Um ser com personalidade é um ser capaz de imprimir sua própria marca em tudo o que faz, uma marca que lhe é peculiar, que é constante, pela qual ele é reconhecido e se distingue de todos os demais. Ora, enquanto as tendências, os instintos e os desejos reinam sem contrapeso, enquanto nossa conduta depende da intensidade desses impulsos, permanecemos jogados ao vento, lançados bruscamente de um lado para outro, como ocorre com as crianças ou com os primitivos, a vontade permanece em conflito com ela mesma, constantemente dispersa pelo sopro de cada capricho e, assim, somos impedidos de nos constituir com a coerência necessária e de trilhar com perseverança o que seria uma condição primordial para a formação da personalidade. É precisamente essa maestria de si que é forjada pela disciplina moral. É ela que nos ensina a agir sem nos curvar à dominação dos impulsos interiores, deixando nossa atividade interior seguir seu próprio curso. Ela nos ensina a viver com esforço; porque não há ação moral que não implique algum constrangimento de nossas inclinações, que não nos faça controlar os apetites, moderar algumas tendências. Ao mesmo tempo, como toda regra, possui algo de invariável, fixo, que a coloca acima dos caprichos individuais, e como as regras morais são ainda mais imutáveis que todas as outras, aprender a agir moralmente é também aprender a se conduzir com coerência, segundo princípios constantes, superiores aos impulsos e às sugestões fortuitas. É comumente na escola do dever que se forma a vontade.

Quarta lição

O espírito de disciplina (fim)
O segundo elemento da moralidade: a adesão[3] aos grupos sociais

Depois de ter determinado em que consiste o primeiro elemento da moralidade, investigamos sua função, com o intuito de determinar com que espírito devemos inculcá-lo na criança. A moral, como dissemos, é essencialmente uma disciplina. Ora, toda disciplina possui um duplo objetivo: promover certa regularidade na conduta dos indivíduos e atribuir fins determinados a essa conduta, o que ao mesmo tempo limita seu horizonte. A disciplina forja o hábito na vontade e lhe impõe freios. Ela regulariza e ao mesmo tempo contém. Ela responde por tudo o que há de regular, de permanente nas relações humanas. Dado que a vida social é sempre constante, dado que as mesmas combinações de circunstâncias se repetem periodicamente, é natural que certas formas de agir, aquelas que estão em maior conformidade com a natureza das coisas, sejam repetidas com a mesma periodicidade. É a própria regularidade relativa das diferentes condições nas quais estamos inseridos que implica a regularidade relativa de nossa conduta. Entretanto, num primeiro momento a explicação para a utilidade da limitação não é muito evi-

---

3. O termo em francês é "attachement", que exprime um sentimento de afeição, de simpatia por algo ou alguém. Ao traduzi-lo para o português como "adesão", procurou-se seguir os termos utilizados nas traduções em inglês (*attachment*) e espanhol (*adhesión*), mas deve-se destacar que tal expressão é utilizada não para designar uma simples vinculação, mas uma vinculação baseada em um sentimento de admiração, simpatia, respeito [N.T.].

dente. Ela parece implicar certa violência à natureza humana. Limitar o homem, colocar obstáculos à sua livre expansão, não significa impedi-lo de ser ele mesmo? Não obstante, vimos que essa limitação é a condição mesma de nossa saúde moral e de nossa felicidade. O homem, com efeito, está constituído para viver em um meio determinado, limitado, por mais vasto que seja; e o conjunto das ações que fazem parte da vida é destinado a promover nossa adaptação a esse meio, ou de adaptá-lo a nós. Como consequência, as ações que esse meio exige partilham desse mesmo caráter determinado. Viver é estar em harmonia com o mundo físico que nos circunda, com o mundo social do qual somos membros, e tanto um quanto o outro são limitados. Portanto, os fins que perseguimos são igualmente definidos, e não podemos nos libertar dessa limitação sem que, com isso, nos coloquemos em uma situação contrária à natureza. É necessário que em cada momento nossas aspirações e nossos sentimentos de todos os tipos sejam circunscritos. O papel da disciplina é garantir essa limitação. Se essa fronteira tão necessária vier a desaparecer, se as forças que nos circundam deixarem de conter e moderar nossos desejos, a atividade humana se perderá no vazio, vazio que o homem tenta dissimular, adornando-o com o especioso nome de infinito.

A disciplina é útil, portanto, não apenas para a sociedade, enquanto meio indispensável para estabelecer formas regulares de cooperação, mas também para o próprio indivíduo. É pela disciplina que aprendemos essa moderação dos desejos sem a qual o homem não poderia ser feliz. Com isso ela também ajuda a constituir o que há de mais precioso em nós, a nossa personalidade. Porque essa faculdade de conter nossas tendências, de resistir a nós mesmos, que adquirimos na escola da disciplina moral, é a condição indispensável para emergir uma vontade refletida e pessoal. A regra é um instrumento de libertação e de liberdade, precisamente porque nos ensina a moderação e a maestria de si. Acrescento ainda que é especialmente nas sociedades democráticas como a nossa que ensinar à criança essa moderação salutar é ainda mais indispensável. Afinal, justamente porque as barreiras mais convencionais, presentes em sociedades estruturadas sobre outras bases, que reprimem violentamente os desejos e as ambições, já tombaram parcialmente, é somente a disciplina moral que pode exercer essa ação reguladora sem a qual o homem não poderia subsistir. Precisamente porque, em princípio, todos os caminhos estão abertos para todas as pessoas, o desejo de progredir pode ser facilmente inflamado e expandir-se indefinidamente, até o ponto de não conhecer limites. É necessário, pois, que a educação faça a criança perceber que fora desses limites artificiais, aos quais a história sempre fez e continua a fazer justiça, existem outros, que estão inscritos na natureza das coisas, quer dizer, na natureza de cada um de nós. Não se trata absolutamente de moldá-la insidiosamente para a resignação, de fazer adormecer suas ambições legítimas, de impedi-la de olhar para além de sua condição presente; essas tentativas seriam contrárias aos próprios princípios de nossa organização social. Mas é preciso fazer com que ela compreenda que o meio para ser feliz consiste em estabelecer objetivos próximos, exequíveis, que estejam em consonância com a natureza de cada um, e que devem ser atingidos, em vez de dirigir sua vontade com preocupação e sofrimento para fins infinitamente distantes e, por consequência, inacessíveis. Procurando não esconder as injustiças do mundo, presentes em todos os períodos históricos, deve-se fazer com que a criança perceba que a felicidade não aumenta de forma ilimitada, seja com o poder, com o saber ou com a riqueza; é necessário mostrar que, em qualquer circunstância, cada um de nós tem suas misérias e alegrias, que o importante é encontrar uma atividade cuja finalidade esteja em harmonia com nossas faculdades e que nos permita realizar nossa natureza, sem excedê-la, arrastando-a para além de seus limites normais. Existe um conjunto de hábitos mentais que a escola deve fazer com que a criança adquira, não porque eles servem a determinado regime, mas porque são saudáveis e porque têm um impacto salutar sobre a felicidade pública. Indicamos ainda que as forças morais protegem contra as forças brutais e desprovidas de inteligência. E, repito, devemos evitar ver nesse gosto pela moderação qualquer tendência à imobilidade; caminhar em direção a um rumo definido, que substitui um rumo anterior, igualmente definido, significa avançar de forma ininterrupta, e não permanecer imóvel. Não se trata de saber se se deve caminhar ou não, mas de qual passo deve ser dado e de que maneira.

    Chegamos, pois, a justificar racionalmente a utilidade da disciplina, da mesma forma que as teorias morais mais conhecidas. Contudo, é necessário sublinhar que nossa concepção acerca de seu papel é muito diferente daquelas sustentadas por seus mais renomados defensores. Com frequência, os benefícios da disciplina foram demonstrados com base em um princípio que procurei combater, princípio esse que tem sido evocado por aqueles que consideram a disciplina como um mal deplorável, não obstante necessário. Assim como Bentham e os utilitaristas, os que sustentam essa perspectiva também assumiram como evidente que a disciplina é uma violência exercida contra a natureza; mas, em vez de concluir que essa violência é algo ruim, uma vez que contrária à natureza, consideram, ao contrário, que ela é boa, justamente porque consideram a natureza como algo ruim. Dessa perspectiva, a natureza é a matéria, a carne, fonte do mal e do pecado. Ela não teria sido dada ao homem para que fosse desenvolvida, mas para que ele triunfe sobre ela, para que a vença e a faça calar-se. Ela seria para o homem apenas uma ocasião para travar uma batalha, de um glorioso esforço contra si mesmo. A disciplina seria o próprio instrumento para a vitória. Essa é a concepção ascética da disciplina, tal qual sustentada por algumas religiões. Muito diferente disso é a noção que propus a vocês. Se acreditamos que a disciplina é algo útil, necessário ao indivíduo, é porque ela parece algo exigido pela própria natureza. Ela é o meio pelo qual a própria natureza se realiza normalmente, e não um meio para reduzi-la ou destruí-la. Assim como tudo o que existe, o homem também é um ser limitado; ele é parte de um todo: fisicamente, é parte do universo; moralmente, é parte da sociedade. Portanto, ele não pode tentar se libertar dos limites que se impõem a ele por toda parte sem, com isso, contradizer sua própria natureza. Na verdade, tudo o que há de mais fundamental nele está ligado com a característica de ser parte de alguma coisa. Afinal, dizer que ele é uma pessoa é dizer que é algo de diferente de tudo aquilo que não é ele; ora, a distinção implica a limitação. Se, portanto, de acordo com nosso ponto de vista a disciplina é algo bom, não é porque olhamos com desconfiança para a obra da natureza, não é porque vemos nisso alguma maquinação diabólica que é preciso desmontar, mas porque o homem só pode realizar sua natureza se for disciplinado. Se julgamos indispensável que as inclinações naturais sejam contidas dentro de certos limites, não é porque elas nos parecem ruins, não é porque negamos o direito de serem satisfeitas; ao contrário, é exatamente porque de outro modo essas inclinações não poderiam receber sua justa satisfação. Disso decorre uma primeira consequência prática, qual seja, a de que o ascetismo não é algo bom por si mesmo.

A partir dessa diferença inicial entre as duas concepções resultam algumas outras, não menos importantes. Se a disciplina é um meio para realizar a natureza do homem, ela deve acompanhar as mudanças que ocorrem com essa natureza que, como sabemos, varia ao longo do tempo. À medida que se avança na história, enquanto um efeito da própria civilização, a natureza humana torna-se cada vez mais rica de energias sempre mais intensas, precisa cada vez mais de atividades; porque é normal que o círculo da atividade individual seja expandido, que as fronteiras de nosso horizonte intelectual, moral e afetivo sejam levadas cada vez mais adiante. Com isso é possível explicar a nulidade dos sistemas que têm a pretensão de proibir que ultrapassemos o ponto no qual pararam nossos pais ou que ameaçam nos obrigar a retroceder para lá, seja em relação à ciência, ao bem-estar ou à arte. O limite normal encontra-se num perpétuo devir, e qualquer doutrina que intente estabelecer algum limite imutável, em nome de princípios absolutos, acaba se chocando com a realidade das coisas. Não é apenas o conteúdo da disciplina que muda, mas a própria maneira com que deve ser ensinada. Não é apenas a esfera da ação humana que varia, mas as próprias forças que nos limitam não permanecem sempre as mesmas nos diferentes períodos da história. Nas sociedades inferiores, considerando que sua organização social é muito simples, a moral compartilha dessa mesma característica, de modo que não é necessário ou tampouco possível que o espírito de disciplina seja muito esclarecido. A simplicidade das próprias práticas sociais faz com que elas facilmente adquiram a forma habitual do automatismo e, nessas condições, o automatismo não possui maiores inconvenientes; afinal, considerando que a vida social permanece sempre idêntica, que difere muito pouco de um lugar a outro ou de um momento para outro, o hábito e a tradição, desprovidos de reflexão, já são suficientes. Eles gozam de tal prestígio, de tal autoridade, que não deixam lugar algum para a reflexão e para o livre exame. Ao contrário disso, quanto mais as sociedades se tornam complexas, mais difícil será que a moral funcione segundo um mecanismo puramente automático. As circunstâncias jamais são as mesmas e, como consequência disso, as regras morais precisam ser aplicadas com inteligência; a natureza da sociedade encontra-se constantemente em evolução: é preciso, pois, que a moral seja suficientemente flexível para poder se transformar à medida que for necessário. Mas, para isso, é imprescindível que ela não seja inculcada de forma a permanecer acima de toda crítica e de toda reflexão, que são os agentes por excelência de qualquer transformação. É preciso que os indivíduos, conformando-se a ela, tenham consciência de quais são seus fundamentos, de modo que sua deferência à moral vigente não chegue ao ponto de acorrentar a própria inteligência. Enfim, da tese de que a disciplina é algo necessário não se segue que ela deva ser cega e subserviente. As regras morais devem ser investidas de uma autoridade sem a qual elas seriam ineficazes, mas, a partir de determinado momento da história, não é mais necessário que essa autoridade seja subtraída à discussão, como se fossem ídolos para os quais os homens não ousam erguer os olhos. Mais tarde iremos investigar de que modo é possível satisfazer a essas duas necessidades, aparentemente tão contraditórias; por ora, é suficiente apenas indicá-las.

Essa consideração nos leva a examinar uma objeção que talvez possa se apresentar ao espírito de vocês. Dissemos que aqueles que não conseguem manter regularidade na conduta, que são indisciplinados, são moralmente incompletos. Entretanto, eles não desempenham um papel moralmente útil na sociedade? Por acaso Cristo não tinha um comportamento desregrado, assim como Sócrates e todos os personagens históricos cujos nomes estão vinculados às grandes revoluções morais pelas quais passou a humanidade? Se eles tivessem um sentimento de respeito muito vivo pelas regras morais vigentes, não teriam tentado reformá-las. Para ousar suplantar o jugo da disciplina tradicional é preciso não sentir a autoridade de forma demasiado intensa. Nada é mais correto do que isso. Não obstante, do fato de que a percepção da regra e o espírito de disciplina sejam enfraquecidos nessas circunstâncias críticas, anormais, não se segue que esse enfraquecimento seja normal. Ainda mais, é necessário evitar que se confundam sentimentos muito diferentes: a necessidade de substituir a velha regulamentação por uma nova e a impaciência em relação a qualquer regulamentação, a qualquer tipo de disciplina. Em determinadas condições, o primeiro sentimento é normal, são e fecundo; o segundo é sempre anormal, uma vez que nos incita a viver fora das condições fundamentais da vida. Sem dúvida, mesmo entre grandes revolucionários da ordem moral, a necessidade legítima de novidades acaba degenerando em uma tendência anárquica. Isso porque as regras vigentes de sua época os afetam dolorosamente, de modo que, em função desse ressentimento, eles voltam-se não contra tal ou qual forma determinada e temporária de disciplina moral, mas contra o próprio princípio da disciplina. Com efeito, é precisamente esse comportamento que torna sua obra caduca; é isso que torna tantas revoluções estéreis, ou impede que obtenham resultados proporcionais aos esforços realizados. É indispensável que se sinta mais do que nunca a necessidade das regras, precisamente no momento em que se volta contra elas. É no momento em que a moral é abalada que se deve ter presente esse espírito; porque essa é a condição que trará resultados positivos à obra que se pretende realizar. Assim, a exceção que parecia contradizer o princípio anteriormente estabelecido não fez mais do que confirmá-lo.

Em resumo, as teorias que celebram os benefícios de uma liberdade sem qualquer tipo de regulamentação fazem apologia a um estado mórbido. É possível inclusive afirmar que, ao contrário das aparências, as expressões "liberdade" e "ausência de sentido" carecem de uma verdadeira conexão, precisamente porque a liberdade é fruto da regulamentação. É sob a ação das regras morais, através de sua prática, que adquirimos o poder de sermos mestres de nós mesmos, de legislar sobre nós, o que consiste na verdadeira liberdade. São essas mesmas regras que, graças à autoridade que possuem, à força que está contida nelas, protegem-nos contra as forças amorais ou imorais que nos assaltam por toda parte. Portanto, longe de se excluírem como termos antinômicos, a liberdade não é possível sem a regra; e a regra não deve ser aceita com uma docilidade resignada; ela merece ser amada. Essa é uma verdade que devemos destacar nos dias de hoje, para a qual a opinião pública deve voltar-se. Afinal, vivemos precisamente em uma época de revolucionários e críticos, em que a autoridade normalmente enfraquecida da disciplina tradicional pode facilmente servir de berço para o espírito de anarquia. Eis de onde provêm essas aspirações anárquicas que, conscientemente ou não, estão presentes não apenas na seita particular que carrega esse nome, mas em diversas doutrinas que, embora divirjam sobre outros aspectos, comungam de um desprezo por qualquer forma de regulamentação.

Com isso, determinamos em que consiste o primeiro elemento da moralidade e demonstramos qual o seu papel. Mas esse primeiro elemento exprime apenas aquilo que há de mais formal na vida moral. Nós constatamos que a moral consiste em um conjunto de regras que nos comandam, e analisamos a noção de regra que decorre disso, sem nos preocuparmos em saber qual a natureza dos atos que nos são prescritos. Estudamos a disciplina como uma forma vazia, através de uma abstração legítima. Porém, de fato, ela possui um conteúdo que, já podemos antecipar, também possui um valor moral. Os preceitos morais nos prescrevem atos determinados e, posto que todos esses atos são morais, uma vez que pertencem a um mesmo gênero e possuem a mesma natureza, também devem possuir algumas características em comum. Essa ou essas características comuns constituem outros elementos essenciais da moralidade, posto que estão presentes em toda ação moral, de modo que é preciso apreendê-los. Uma vez conhecidos, poderemos determinar de uma só vez uma outra disposição fundamental do temperamento moral, a saber, aquela que inclina o homem a realizar as ações que respondem a essa definição. Com isso, um novo objetivo será atribuído à ação do educador.

Para resolver essa questão, seguiremos o mesmo procedimento utilizado anteriormente para determinar o primeiro elemento da moralidade. Não nos perguntaremos inicialmente qual deve ser o conteúdo da moral; assim como não nos perguntamos *a priori* qual deveria ser sua forma. Não investigaremos em que devem consistir os atos morais para que recebam esse nome, partindo de uma noção de moral estabelecida antes da observação, sabe-se lá como. Ao contrário, observaremos quais são os atos a que a consciência moral atribui universalmente essa qualificação. Quais são as maneiras de agir que ela aprova, e quais as características presentes nelas? Não formaremos as crianças para uma moral que não existe, mas tendo em vista a moral tal qual ela é ou tal qual tende a ser. Em todo caso, é disso que devemos partir.

As ações humanas distinguem-se umas das outras conforme os fins que pretendem realizar. Ora, os fins perseguidos pelos homens podem ser classificados nas duas categorias seguintes. Ou elas concernem ao indivíduo que as realiza e somente a ele, e diremos então que são ações pessoais. Ou então elas concernem a algo diferente do indivíduo que age, e as chamaremos de ações impessoais. Podemos entrever que essa última categoria compreende um grande número de espécies diferentes, dependendo se os fins perseguidos pelo agente se referem aos outros indivíduos, ou a grupos, ou a coisas. Mas por enquanto não é necessário entrar em maiores detalhes.

Estabelecida essa diferenciação, vejamos se os atos que perseguem fins pessoais são suscetíveis de serem considerados morais.

Os próprios fins pessoais podem ser de dois tipos. Ou simplesmente tentamos nos manter vivos, conservar nossa existência, encontrar abrigo face às situações que nos ameaçam, ou procuramos nos desenvolver e nos engrandecer. Os atos que realizamos com o único objetivo de manter nossa existência certamente não podem ser condenados; mas é incontestável que aos olhos da opinião pública eles são e sempre foram destituídos de valor moral. Eles são moralmente neutros. Não dissemos que alguém age moralmente apenas porque procura se cuidar, porque tem hábitos saudáveis, com a única finalidade de manter-se vivo. Consideramos essa conduta sábia, prudente, mas não consideramos que a ela deva ser aplicada a qualificação de moral. Ela está fora do âmbito da moral. Sem dúvida, é muito diferente quando cuidamos de nossa vida não apenas para conservar a nós mesmos, para poder gozá-la da melhor maneira possível, mas, por exemplo, para zelar por nossa família, porque consideramos que somos necessários a ela. Nesse caso, nossa ação será unanimemente considerada moral. O que ocorre é que, nesse caso, não é nosso interesse estritamente pessoal que está em jogo, mas o interesse de nossa família. Não é para nossa própria subsistência que agimos dessa forma, mas para permitir que outros seres vivam. Portanto, o fim perseguido é impessoal. Com essas afirmações, dou a entender que discordo da concepção corrente, segundo a qual o homem tem o dever de conservar a própria vida. Mas não é bem assim. Não nego que o homem tenha o dever de viver, mas só podemos dizer que é um dever no sentido mais estrito do termo, quando a vida é para ele um meio de atingir algum fim que o ultrapassa. Não há nada de moral em viver simplesmente por viver.

O mesmo pode ser dito em relação a tudo o que fazemos tendo em vista não apenas nossa autoconservação, mas também nosso desenvolvimento ou engrandecimento, sem que isso possa servir senão a nós mesmos. O homem que trabalha para cultivar sua inteligência, para refinar sua sensibilidade estética, com a única intenção de ser bem-sucedido ou para gozar solitariamente do espetáculo que ele dá a si mesmo não desperta em nós nenhuma emoção propriamente moral. Podemos admirar alguém assim, da mesma forma que admiramos uma obra de arte; mas, na medida em que o comportamento que descrevemos nesse exemplo visa apenas fins pessoais, não podemos dizer que consiste no cumprimento de algum dever. Nem a ciência nem a arte têm uma virtude moral intrínseca, que possa ser comunicada *ipso facto* ao sujeito que as possui. Tudo depende do uso que se faz ou que se pretende fazer. Quando, por exemplo, nos dedicamos à ciência com a intenção de diminuir o sofrimento humano, esse ato é unanimemente considerado moralmente louvável. Mas o mesmo não acontece quando uma pesquisa é feita tendo em vista apenas a satisfação pessoal.

Eis, pois, um primeiro resultado obtido: os atos que têm como finalidade apenas o interesse do agente, isto é, atos pessoais, não importa quais sejam, são destituídos de valor moral. É verdade que, para os utilitaristas, a consciência moral se equivoca quando julga a conduta humana dessa maneira; de acordo com a concepção que defendem, os fins egoístas são, por excelência, os fins mais recomendáveis. Mas não nos preocuparemos aqui com a maneira com que esses teóricos avaliam a moral efetivamente praticada pelos homens; o que queremos é conhecer essa moral, tal qual existe, tal qual é entendida e praticada por todos os povos civilizados. Ora, colocada nesses termos, a questão é fácil de resolver. Não existe atualmente, e nunca existiu, um povo que considerasse moral algum ato egoísta, isto é, que visasse unicamente o interesse pessoal do agente. Com isso podemos concluir que os atos prescritos pelas regras morais são caracterizados por perseguirem fins impessoais.

Mas o que devemos entender com essa expressão? É possível afirmar que, para agir moralmente, basta não perseguir nosso fim pessoal, mas o fim pessoal de outro indivíduo. Desse modo, zelar pela minha saúde, pela minha instrução, não teria nada de moral; mas minha ação mudaria de natureza se fosse pela saúde de algum de meus semelhantes que estivesse zelando, quando tivesse em vista sua felicidade ou seu desenvolvimento intelectual. Mas tal apreciação desse tipo de conduta é inconsequente e contraditória. Por que aquilo que não tem valor moral quando é destinado a mim teria valor moral se fosse destinado a outra pessoa? Por que a saúde, a inteligência de um ser que, hipoteticamente, é igual a mim (deixo de lado os casos em que haveria uma desigualdade flagrante), seriam mais sagradas para mim do que a minha saúde ou a minha inteligência? A média dos homens encontra-se num mesmo patamar, suas personalidades são semelhantes, iguais e, por assim dizer, passíveis de substituição umas pelas outras. Se uma ação destinada a conservar ou desenvolver minha personalidade é amoral, porque seria diferente com um ato idêntico, salvo pelo fato de ter por objeto a personalidade de outro indivíduo? Por que um teria mais valor do que o outro? Aliás, como ressaltou Spencer, tal moral não poderia ser aplicada, a não ser que não fosse aplicada por todo mundo. Imaginem uma sociedade na qual todos estão dispostos a renunciar a si mesmos em favor de seus vizinhos e, por essa razão, não pudessem aceitar as renúncias dos outros; a renúncia se tornaria impossível, porque seria generalizada. Para que a caridade possa ser praticada é necessário que alguns aceitem não praticá-la, ou não estejam em condição de praticá-la. Trata-se de uma virtude reservada a apenas algumas pessoas; a moral, pelo contrário, deve ser comum a todos, acessível a todos. Não podemos, pois, considerar o sacrifício, a devoção interindividual como um tipo de ato moral. As características essenciais que buscamos devem ser outras.

 Poderemos encontrar essas características numa ação que tem como finalidade não um outro indivíduo, diferente daquele que está realizando a ação, mas em vários indivíduos, afirmando que os fins impessoais, que são os únicos que podem conferir caráter moral a uma ação, são os fins pessoais de vários indivíduos? Desse modo, eu agiria moralmente, não quando ajo para mim ou para algum outro homem, mas para certo número de semelhantes. Mas como isso seria possível? Se cada indivíduo tomado singularmente é destituído de valor moral, uma somatória de indivíduos não poderia ter nenhuma vantagem sobre um único indivíduo. Uma soma de zeros é, e não pode deixar de ser, igual a zero. Se algum interesse particular, seja meu, seja de outra pessoa, é amoral, numerosos interesses particulares também são amorais.

Portanto, a ação moral é aquela que persegue fins impessoais. Mas os fins impessoais do ato moral não podem ser nem aqueles de um indivíduo diferente do agente, nem aqueles de muitos indivíduos. Disso se segue que esses fins devem se referir a algo diferente dos indivíduos. Eles são supraindividuais.

Ora, excluindo os indivíduos, a única coisa que resta são os grupos formados pela reunião dos indivíduos, isto é, as sociedades. Portanto, os fins morais são aqueles que têm por objeto *uma sociedade*. Agir moralmente é agir tendo em vista um interesse coletivo. Essa conclusão se impõe na esteira das sucessivas eliminações precedentes. Porque, por um lado, é evidente que o ato moral deve servir a algum ser vivente e sensível, ou, ainda mais, a um ser dotado de consciência. As relações morais são relações entre consciências. Ora, fora e acima do ser consciente que sou eu, e fora e acima dos outros indivíduos, não existe nada a não ser o ser consciente que é a sociedade. E, com isso, entendo qualquer agrupamento humano, seja a família, a pátria ou a humanidade, desde que seja um agrupamento realmente existente. Iremos investigar mais adiante se existe alguma hierarquia entre essas diferentes sociedades, se entre esses diversos fins coletivos existem alguns que são mais eminentes que outros. Por ora, limito-me a estabelecer um princípio, qual seja, que o domínio da moral começa onde começa o domínio social.

Para compreender a extensão dessa proposição capital é necessário definir com precisão o que é uma sociedade. Se, seguindo uma concepção que foi considerada clássica durante muito tempo e que é ainda muito difundida, considerarmos a sociedade apenas como uma coleção de indivíduos, recairemos nas dificuldades precedentes, sem conseguir sair delas. Se o interesse individual não possui valor moral para mim, não seria diferente para meus semelhantes, não importa quão numerosos eles sejam e, por consequência, se o interesse coletivo não for algo mais do que a soma de interesses individuais, ele também é amoral. Para que a sociedade possa ser considerada como o fim normal da conduta moral, é preciso que seja possível ver nela algo mais do que a mera soma de indivíduos; é preciso que ela seja um ser *sui generis* com uma natureza especial, distinta daquela de seus membros, e uma personalidade própria diferente das personalidades individuais. Em uma palavra, é necessário que exista, na plena acepção do termo, um ser social. Sob esta condição, e apenas sob esta condição, a sociedade poderá desempenhar, no palco da moral, o papel que não poderia ser atribuído ao indivíduo. Assim, essa concepção da sociedade como um ser distinto dos indivíduos que a compõem, concepção esta que a sociologia demonstra com argumentos de ordem teórica, é aqui demonstrada por considerações práticas. Isso porque o axioma fundamental da consciência moral não pode ser explicado de outra forma. Com efeito, esse axioma prescreve que o homem age moralmente somente quando persegue fins superiores aos fins individuais, quando se faz servidor de um ser superior a ele próprio e a todos os outros indivíduos. Ora, a partir do momento em que abdicamos de recorrer a noções teológicas, só existe um ser acima dos indivíduos, um ser que é empiricamente observável, que é aquele que surge quando os indivíduos se associam, é a sociedade. É preciso escolher. A menos que o sistema das ideias morais seja produto de alguma alucinação coletiva, o ser ao qual a moral vincula nossas vontades e que põe como objeto eminente de nossa conduta, só pode ser ou o ser divino ou o ser social. Nós descartamos a primeira hipótese, por estar fora do domínio da ciência. Resta, então, a segunda, que, como veremos, é suficiente para preencher todos os requisitos e que contém, com exceção do próprio símbolo, tudo aquilo de real que está presente no ser divino.

Mas, diz-se, posto que a sociedade é feita apenas de indivíduos, como é possível que ela tenha uma natureza diferente daquela dos indivíduos que a compõem? Trata-se de um argumento do senso comum que durante muito tempo barrou, e continua a barrar, o progresso da sociologia e da moral laica – porque ambas são solidárias – e que, portanto, não mereceria tanta atenção. Com efeito, a experiência demonstra de mil maneiras que uma combinação de elementos apresenta características distintas daquelas presentes nos elementos isolados. Portanto, a combinação constitui algo de novo em relação às partes que a compõem. Ao combinarmos o cobre e o estanho, corpos essencialmente moles e flexíveis, obtemos, então, um novo corpo que possui uma propriedade completamente diferente: o bronze, que é um corpo duro. Uma célula viva é composta exclusivamente por células minerais, não viventes. A simples combinação faz surgir características próprias da vida, como a aptidão para alimentar-se e reproduzir-se, as quais o mineral não possui em nenhuma circunstância. É, pois, um fato constante que um todo pode ser algo mais do que a mera soma de suas partes. E nessa constatação não há nada que deva nos causar surpresa. Pelo simples fato de estarem associados, de se relacionarem uns com os outros, em vez de permanecerem isolados, eles agem e reagem uns sobre os outros, e é natural que dessas ações e reações, que são produto direto da associação, que dela dependem, se depreendam fenômenos inteiramente novos, que não existiriam se não existisse a associação. Aplicando essa observação geral ao homem e às sociedades, diremos o seguinte: porque os homens vivem em conjunto, e não isolados, as consciências morais agem umas sobre as outras, e, em virtude das relações que surgem assim, são produzidos ideias e sentimentos que jamais poderiam ser produzidos pelas consciências isoladas. Todo mundo sabe que, em uma multidão ou em uma assembleia, as emoções e as paixões afloram, de forma muito diversa do que seriam experimentadas pelos indivíduos, se essas emoções e paixões os afetassem isoladamente, em vez de afetá-los enquanto um corpo social. Nessas situações, as coisas aparecem com outra feição, são sentidas de outra maneira. Isso porque os grupos humanos possuem uma maneira de pensar, de sentir, de viver, que é diferente daquela própria a seus membros, quando estes pensam, sentem e vivem isoladamente. Ora, tudo aquilo que dissemos acerca das multidões, das assembleias passageiras, aplica-se, *a fortiori*, às sociedades, que são como multidões permanentes e organizadas.

Um fato dentre tantos outros torna ainda mais perceptível essa heterogeneidade entre a sociedade e o indivíduo, qual seja, a maneira com que a personalidade coletiva impõe-se à personalidade de seus membros. As gerações mais antigas são substituídas pelas novas gerações, e, contudo, a sociedade mantém sua fisionomia própria e seu caráter pessoal. Entre a França de hoje e a França de outrora, existem diferenças, sem dúvida, mas são diferenças de idade. Nós envelhecemos, e com isso certos traços de nossa fisionomia coletiva foram modificados, do mesmo modo que os traços de nossa fisionomia individual também se modificam, à medida que avançamos na vida. E, no entanto, entre a França atual e aquela da Idade Média existe uma identidade pessoal que ninguém pode cogitar ignorar. Assim, mesmo que gerações de indivíduos se sucedam a outras gerações, para além desse fluxo perpétuo de personalidades particulares, há algo que sempre persiste; é a sociedade, com sua consciência própria, com seu temperamento pessoal. Aquilo que afirmo com respeito à sociedade política, em seu conjunto, em relação a seus cidadãos, pode ser repetido no que se refere a cada grupo secundário com relação a seus membros. A população de Paris renova-se incessantemente; elementos novos surgem sem parar. Entre os parisienses de hoje, poucos são os que descendem dos parisienses do começo do século. Mas, a vida social de Paris apresenta hoje os mesmos traços essenciais que possuía há cem anos. Eles apenas se tornaram mais acentuados. A mesma aptidão relativa para os delitos, para os suicídios, para os casamentos, a mesma fraqueza relativa da taxa de natalidade; as proporções entre as diferentes faixas etárias são análogas. É, portanto, a própria ação do grupo que impõe essas semelhanças aos indivíduos que dele fazem parte. Essa é a melhor prova de que o grupo é algo diferente do indivíduo.

Quinta lição

O segundo elemento da moralidade: a adesão aos grupos sociais
(continuação)

Nós já começamos a determinar em que consiste o segundo elemento da moralidade. Ele consiste na vinculação a um grupo social do qual o indivíduo faz parte. Perguntamos se existe alguma hierarquia entre os diversos grupos sociais aos quais pertencemos, se todos eles podem ser considerados como fins igualmente importantes da conduta moral. Mas, antes de entrar nessa questão particular, é preciso estabelecer o princípio geral segundo o qual o domínio da vida verdadeiramente moral começa lá onde começa o domínio da vida coletiva, ou, em outros termos, que somos seres morais somente na medida em que somos seres sociais.

Para demonstrar essa proposição fundamental, apoiei-me sobre um fato da experiência que pode ser verificado em nós mesmos, nos outros e mesmo com o estudo das morais existentes na história. Trata-se do fato de que jamais, nem no presente, nem no passado, a sociedade atribuiu qualquer valor moral aos atos que tenham como único objeto o interesse pessoal do agente. Sem dúvida, a conduta moral foi sempre concebida como produtora de consequências úteis para algum ser vivente e consciente, aumentando sua felicidade e diminuindo seu sofrimento. Mas em nenhuma sociedade admitiu-se que o destinatário dessa conduta fosse o próprio agente. O egoísmo sempre foi universalmente classificado como um sentimento amoral. Ora, essa constatação tão elementar é rica em consequências. Com efeito, se o meu interesse individual não possui valor moral, o mesmo vale para o interesse individual dos outros. Se minha individualidade não é digna de servir como fim para a conduta moral, por que seria diferente com a individualidade de meus semelhantes, que nada têm de diferente da minha própria individualidade? Disso se segue que, se existe uma moral, ela necessariamente deve vincular os homens a fins que ultrapassam o círculo dos interesses individuais. Isto posto, resta-nos apenas buscar o que são esses fins supraindividuais, em que consistem.

Ora, já vimos com toda clareza que, excetuando o indivíduo, existe um único ser psíquico, um único ser moral empiricamente observável, ao qual nossa vontade pode vincular-se: é a sociedade. Portanto, é somente a sociedade que pode servir de objetivo à atividade moral. Para tanto, é preciso apenas que preencha algumas condições. Inicialmente, é necessário que ela seja algo mais do que uma mera coleção de indivíduos; porque, se o interesse de cada indivíduo tomado separadamente é desprovido de valor moral, a soma de todos esses interesses, não importa o quão numerosos sejam, não teria nenhuma vantagem sobre os interesses tomados isoladamente. Para que a sociedade possa desempenhar o papel que não pode ser preenchido pelo indivíduo, é necessário que tenha uma natureza própria, uma personalidade distinta daquela de seus membros. Nós já vimos que ela satisfaz a essa condição. Assim como a célula viva é algo mais do que a simples soma de moléculas inorgânicas que a compõem, assim como o próprio organismo é algo diferente de uma soma de células, também a sociedade é um ser psíquico que possui uma maneira especial de pensar, de sentir e de agir, diferente daquela que é característica dos indivíduos que a compõem. Há um fato que torna patente esse caráter peculiar da sociedade; trata-se da maneira com que a personalidade se mantém e persiste, sempre idêntica, a despeito das incessantes mudanças que se produzem no conjunto das personalidades individuais. Da mesma forma que a fisionomia física e moral do indivíduo se mantém constante em seus traços essenciais no decorrer do tempo, mesmo que as células, que constituem toda a matéria do organismo, sejam renovadas constantemente, assim também a fisionomia coletiva da sociedade subsiste semelhante a si mesma, salvo as diferenças secundárias que ocorrem em cada época, a despeito da incessante renovação das gerações. Assim, pressupondo a sociedade como um ser distinto do indivíduo, foi possível encontrar algo que supera o próprio indivíduo, e isso sem que se tenha de sair do domínio da experiência.

Contudo, essa primeira condição não é suficiente para que se possa compreender por que a sociedade pode desempenhar esse papel que atribuímos a ela. É preciso que o homem tenha algum interesse em aderir a ela. Se ela fosse simplesmente alguma coisa diferente do indivíduo, e se fosse tão distinta de nós a ponto de nos ser estranha, tal adesão seria inexplicável; porque isso só seria possível se o homem renunciasse, em alguma medida, à sua própria natureza, para tornar-se algo diferente dele próprio. Com efeito, vincular-se a algum ser implica sempre, em alguma medida, confundir-se com ele, fazer-se um com ele, estar disposto a abdicar de si próprio se essa adesão chegar ao nível do sacrifício. Ora, tal abdicação de si não seria algo incompreensível? Por que nos subordinaríamos dessa forma a um ser tão radicalmente diferente de nós? Se a sociedade plana acima de nós sem que nenhum laço a vincule a nós, por que a tomaríamos como objetivo de nossa conduta, como algo que tem preferência em relação a nós próprios? Somente porque ela possui um valor mais elevado, porque é rica em elementos dos mais variados tipos, porque tem uma organização superior, porque, em uma palavra, ela possui mais vida e mais realidade do que pode possuir nossa individualidade, sempre medíocre diante de uma personalidade tão vasta e tão complexa? Mas por que essa organização tão completa deveria comover-nos, se ela não nos diz respeito? E, se ela não nos comove, por que faríamos dela o objetivo de todos os nossos esforços? Alguém poderia afirmar, como já foi dito, que a sociedade é necessariamente útil ao indivíduo em razão dos serviços que pode prestar a ele, e por isso que ele deve desejá-la, porque é do seu interesse[4]. Mas, com isso, recaímos naquela concepção que havía-

---

[4]. Durkheim refere-se aqui à maneira como os utilitaristas justificam a vida em sociedade, isto é, pelo interesse. O utilitarismo é, ao lado do kantismo, uma das principais escolas de filosofia criticadas pelo autor, em oposição às quais procurou consolidar sua própria teoria moral. É interessante notar que no decorrer de todo este livro aparecem inúmeras referências, diretas ou indiretas, a essas duas filosofias, sempre com o objetivo de contestá-las para, em seguida, apresentar seu próprio argumento, o que constitui um indicativo da importância desse debate para a fundamentação da própria perspectiva durkheimiana [N.T.].

mos abandonado, uma vez que contradiz a consciência moral de todos os povos. Nesse caso, novamente o interesse individual que seria considerado como o fim por excelência da moral, e a sociedade não seria mais do que um simples meio para atingir esse fim. Se quisermos ser coerentes com nossas próprias afirmações e também com os fatos, se pretendemos manter esse princípio formal da consciência comum, que se recusa a considerar morais atos que são direta ou indiretamente egoístas, é preciso que a sociedade seja desejada nela mesma e por ela mesma, e não na medida em que serve ao indivíduo. Mas como isso é possível? Encontramo-nos, assim, em face de uma dificuldade análoga àquela anterior, quando tratamos do primeiro elemento da moralidade. Por tratar-se de uma disciplina, a moral implica uma limitação da natureza humana e, por outro lado, num primeiro momento poderia parecer que essa limitação é algo contrário à natureza. Também no presente caso, os fins morais nos impõem uma abnegação que, inicialmente, parece ter como efeito transmutar a personalidade humana em uma personalidade diferente. Essa aparência é ainda reforçada pelos velhos hábitos do espírito, que opõem a sociedade ao indivíduo, como dois termos contrários e antagonistas, de modo que um só pode desenvolver-se em detrimento do outro.

Mas, também nesse caso, trata-se meramente de uma aparência. Seguramente, o indivíduo e a sociedade são seres de naturezas diferentes. Mas, longe de haver entre eles qualquer tipo de antagonismo, longe do indivíduo só poder aderir à sociedade abdicando total ou parcialmente de sua própria natureza, só é verdadeiramente ele mesmo, só se realiza plenamente sob a condição de estar vinculado à sociedade. Aquilo que nos demonstrou que a necessidade de conter-se dentro de limites determinados é algo reclamado por nossa própria natureza, foi a constatação de que nos casos em que essa limitação não existe, quando ela falha, quando as regras morais não têm autoridade para exercer uma ação reguladora sobre nossa ação no grau necessário, nós vemos a sociedade imersa numa tristeza, num desencantamento que se traduz na taxa dos suicídios. Do mesmo modo, quando a sociedade não exerce mais sobre o indivíduo a atração que deveria exercer, quando o indivíduo deixa de lado os fins coletivos para perseguir seus próprios interesses, vemos produzir-se o mesmo fenômeno, as mortes voluntárias são multiplicadas. O homem sente-se tanto mais disposto a matar-se quanto mais desapegado está da coletividade, em um estado egoísta. Portanto, o suicídio entre os solteiros ocorre com uma frequência três vezes maior do que entre os casados, com frequência duas vezes maior entre os casais estéreis do que com os casais fecundos; seu crescimento é inversamente proporcional ao número de filhos. Assim, conforme o indivíduo faça parte ou não de um agrupamento doméstico, conforme esse agrupamento seja reduzido ao casal ou que tenha filhos, conforme a sociedade familiar seja mais ou menos coesa, compacta e forte, o homem apega-se com maior ou menor intensidade à própria vida. A tendência a matar-se será menor se ele tiver outras coisas para pensar além dele mesmo. As crises que avivam os sentimentos coletivos produzem esses mesmos efeitos. Por exemplo, as guerras estimulam o patriotismo, fazendo calar as preocupações privadas; a imagem da pátria ameaçada passa a ocupar um lugar nas consciências individuais que não ocupava nos tempos de paz; por conseguinte, os laços que unem o indivíduo à sociedade são reforçados, consolidando os laços que o vinculam à própria existência. Os suicídios diminuem. Algo semelhante ocorre com as comunidades religiosas, uma vez que quanto mais são coesas, mais seus membros aderem a ela, e assim se tornam mais protegidos contra a ideia do suicídio. As confissões religiosas minoritárias são sempre mais focadas sobre si mesmas, precisamente em virtude das oposições que são feitas a elas e que precisam ser combatidas; é comum que uma mesma igreja possua uma menor taxa de suicídio entre seus membros nos países em que ela constitui uma minoria do que onde ela congrega a maior parte dos cidadãos.

 Costuma-se pensar que o egoísta é alguém muito hábil, que entende mais do que qualquer pessoa da arte de ser feliz. Muito ao contrário, ele encontra-se em uma situação bastante instável, em que basta uma mínima coisa para comprometer seu equilíbrio. O homem apega-se menos a si mesmo quando está preocupado apenas consigo. Por que isso acontece? Porque o homem, em sua maior parte, é produto da sociedade. É dela que provém tudo aquilo que há de melhor em nós, todas as formas superiores de nossa própria atividade. A linguagem é algo essencialmente social; foi a sociedade que a elaborou, e é por meio dela que a linguagem é transmitida de geração a geração. Ora, a linguagem não é apenas um sistema de palavras; cada língua implica uma mentalidade própria, que é aquela da sociedade em que ela é falada, onde se exprime seu temperamento próprio, e é essa mentalidade que constitui o pano de fundo da própria mentalidade individual. É preciso ainda acrescentar às ideias que advêm da língua todas aquelas que provêm da religião. Porque a religião é uma instituição social; é a própria religião que constituiu a base da vida coletiva em numerosos povos; portanto, todas as ideias religiosas têm origem social; e sabemos que essas ideias ainda são para muitos a base do próprio pensamento público e privado. É verdade que, contemporaneamente, ao menos entre os espíritos mais cultivados, a ciência substituiu a religião. Mas, precisamente por ter origem religiosa, a ciência é, como a religião, da qual ela é parcialmente uma herdeira, uma obra da sociedade. Se os indivíduos tivessem vivido isoladamente uns dos outros, a ciência não teria tido muita utilidade. Porque, nessas condições, o ser humano permanece apenas em contato com o meio que o circunda imediatamente e, como esse meio é bastante simples, restrito, significativamente invariável, os movimentos necessários para adaptar-se a esse meio também seriam simples, pouco numerosos, repetidos constantemente em função da permanência das condições do próprio meio, de modo que facilmente adquiririam a forma de hábitos automáticos. O instinto seria suficiente, assim como ocorre com os animais, e a ciência, que se desenvolve apenas quando o instinto recua, não teria nascido. Se ela nasceu, foi porque a sociedade precisou dela. Afinal, uma organização tão complexa, tão volátil, não poderia funcionar apenas mediante um rígido sistema de instintos cegos. Para fazer com que as múltiplas engrenagens funcionem adequadamente, foi vital a participação de uma inteligência reflexiva. Assim, vimos surgir uma forma de ciência, ainda grosseira, contida nos mitos e nas religiões, misturada com toda sorte de elementos contrários. Pouco a pouco, ela desvencilhou-se de todas as influências alheias a sua própria essência, para constituir-se de forma independente, com um nome próprio e com procedimentos especiais. Mas isso ocorreu porque a própria sociedade se tornou mais complexa, tornando a ciência ainda mais necessária. Portanto, foi em vista de fins coletivos que ela se formou e se desenvolveu. Foi a sociedade que conclamou sua existência e compeliu seus membros a instruir-se. Ora, se retirássemos da consciência humana tudo aquilo que provém da cultura científica, provocaríamos um grande vazio. Aquilo que digo em relação à inteligência pode ser aplicado a todas as outras faculdades. Se temos necessidade de uma atividade sempre mais intensa, se não conseguimos nos contentar com a vida lânguida e morna do homem das sociedades inferiores, é porque a sociedade exige de nós um trabalho sempre mais intenso e assíduo, com o qual nos habituamos, de modo que o próprio hábito transforma-se em uma necessidade. Mas primitivamente não havia nada em nós que nos incitasse a esse perpétuo e doloroso esforço.

Desse fato se segue o argumento, bastante aceito por diversos teóricos, de que haveria um antagonismo entre o indivíduo e a sociedade. Muito ao contrário, há em nós uma variedade de estados que exprimem algo que é diferente de nós, a saber, a sociedade; esses estados são a sociedade que vive e age dentro de nós. Sem dúvida, ela nos ultrapassa e nos transborda, porque é infinitamente mais vasta que nosso ser individual, mas, por outro lado, nos penetra por todas as partes. Ela está fora de nós e nos contém, mas ela também está em nós e, por causa de boa parte de nossa própria natureza, nos confundimos com ela. Da mesma forma que nosso organismo físico se nutre de alimentos que obtêm do mundo exterior, assim também nosso organismo mental alimenta-se de ideias, sentimentos e práticas que provêm da sociedade. É dela que obtemos a parte mais importante de nós mesmos. Desse ponto de vista, podemos facilmente explicar como ela pode se tornar objeto de nossa adesão. Não podemos nos desapegar dela sem nos desapegarmos de nós. Entre ela e nós existem laços muito estreitos e muito fortes, porque ela faz parte de nossa própria substância, porque em certo sentido ela é melhor do que nós mesmos. Nessas condições, pode-se compreender a precariedade de uma existência egoísta. Isso é contra a natureza. O egoísta vive como se ele fosse um todo, que possui em si mesmo toda a razão de ser, como se bastasse a si mesmo. Ora, tal estado é impossível, porque é contraditório em seus próprios termos. Por mais que tentemos, por mais que nos esforcemos em dissolver os laços que nos unem ao resto do mundo, jamais conseguiremos isso. Estamos fortemente ligados ao mundo que nos circula; ele nos penetra, imiscui-se a nós. Por conseguinte, existe em nós algo diferente de nós, e por isso quando nos agarramos a nós, agarramo-nos a algo diferente de nós. Pode-se inclusive dizer o seguinte: o egoísmo absoluto consiste em uma abstração irrealizável. Afinal, para levar uma vida totalmente egoísta, seria preciso despojar-nos de nossa natureza social, o que é tão impossível quanto escapar de nossa própria sombra. A única coisa que podemos fazer é nos aproximarmos mais ou menos desse limite ideal. Mas, nesse caso, quanto mais nos aproximamos desse limite, mais abdicamos de nossa própria natureza, e mais nossa vida passa a funcionar sob condições anormais. Isso explica como tal estilo de vida se torna facilmente insuportável. Uma vida cujas funções estão tão falseadas, tão deturpadas de sua destinação normal, só pode fluir sem fricções e sem sofrimento sob combinações de circunstâncias absolutamente favoráveis à manutenção desse estado. Na ausência dessas circunstâncias, faltará tudo. As épocas em que a sociedade desintegrada, em razão de sua própria decadência, promove as vontades particulares, em que o egoísmo flui livremente, são épocas tristes. O culto do eu e o sentimento do infinito são frequentemente contemporâneos. O budismo é a melhor prova dessa solidariedade.

Assim, do mesmo modo que a moral, ao nos limitar e nos conter, não faz mais do que responder às necessidades de nossa própria natureza, ao prescrever que nos vinculemos e nos subordinemos a um grupo, não faz mais do que nos colocar em condições de realizar nosso próprio ser. Ela não faz mais do que nos ordenar a realizar aquilo que é reclamado pela própria natureza das coisas. Para que sejamos um homem digno desse nome, é preciso, tão brevemente quanto possível, estabelecer um relacionamento com a fonte dessa vida mental e moral que é característica da humanidade. Ora, essa fonte não está em nós; ela está na sociedade. A sociedade é a construtora e a detentora de todas as riquezas da civilização, sem as quais o homem recairia no nível do animal. É preciso, pois, que estejamos amplamente abertos à sua ação, em vez de nos fecharmos ciosamente sobre nós para defendermos nossa autonomia. Ora, é precisamente essa oclusão estéril que ameaça a moral, uma vez que a própria adesão ao grupo é o dever por excelência. Portanto, longe de implicar a abdicação de nós próprios, esse dever fundamental, princípio de todos os outros, prescreve uma conduta cujo único efeito é o desenvolvimento de nossa própria personalidade. Dissemos há pouco que a noção de pessoa supõe, em primeiro lugar, uma maestria de si, que podemos aprender somente na escola da disciplina moral. Mas essa primeira e necessária condição não é suficiente. Uma pessoa não é apenas um ser que contém a si mesmo, é também um sistema de ideias, de hábitos, de tendências, é uma consciência que possui um conteúdo; somos tanto mais uma pessoa quanto mais esse conteúdo for rico em elementos. Não é por essa razão que o homem civilizado é uma pessoa em um grau mais elevado do que o primitivo, e o adulto do que a criança? Ora, a moral, ao nos elevar acima de nós mesmos, ao nos ordenar um profundo mergulho nesse nutritivo meio da sociedade, faz com que alimentemos nossa própria personalidade. Um ser que não vive exclusivamente de si e para si, que se oferece e se doa, que se mistura com o exterior e deixa-se penetrar por ele, certamente tem uma vida muito mais rica e intensa do que o egoísta solitário que se fecha em si mesmo, que se esforça em manter-se alheio a tudo e a todos. Um homem verdadeiramente moral, não de uma moralidade média e medíocre que não vai além das abstenções mais elementares, um homem moral, de uma moralidade positiva e ativa, não pode deixar de ter uma personalidade forte.

Portanto, a sociedade ultrapassa o indivíduo, possui uma natureza própria, distinta da natureza individual e, por isso, preenche a primeira condição necessária para servir de fim à atividade moral. Mas, de outro lado, ela vai ao encontro do indivíduo; entre ela e ele não existe um espaço vazio; ela finca fortes e profundas raízes em nós. Não seria um exagero afirmar que a melhor parte de nós mesmos é uma emanação da coletividade. Assim se explica como podemos aderir a ela e até mesmo preferi-la a nós.

Até o momento falamos da sociedade de uma maneira geral, como se existisse apenas uma. Na verdade, atualmente o homem vive no seio de diversos grupos. Para mencionar apenas aqueles mais importantes, há a família em que nasceu, a pátria ou o grupo político e a humanidade. O homem deve vincular-se a apenas um desses grupos, em detrimento dos demais? Esse não é o caso. Não importa o que tenham dito certos simplistas, entre esses três tipos de sentimentos coletivos não há um antagonismo necessário, como se só fosse possível aderir à pátria desapegando-se da família, como se só pudéssemos cumprir nossos deveres enquanto homens sob a condição de esquecer os deveres de cidadão. Família, pátria e humanidade representam as diferentes fases de nossa evolução social e moral, sendo que uma preparou o advento da outra e, por conseguinte, os grupos subsequentes podem superpor-se sem excluir um ao outro. Da mesma forma que cada um deles desempenhou um papel no decorrer do desenvolvimento histórico, eles completam-se mutuamente no presente; cada um tem sua própria função. A família acolhe o indivíduo de uma maneira muito diferente de como faz a pátria, respondendo a outras necessidades morais. Portanto, não é necessário escolher exclusivamente um desses grupos. O homem não é moralmente completo se não for submetido a essa ação tripla.

Contudo, mesmo se esses três grupos podem e devem existir concomitantemente, se cada um deles constitui um fim moral digno de ser perseguido, esses fins não possuem o mesmo valor. Existe uma hierarquia entre eles. Todas as evidências atestam que os fins domésticos devem ser subordinados aos fins nacionais, motivo pelo qual a pátria é um grupo social de ordem mais elevada. Precisamente porque a família está mais próxima ao indivíduo, ela constitui um fim menos impessoal, e, por conseguinte, não tão alto como a pátria. O círculo dos interesses domésticos é tão restrito que se confunde em grande parte com os interesses individuais. Por isso, de fato, à medida que as sociedades progridem e centralizam-se, a vida geral da sociedade, aquela que é comum a todos os seus membros, que tem no grupo político sua origem e sua finalidade, passa a ocupar mais espaço nos espíritos individuais, ao passo que a parte relativa e mesmo absoluta da vida familiar vai diminuindo. Compromissos públicos de toda ordem, políticos, judiciários, internacionais, etc., acontecimentos econômicos, científicos, artísticos que afetam o corpo inteiro da nação, tudo isso retira o indivíduo do meio familiar para prender sua atenção a outros objetos. Inclusive a atividade propriamente familiar decresceu, uma vez que a criança deixa esse meio ainda muito jovem para receber uma educação pública, e logo depois chega o dia em que ela própria se torna adulta, e tem então pouco tempo para passar com a família que fundou. O centro gravitacional da vida moral, que outrora residia na família, tende a deslocar-se cada vez mais. A família torna-se um órgão secundário do Estado.

Mas, se sobre esse ponto não há muito a se contestar, a questão de saber se a humanidade deve ou não se submeter ao Estado, e o cosmopolitismo ao nacionalismo, é, ao contrário, uma das questões que atualmente faz emergir as maiores controvérsias. E essa é uma questão bastante séria, afinal, conforme o primado seja atribuído a um ou outro grupo, o polo da educação moral será muito diferente, e a educação moral será entendida de uma maneira até mesmo oposta.

O que agrava esse debate é a própria força dos argumentos apresentados por ambas as partes. De um lado, afirma-se que, cada vez mais, os fins morais mais abstratos e impessoais, aqueles mais desvinculados das condições relativas a uma época e a um lugar, bem como de toda raça, são também aqueles que tendem a ocupar o degrau mais elevado da moralidade. As nações foram fundadas passando por cima das pequenas tribos de outrora; posteriormente as próprias nações se misturaram, entrando em organismos sociais mais amplos. Por conseguinte, os fins morais das sociedades foram se generalizando aos poucos. Eles desapegam-se cada vez mais das particularidades étnicas ou geográficas, precisamente porque cada sociedade, tornando-se mais volumosa, compreende uma grande variedade de condições telúricas e climáticas, e todas essas influências acabam se anulando mutuamente. O ideal nacional dos gregos ou dos romanos primitivos era muito peculiar a essas pequenas sociedades que eram as cidades da Grécia e da Itália; em certo sentido, era um ideal municipal. O ideal dos grandes agrupamentos feudais, durante a Idade Média, já possuía um grau de generalidade um pouco maior, que aumentou e se desenvolveu à medida que as sociedades europeias se tornaram mais extensas e concentradas. Não há razão para fixar um limite para um movimento tão progressivo e ininterrupto. Ora, os fins humanos são mais nobres do que os mais elevados fins nacionais. Portanto, não é a esses fins que caberia a supremacia?

Por outro lado, a humanidade possui um ponto fraco, qual seja, é impossível vê-la como uma sociedade constituída. Ela não é um organismo social com uma consciência, uma individualidade e uma organização próprias. Ela é apenas um termo abstrato mediante o qual designamos o conjunto dos Estados, das nações, das tribos, cuja reunião constitui o gênero humano. Atualmente, o Estado é o grupo humano organizado mais elevado que existe e, se é permitido crer que no futuro serão formados Estados ainda mais vastos do que os que já existem, nada nos autoriza a supor que a formação de um Estado que compreenda a humanidade inteira seja algo impossível. Em todo caso, esse ideal é tão distante que não podemos levá-lo em consideração no momento presente. Ora, parece impossível subordinar e sacrificar um grupo que já existe, que no presente já é uma realidade vivente, a um grupo que ainda não existe e que, provavelmente, nunca será mais do que uma entidade ideal. Considerando o que dissemos, a conduta só é moral quando tem por finalidade uma sociedade que tem uma fisionomia e uma personalidade próprias. Como a humanidade poderia possuir essa característica e desempenhar esse papel, posto que ela não é um grupo constituído?

Parece, pois, que estamos diante de uma verdadeira antinomia. De uma parte, não podemos nos impedir de conceber fins morais mais elevados do que os fins nacionais; de outra parte, esses fins mais elevados não possuem nenhum substrato, nenhum agrupamento humano que lhe permita tomar corpo. O único meio de resolver essa dificuldade, que tanto atormenta nossa consciência pública, é exigir que esse ideal humano possa ser realizado nos grupos mais elevados que conhecemos, aqueles que estão mais próximos da humanidade, mas que não se confundem com ela, quais sejam, os Estados particulares. Para que essa contradição desapareça, basta que o Estado se ponha como principal objetivo, não expandir-se materialmente em detrimento de seus vizinhos, não tentar ser mais forte do que eles, mas realizar em seu seio os interesses gerais da humanidade, isto é, fazer reinar uma justiça sempre maior, uma moralidade mais elevada, organizar-se de modo que haja uma congruência cada vez maior entre os méritos dos cidadãos e suas próprias condições, e que os sofrimentos dos indivíduos possam ser aliviados ou mesmo prevenidos. Desse ponto de vista, toda rivalidade entre os diferentes países poderia desaparecer; por conseguinte, a própria antinomia entre patriotismo e cosmopolitismo seria dissolvida. Na verdade, tudo depende da forma com que o patriotismo é concebido, porque ele pode tomar duas formas muito distintas. Se possui uma forma centrífuga, se é que se pode falar dessa maneira, ele orienta a atividade nacional em direção ao exterior, estimula os Estados a invadirem uns aos outros, a excluírem-se mutuamente; então esse patriotismo coloca os Estados em conflito e, de uma só vez, também coloca em conflito os sentimentos nacionais e os sentimentos da humanidade. Ao contrário, o patriotismo pode se voltar inteiramente para as questões internas, comprometendo-se em melhorar a vida interior da sociedade; com isso, faz todos os Estados que atingiram um mesmo grau de desenvolvimento moral comungarem de um mesmo fim. O primeiro é agressivo, militar; o segundo é científico, artístico, industrial, em resumo, essencialmente pacífico.

Nessas condições, não temos mais de questionar se o ideal nacional deve ser sacrificado em detrimento do ideal humano, posto que ambos se confundem. E, no entanto, essa fusão não implica que a personalidade própria dos Estados tenda a desaparecer. Porque cada um pode ter uma maneira pessoal de conceber esse ideal, conforme seu temperamento próprio, seu humor, sua história. Os pesquisadores de uma mesma sociedade e mesmo do mundo inteiro possuem o mesmo objetivo, expandir a inteligência humana; e, não obstante, cada pesquisador não deixa de ter sua própria individualidade intelectual e moral. Cada um deles vê o mesmo mundo, ou melhor, a mesma porção do mundo, a partir de seu próprio ponto de vista; mas todos esses pontos de vista diferentes, ao invés de se excluírem, corrigem-se e completam-se mutuamente. Da mesma forma, cada Estado particular é ou ao menos pode ser um ponto de vista especial sobre a humanidade; essas diversas maneiras de conceber o mesmo objeto, longe de serem antagonistas, atraem-se em razão das próprias diferenças; afinal, elas não são mais do que diferentes percepções de uma mesma realidade, cuja infinita complexidade só pode exprimir-se mediante uma infinidade de aproximações sucessivas ou simultâneas. Assim, do fato de que exista um mesmo ideal que plana acima das sociedades particulares e que serve de norte comum para a atividade moral, não decorre que suas diversas individualidades devam esvair-se e dissolver-se umas nas outras. Esse ideal é muito rico em elementos variados para que cada personalidade coletiva possa exprimi-lo e realizá-lo em sua completude. É preciso, pois, que exista entre elas uma espécie de divisão do trabalho, que é e permanecerá sendo sua razão de ser. Sem dúvida, as personalidades sociais hoje existentes morrerão; serão substituídas por outras, provavelmente mais vastas. Porém, por mais vastas que possam vir a ser, sempre haverá uma pluralidade de Estados cuja confluência será necessária para realizar a humanidade.

Assim está determinado com precisão o segundo elemento da moralidade. Em princípio, ele consiste na adesão a um grupo social, qualquer que seja este. Para que o homem seja um ser moral, é preciso ligar-se a algo que não ele mesmo; é preciso que se sinta solidário a uma sociedade, não importa quão modesta ela seja. Por isso a primeira tarefa da educação moral é ligar a criança à sociedade que a circunda de maneira mais imediata, isto é, a família. Mas, se, de uma maneira geral, a moralidade começa onde começa a vida social, é verdade também que existem diversos graus de moralidade e por isso as sociedades das quais um homem faz parte não possuem o mesmo valor moral. Dentre elas existe uma que possui um verdadeiro primado sobre as demais, é a sociedade política, a pátria, desde que esta seja concebida não como uma personalidade avidamente egoísta, unicamente preocupada em estender-se e a aumentar em detrimento das demais, mas como um dentre os múltiplos órgãos cuja confluência é necessária à progressiva realização da ideia de humanidade. É especialmente a essa sociedade que a escola deve vincular a criança. Quanto à família, ela própria já é suficiente para despertar no coração da criança os sentimentos necessários à sua existência. No que concerne à pátria, ao contrário, a escola constitui o único meio moral no qual a criança pode aprender sistematicamente a conhecê-la e a amá-la. É precisamente nesse aspecto que reside a importância primordial do papel que cabe à escola na formação moral do país.

Sexta lição

O segundo elemento da moralidade: a adesão aos grupos sociais (fim)
Relações e unidade entre os dois elementos

Acabamos de determinar o segundo elemento da moralidade. Ele consiste na adesão do indivíduo aos grupos sociais dos quais faz parte. A moralidade existe pelo simples fato de que fazemos parte de um agrupamento humano, qualquer que ele seja. Mas, como o homem só é completo se faz parte de múltiplas sociedades, a própria moralidade só é completa na medida em que nos sentimos solidários a essas diversas sociedades das quais participamos (família, corporação, associação política, pátria, humanidade). Todavia, como essas sociedades não possuem uma dignidade moral igual, porque não desempenham um papel igualmente importante na vida coletiva, elas não podem ocupar o mesmo lugar em nossas preocupações. Há uma dentre elas que goza de uma verdadeira proeminência, e que constitui a finalidade por excelência da conduta moral, que é a sociedade política ou a pátria, mas a pátria concebida como a encarnação parcial da ideia de humanidade. A pátria, tal como reclama a consciência moderna, não é o Estado invejoso e egoísta, que não conhece outras regras além de seu interesse próprio, que se considera livre de toda disciplina moral; mas, o que lhe confere valor moral é precisamente uma aproximação, a mais exata possível, dessa sociedade humana, que atualmente não consiste em uma realidade e que talvez jamais o será, mas que constitui o limite ideal ao qual devemos nos aproximar indefinidamente. Não devemos ver nessa concepção de pátria qualquer arroubo utópico. A história nos mostra que se trata de algo cada vez mais real. Pelo simples fato de que as sociedades estão se tornando sempre mais amplas, o ideal social desvincula-se cada vez mais das condições locais e étnicas para poder ser partilhado por um número maior de homens, provenientes das mais diversas regiões e raças; por isso mesmo, torna-se mais genérico e abstrato, mais próximo do ideal humano.

Esse princípio nos permite resolver uma dificuldade que encontramos no decorrer das lições precedentes, cuja solução foi postergada.

A partir da constatação de que o interesse individual do agente não constitui um fim moral, concluímos que o interesse individual de outra pessoa tampouco poderia sê-lo; afinal, não há razão para que uma personalidade semelhante à minha possua alguma preferência. Entretanto, de fato, é verdade que a consciência moral atribui um caráter moral a um ato mediante o qual um indivíduo sacrifica-se por um de seus semelhantes. De maneira geral, essa caridade interindividual, sob todas as suas formas, é universalmente considerada como uma prática moralmente louvável. A consciência moral estaria cometendo um equívoco ao apreciar dessa maneira a conduta dos homens?

Tal suposição é evidentemente inadmissível. Dada a generalidade dessa apreciação, não poderíamos considerá-la como produto de alguma aberração fortuita. Um erro é uma coisa acidental, não pode ter essa universalidade, tampouco essa permanência. Mas não é necessário desmentir a opinião moral das pessoas para colocar os fatos de acordo com o que dissemos. Porque tudo aquilo que afirmamos é que a caridade, no sentido mais usual do termo, não possui valor moral em si mesma, e não poderia constituir por si só o fim normal da conduta moral. Mas ainda é possível que ela interesse à moral indiretamente. Mesmo que o interesse do outro indivíduo não tenha nenhum valor moral em si mesmo, quando se estabelece a tendência de dar preferência ao interesse do próximo em detrimento de nosso próprio interesse, começa-se a preparar o terreno para buscar fins que são verdadeiramente e propriamente morais. Com efeito, é isso o que acontece. Os únicos fins verdadeiramente morais são os fins coletivos; não há um móbil que seja mais autenticamente moral do que a adesão a um grupo. Mas, quando se está vinculado à sociedade da qual fazemos parte, por contrapartida, é psicologicamente impossível não estar vinculado aos indivíduos que a compõem e nos quais ela se realiza. Porque, se a sociedade é algo diferente do indivíduo, se ela não está inteiramente contida dentro de cada um de nós, por outro lado, não há nenhum homem que não possua em si um reflexo dela; por consequência, é natural que os sentimentos que nutrimos em relação a ela sejam estendidos àqueles nos quais ela está parcialmente encarnada. Aderir à sociedade é aderir ao ideal social; ora, há um pouco desse ideal em cada um de nós. Cada um de nós participa desse caráter coletivo que constitui a unidade do grupo, que é a coisa santa por excelência, de modo que cada um de nós participa também do respeito religioso que esse caráter inspira. A adesão a um grupo implica, pois, de maneira indireta, mas necessária, uma adesão aos indivíduos, e, quando o ideal do grupo é uma forma particular do ideal humano, quando o caráter do cidadão se confunde em grande parte com o caráter genérico do próprio homem, é ao homem enquanto homem que estamos vinculados, o que nos faz sentir especialmente solidários àqueles que realizam de maneira mais intensa a concepção que nossa sociedade nutre a respeito da humanidade. É isso o que explica o caráter moral atribuído aos sentimentos de simpatia interindividual e às ações inspiradas por esses sentimentos. Não quer dizer que esses sentimentos sejam em si mesmos elementos intrínsecos do temperamento moral; mas são tão estreitamente ligados às disposições morais mais essenciais que é natural que sua ausência seja considerada, não sem razão, como índice de uma moralidade menor. Quando alguém ama a própria pátria, quando ama a humanidade em geral, não consegue ver o sofrimento de seus companheiros, ou mesmo de qualquer ser humano, sem que ele próprio sofra, sem sentir a necessidade de aliviar a situação de alguma forma. Inversamente, quando alguém tenta abster-se de qualquer sentimento de piedade, significa que não consegue apegar-se a ninguém a não ser a ele próprio, e, por extensão, não consegue apegar-se ao grupo do qual faz parte. A caridade possui um valor moral enquanto um sintoma dos estados morais aos quais ela é solidária, e justamente porque indica uma disposição moral para doar-se, para sair de si, para ultrapassar o círculo dos interesses pessoais, ela abre caminho para a verdadeira moralidade. Aliás, esse é o mesmo significado que possuem os diversos tipos de sentimentos que nos vinculam aos seres individuais, que não os homens, com os quais nos relacionamos, tal como os animais e as coisas que povoam o mundo que nos circunda, o lugar em que nascemos, etc. Evidentemente, o apego a seres inanimados não possui valor moral algum. Contudo, qualquer pessoa que se desapega com muita facilidade dos objetos que têm ligação com sua própria vida, demonstra certa aptidão, inquietante do ponto de vista moral, para romper os laços que a unem com todas as coisas diferentes dela própria, o que significa uma aptidão limitada para estabelecer ligações.

É verdade que a caridade de um indivíduo para com o outro ocupa um lugar secundário e subordinado no sistema das práticas morais. Mas isso não deve causar espanto. A caridade não tem direito a um lugar mais elevado. Com efeito, seria fácil de demonstrar que esse tipo de desinteresse traz resultados muito pobres. O indivíduo sozinho, apenas com suas próprias forças, é incapaz de modificar o estado social. Não é possível exercer alguma ação eficaz na sociedade a não ser agrupando as forças individuais, de modo a opor forças coletivas a outras forças coletivas. Ora, os males que a caridade particular procura sanar ou atenuar possuem causas essencialmente sociais. Abstraindo alguns casos particulares excepcionais, a natureza da miséria em uma dada sociedade está ligada à vida econômica e às suas condições de funcionamento, isto é, à sua própria organização. Se atualmente existem muitos vagabundos, pessoas que estão fora do quadro social regular, é porque as sociedades europeias possuem alguma coisa que incentiva a vagabundagem. Se o alcoolismo se tornou algo problemático, foi porque a própria intensificação do grau de civilização despertou a necessidade de excitação, que pode ser obtida com o álcool, no caso de não se ter nenhuma outra forma de satisfação assegurada. Os males que são tão evidentemente sociais demandam um tratamento social. Contra eles, um indivíduo isolado nada pode. O único remédio eficaz reside em uma caridade organizada coletivamente. É necessário que os esforços particulares sejam agrupados, concentrados e organizados, para que assim possam produzir algum efeito. Então, ao mesmo tempo, a ação adquire o mais alto caráter moral, precisamente porque serve a fins mais genéricos e mais impessoais. Sem dúvida, nesse caso, não temos o prazer de ver com os próprios olhos os efeitos do sacrifício que fizemos de forma consentida; mas, precisamente porque nesse caso a ação desinteressada é mais difícil, porque recebe menos incentivos das impressões sensíveis, ela possui maior valor. Proceder de maneira diferente, tratar cada problema particularmente, sem tentar agir sobre suas causas, seria o mesmo que um médico tratar apenas os sintomas de uma doença sem tentar atingir a causa profunda, da qual o sintoma não é mais do que mera manifestação exterior. Indubitavelmente, muitas vezes temos que nos limitar a tratar apenas o sintoma, quando não podemos fazer nada melhor do que isso: não é o caso de condenar e desencorajar toda caridade individual, mas apenas determinar qual o grau da moralidade dessa ação.

Eis, pois, os dois primeiros elementos da moralidade. Para distingui-los e defini-los, tivemos que estudá-los separadamente. Com isso, eles apareceram para nós como se fossem distintos e independentes. A disciplina parece ser uma coisa, e o ideal coletivo ao qual somos ligados, uma outra coisa, muito diferente da primeira. Mas, na verdade, ambos são estreitamente relacionados. São dois aspectos de uma mesma realidade. Para perceber o que garante essa unidade, e para ter uma visão mais sintética e mais concreta da vida moral, bastará investigar em que consiste e de onde provém essa autoridade que reconhecemos nas regras morais, cujo respeito assegura a disciplina: questão essa que permaneceu de lado até o momento, mas que agora será abordada.

Já vimos, com efeito, que as regras morais gozam de um prestígio particular, em virtude do qual as vontades humanas conformam-se às suas prescrições, simplesmente porque ordenam, abstraindo de todas as consequências que podem resultar das ações prescritas. Fazer o dever por respeito ao dever, é obedecer à regra porque é a regra. Mas o que justifica que uma regra, que é uma instituição humana, possa exercer tal ascendente que faz as vontades se curvarem, de onde provém essa regra? Seguramente, como se trata de um fato incontestável, poderia ser tido como um dado, antes mesmo de conseguirmos encontrar uma explicação; além disso, deveria continuar a ser sustentado mesmo que não estivéssemos em condições de explicá-lo. Temos que nos abster de querer negar a realidade moral somente porque o estado atual da ciência ainda não permite dar conta dessa realidade. Contudo, aquilo que já foi estabelecido nas lições anteriores nos permitirá dissipar esse mistério, sem que seja necessário recorrer a qualquer hipótese de ordem supraexperimental.

Já mostramos, com efeito, que a moral tem por objeto vincular o indivíduo a um ou mais grupos sociais, e que a moralidade supõe essa adesão por parte do indivíduo. A moral é feita *para* a sociedade; portanto, não é evidente *a priori* que a moral seja feita *pela* sociedade? Qual poderia ser o seu autor? O indivíduo? Mas, dentre tudo o que se passa nesse imenso meio moral que é uma grande sociedade como a nossa, dentre as infinitas ações e reações que se dão entre esses milhões de unidades sociais, somos capazes de perceber apenas algumas repercussões que ressoam em nossa esfera pessoal. Nós podemos perceber os grandes acontecimentos que se desenrolam em plena luz da consciência pública; mas a economia interior da máquina, o funcionamento silencioso dos organismos internos, em uma palavra, tudo aquilo que constitui a substância e a continuidade da vida coletiva, tudo o que está fora do nosso campo de visão, tudo isso nos escapa. Sem dúvida, percebemos o murmúrio da vida que nos envolve; sentimos que ao nosso redor existe uma realidade enorme e complexa. Mas não temos consciência direta disso, não mais do que temos consciência de todas as forças físicas que povoam nosso meio material. Apenas seus efeitos chegam até nós. Portanto, é impossível que o indivíduo seja o autor desse sistema de ideias e de práticas que não lhe concernem diretamente, mas que visam uma realidade diferente dele, em relação à qual possui apenas um sentimento obscuro. Somente a sociedade em seu conjunto possui consciência suficiente para instaurar essa disciplina cujo objetivo é exprimir a própria sociedade, tal como ela se vê. A consequência disso se impõe logicamente. Se a sociedade é o fim da moral, ela é também a sua construtora. Não é verdade que o indivíduo possui os princípios da moralidade de maneira inata, nem mesmo em forma esquemática, como se bastasse apenas desenvolver esses princípios; estes só podem surgir das relações que se estabelecem entre os indivíduos associados; eles traduzem a vida do grupo ou dos grupos aos quais se referem.

Essa explicação lógica pode ser confirmada por uma explicação histórica decisiva. O que demonstra com clareza que a moral é obra da sociedade, é que ela varia conforme as sociedades. Aquela dos cidadãos gregos e romanos não é a mesma moral que a nossa, da mesma forma que a moral das tribos primitivas não era a mesma da cidade. É verdade que muitas vezes se tentou explicar essa diversidade entre as morais como sendo produto de erros, resultantes da imperfeição de nosso entendimento. Já se disse ques se a moral dos romanos era diferente da nossa, era porque então a inteligência humana era velada e obscurecida por toda sorte de preconceitos e superstições que depois foram dissipadas. Mas, se há um fato que a história colocou acima de qualquer questionamento é que a moral de cada povo é diretamente relacionada com sua estrutura social. O vínculo é tão estreito que, dadas as características gerais da moral observada em uma sociedade, com exceção de alguns casos anormais e patológicos, pode-se inferir a própria natureza desta sociedade, quais são as partes que a constituem, a maneira como são organizadas. Digam-me em que consiste o casamento, como é a moral doméstica de um determinado povo, que eu direi os principais traços de sua constituição. A ideia de que os romanos poderiam ter praticado uma moral diferente da sua é um verdadeiro absurdo histórico. Não apenas eles não poderiam, também não deveriam ter uma outra moral. Suponhamos que se, por algum milagre, eles estivessem abertos a ideias análogas às que constituem a base de nossa moral contemporânea, a sociedade romana não teria subsistido. Ora, a moral é uma obra de vida, não de morte. Em uma palavra, cada tipo social possui a moral que lhe é necessária, assim como cada tipo biológico possui o sistema nervoso que é necessário para sua sobrevivência. A moral é elaborada pela própria sociedade cuja estrutura ela reflete fielmente. O mesmo acontece com aquilo a que chamamos de moral individual. É a sociedade que prescreve até mesmo quais são os deveres que temos para conosco. Ela nos obriga a realizar em nós um tipo ideal, e nos obriga porque ela tem um interesse vital em relação a isso. Com efeito, ela só pode viver sob a condição de que exista uma similitude suficiente entre seus membros, ou seja, que todos reproduzam, em diferentes graus, os traços essenciais de um mesmo ideal que é o ideal coletivo. Eis por que essa parte da moral variou junto com todas as outras partes, de acordo com os tipos sociais e os países.

Admitindo isso, a questão que havíamos colocado encontra naturalmente uma solução. Se é a própria sociedade que institui as regras da moral, é também ela que confere a autoridade característica dessas regras, que tentamos explicar. E, afinal, em que consiste isso que denominamos autoridade? Sem querer resolver com poucas palavras uma questão que é tão complexa, é possível propor a seguinte definição de autoridade: é a característica com que um ser, real ou ideal, encontra-se investido em relação a indivíduos determinados, e que, apenas em virtude dessa característica, é considerado por estes como sendo dotado de poderes superiores àqueles que eles atribuem a si mesmos. Pouco importa, aliás, se esses poderes são reais ou imaginários: basta que sejam representados como reais. O feiticeiro é uma autoridade para aqueles que acreditam nele. Eis o motivo pelo qual essa autoridade é considerada moral: é porque ela não está nas coisas, mas nos espíritos. Estabelecida essa definição, fica claro que o ser que melhor preenche todas as condições necessárias para constituir uma autoridade é o ser coletivo. Porque, a partir de tudo o que dissemos, resulta que a sociedade ultrapassa o indivíduo infinitamente, não apenas materialmente, mas também enquanto potência moral. Não apenas ela dispõe de forças incomparavelmente maiores, dada a coalescência de todas as forças individuais em uma mesma entidade, mas também porque é nela que se encontra a fonte de toda vida intelectual e moral à qual recorremos para alimentar nosso intelecto e nossa moralidade. A formação de cada nova geração implica que seus indivíduos penetrem pouco a pouco na civilização que a circunda, e é à medida que ocorre essa penetração que o homem vai se constituindo no animal que somos ao nascer. Ora, é a sociedade que é a detentora de todas as riquezas da civilização; é ela que as conserva e que as acumula; é ela que as transmite de geração a geração; é através dela que chegam até nós. Portanto, é a ela que devemos essas riquezas, é dela que as recebemos. Podemos então perceber com que autoridade é revestida, aos nossos olhos, uma potência moral da qual nossa consciência não é, em parte, mais do que uma encarnação. Inclusive esse elemento misterioso, quase inerente a qualquer ideia de autoridade, também está presente no sentimento que temos em relação à sociedade. É natural, com efeito, que um ser que possui poderes sobre-humanos desconserte a inteligência do homem, e pareça envolto em um ar de mistério; é por isso que é sob a forma religiosa que a autoridade exerce uma maior ascendência. Já vimos que a sociedade é cheia de mistérios para o indivíduo. Não sabemos o que se passa, dizia Poe. Com efeito, temos perpetuamente a impressão de que uma multidão de coisas está para acontecer ao nosso redor, cuja natureza nos escapa. Todas as forças se movem, se cruzam, aproximam-se de nós, tocam-nos de passagem, sem que possamos vê-las, até que algum dia algum acontecimento mais grave nos faz entrever que algum trabalho misterioso e clandestino está sendo feito bem perto de nós, do qual não duvidamos, e em relação ao qual só conhecemos os resultados. Mas há um fato em especial que nutre perpetuamente esse sentimento: é a pressão que a sociedade exerce constantemente sobre nós, da qual não podemos ter consciência. Todas as vezes em que deliberamos para saber como devemos agir, há uma voz que fala dentro de nós e nos diz: eis o teu dever. E quando faltamos com esse dever, a mesma voz se faz ouvir, protestando contra nossa ação. Justamente porque ela nos fala com um tom de mandamento, podemos perceber claramente que deve emanar de algum ser superior a nós; mas não conseguimos vislumbrar com clareza quem ou o que é esse ser. Foi para poder explicar essa voz misteriosa, que não é a voz humana, que a imaginação dos diversos povos a atribuiu a personalidades transcendentes, superiores ao homem, que se tornaram objetos de culto, e o culto é a evidência exterior da autoridade que lhe era reconhecida. Cabe a nós despojar essa concepção das formas míticas nas quais permaneceu envolta ao longo da história, procurando encontrar a realidade presente sob o símbolo. Essa realidade é a sociedade. É a sociedade que, ao nos forjar moralmente, colocou em nós esses sentimentos que ditam nossa conduta de maneira tão imperativa, ou que reagem com tanta energia quando nos recusamos a deferir suas injunções. Nossa consciência moral é uma obra sua e a exprime; quando nossa consciência fala, é a sociedade que fala em nós. Ora, o tom com o qual ela nos fala é a melhor prova da excepcional autoridade de que é investida.

E há mais: não apenas a sociedade é uma autoridade moral, mas tudo nos leva a crer que a sociedade é a fonte de toda autoridade moral. Sem dúvida, agrada-nos acreditar que há indivíduos que devem seu prestígio apenas a si mesmos e à superioridade de sua natureza. Mas a que eles deveriam esse prestígio? À sua maior força material? Mas, precisamente porque a sociedade atual se recusa a consagrar moralmente a superioridade física, ela não pode conferir nenhuma superioridade moral. Não apenas não temos nenhum respeito por um homem somente porque ele é muito forte, nem o tememos por isso: porque nossa sociedade tende a impedi-lo de abusar de sua força, tornando-o menos temível. Uma maior inteligência, aptidões científicas excepcionais seriam suficientes para conferir àqueles que têm o privilégio de possuí-las, uma autoridade proporcional à sua superioridade mental? Mesmo nesse caso, é preciso que a opinião pública atribua um valor moral à ciência. Galileu foi destituído de toda autoridade pelo tribunal que o condenou. Para um povo que não acredita na ciência, o maior dos cientistas não poderia exercer qualquer ascendente. Uma maior moralidade seria mais eficaz? Mas seria ainda necessário que essa moralidade fosse precisamente aquela reclamada pela sociedade. Porque um ato que não recebe aprovação moral, qualquer que seja, não pode proporcionar consideração para aquele que o realizou. Cristo e Sócrates foram seres imorais para a maior parte de seus concidadãos e não exerceram nenhuma autoridade sobre eles. Em resumo, a autoridade não reside em um fato exterior, objetivo, no qual ela está logicamente implicada ou que a produz necessariamente. Ela está inteiramente na própria ideia que os homens têm a seu respeito; ela é um feito da própria opinião e a opinião é uma coisa coletiva. É o sentimento de um grupo. Aliás, é fácil compreender por que toda autoridade moral deve ser de origem social. A autoridade é a característica de um homem que é considerado como estando acima dos outros homens; é um super-homem. Ora, o homem mais inteligente, ou o mais forte, ou o mais correto, é ainda apenas um homem; entre ele e seus semelhantes não há mais do que uma diferença de grau. Apenas a sociedade está acima dos indivíduos. É dela, portanto, que emana toda autoridade. É ela que comunica a determinadas qualidades humanas esse caráter *sui generis,* esse prestígio que eleva acima de si mesmo o indivíduo que as possui. Eles se tornam super-homens porque, com essas características, participam da superioridade, dessa espécie de transcendência que a sociedade possui em relação a seus membros.

Apliquemos isso que foi dito às regras da moral, e a autoridade da qual estão investidas poderá ser facilmente explicada. É porque a moral é uma coisa social que ela nos aparece, que ela sempre apareceu aos homens, como dotada de uma espécie de transcendência ideal; sentimos que ela pertence a um mundo superior, e foi isso que induziu os povos a verem nela a palavra e a lei de uma força sobre-humana. Se há ideias e sentimentos sobre os quais a autoridade coletiva se concentra de maneira especial, são certamente as ideias e sentimentos morais. Não há nada que seja tão estreitamente vinculado ou que seja mais essencial para a consciência coletiva: essas ideias e sentimentos são uma parte vital. Com isso é possível explicar e detalhar o que dissemos anteriormente acerca da maneira com que as regras morais agem sobre a vontade. Quando falamos delas como sendo forças que nos contêm e nos limitam, poderia parecer que estávamos nos apegando a meras abstrações. Com efeito, o que é uma regra senão uma combinação de ideias abstratas? Como uma fórmula puramente verbal poderia exercer uma ação desse tipo? Mas, agora podemos perceber que, sob a fórmula, há forças reais que constituem sua própria alma, em relação à qual essa fórmula é apenas o invólucro. "Não matarás", "não roubarás": essas máximas, que os homens transmitem de geração em geração há séculos, não possuem em si nenhuma virtude mágica que faça com que sejam respeitadas. Mas, sob a máxima, há sentimentos coletivos, estados de opinião, em relação aos quais essas máximas são apenas uma expressão, e são eles que constituem sua eficácia. Isso porque esse sentimento coletivo é uma força tão real e tão viva quanto as forças que povoam o mundo físico. Enfim, quando somos contidos pela disciplina moral, na verdade é a sociedade que nos contém e nos limita. Esse é o ser concreto e vivente que nos impõe limites e, quando sabemos o que é esse ser, não nos espantamos mais com a potência de sua ação.

Ao mesmo tempo, podemos perceber como os dois elementos da moralidade se vinculam e o que garante essa unidade. Longe de ver neles duas coisas distintas e independentes, que se encontram, não se sabe de que maneira, na raiz de nossa vida moral, devemos perceber, ao contrário, que são dois aspectos de uma única e mesma coisa que é a sociedade. O que é, com efeito, a disciplina, senão a sociedade enquanto ela nos comanda, nos dita ordens, nos dá leis? Quanto ao segundo elemento, a adesão ao grupo, é ainda a sociedade que encontramos, mas dessa vez concebida como algo bom e desejável, como um fim que nos atrai, como um ideal a ser realizado.

Lá, ela nos aparece como uma autoridade que nos contém, que nos impõe limites, que se opõe aos nossos impulsos, diante da qual nos inclinamos com um respeito religioso; aqui, é a potência amiga e protetora, uma mãe que alimenta, da qual obtemos a parte essencial de nossa substância intelectual e moral, em relação à qual nossas vontades se voltam num arrebatamento de gratidão e de amor. Em um caso, é como um deus zeloso e temido, o legislador severo que não permite que suas ordens sejam transgredidas; no outro caso, é a divindade que nos socorre, à qual o crente se sacrifica com alegria. A sociedade deve esse duplo aspecto e esse duplo papel apenas pelo fato de que é algo superior aos indivíduos. É porque ela está acima de nós que pode nos impor ordens, que é uma autoridade imperativa: se ela estivesse em um mesmo nível, poderia apenas nos dar conselhos que não teriam nenhuma obrigatoriedade, que não poderiam se impor à nossa vontade. Da mesma forma, é somente porque está acima de nós que pode constituir a único fim possível para a conduta moral. Afinal, justamente porque esse fim está acima de nossos fins individuais, não podemos tentar realizá-lo sem, ao mesmo tempo, nos elevarmos acima de nós mesmos, sem ultrapassar nossa natureza meramente individual, o que, aliás, consiste na suprema ambição que o homem pode perseguir e que, na verdade, sempre perseguiu. Eis por que as maiores figuras históricas, aquelas que se destacam infinitamente diante das outras, não são nem os grandes artistas, nem os grandes sábios, nem os homens do Estado, mas aqueles homens que realizaram grandes feitos morais: Moisés, Sócrates, Buda, Confúcio, Cristo, Maomé, Lutero, para citar apenas alguns grandes nomes. Não são apenas grandes homens, isto é, indivíduos como nós, apenas dotados de talentos superiores aos nossos. Mas, é exatamente porque em nosso espírito eles se confundem com o próprio ideal impessoal que eles encarnaram e com os grandes agrupamentos humanos que eles personificaram, aparecem a nós como se estivessem transfigurados, acima da própria condição humana. É exatamente por isso que a imaginação popular, quando não divinizou essas figuras, ao menos sentiu a necessidade de colocá-las num lugar à parte, aproximando-as o máximo possível da divindade.

O resultado a que chegamos, longe de usurpar as concepções usuais, encontra uma confirmação para elas, ao mesmo tempo em que lhe acrescenta coisas novas. Todo mundo distingue mais ou menos nitidamente, na moral, dois elementos que correspondem exatamente àqueles que apresentamos aqui: são o que os moralistas chamam de o bem e o dever. O dever é a moral enquanto ela ordena e proíbe; é a moral severa e rude, com prescrições coercitivas; é a ordem que é preciso obedecer. O bem é a moralidade enquanto nos aparece como uma coisa boa, como um ideal amado, ao qual aspiramos com um movimento espontâneo de nossa vontade.

Contudo, a ideia de dever assim como a ideia de bem são apenas abstrações que, se não forem vinculadas a alguma entidade real, permanecerão no ar, por assim dizer, e, como consequência, permanecerão desprovidas de tudo o que é necessário para falar aos corações e aos espíritos, sobretudo aos corações e aos espíritos das crianças. Sem dúvida, qualquer um que possua um sentimento vivo da realidade moral pode falar de maneira calorosa, e o calor é comunicativo. Mas, uma educação racional deve consistir em uma calorosa predicação que apela apenas às paixões, por mais nobres que sejam essas paixões que tal discurso pode despertar? Uma educação desse tipo não teria nada de diferente em relação à educação que pretendemos substituir, porque a paixão não é apenas um tipo de preconceito, é a forma mais eminente de preconceito. É inquestionável a importância de despertar as paixões, porque elas são forças motrizes da conduta. Mas é preciso que elas sejam despertadas por procedimentos justificáveis pela razão. É necessário que não sejam paixões cegas. É necessário ainda colocar a seu lado a ideia que as esclarece e as guia. Mas se nos limitamos a repetir com emoção palavras abstratas como aquelas de dever e bem, o único resultado que poderemos produzir é uma espécie de psitacismo moral. O que é preciso é colocar a criança em contato com as coisas, com as realidades concretas e viventes, que são expressas por aqueles termos abstratos. Ora, já mostramos qual é essa realidade. Assim a educação moral encontra um rumo certo; ela não se encontra simplesmente diante de conceitos mal determinados; ela possui um ponto de apoio real; ela sabe quais são as forças que deve empregar e como pode exercer influência sobre a criança, de modo a fazer dela um ser moral.

Sétima lição

Conclusões sobre os dois primeiros elementos da moralidade

O terceiro elemento: a autonomia da vontade

O método que seguimos neste estudo dos fatos morais tem por objeto transformar em noções bem distintas e precisas as impressões confusas da consciência moral comum. Nosso objetivo consiste em ajudar a consciência moral a enxergar com mais clareza, nela própria, as ideias confusas e divergentes que nela operam. Não pretendemos substituí-la. Ela é a realidade moral da qual devemos partir, em direção à qual devemos seguir. Ela é nosso único ponto de partida possível: onde mais poderíamos observar a moral, tal como ela existe...? Uma especulação moral que não comece por observar a moral tal qual ela é, a fim de compreender em que ela consiste, de quais elementos essenciais ela é constituída, a quais funções responde, é uma especulação que não possui nenhuma fundamentação. São os juízos da consciência comum, tal como se apresentam à observação, que constituem o único objeto possível dessa investigação. Por outro lado, é também à consciência comum que devemos nos voltar ao final da investigação, a fim de poder esclarecê-la, substituindo suas representações confusas por ideias mais definidas e metodicamente elaboradas. Por isso que, a cada passo, a cada noção que elaboramos, coloco-me como regra buscar a que ela corresponde nas concepções morais usuais, quais são as impressões obscuras em relação às quais essas noções constituem a forma científica.

Foi por isso que, logo após ter aprendido os dois elementos essenciais da moralidade, preocupei-me em mostrar como uma distinção análoga é feita por todo mundo, de diferentes maneiras. Não há nenhum moralista que não tenha sentido que na moral havia dois elementos diferentes, designados comumente de dever e bem. O dever é a moral enquanto ela ordena; é a moral concebida como uma autoridade à qual devemos obedecer, porque ela é uma autoridade, e por essa única razão. O bem é a moral concebida como uma coisa boa, que atrai a vontade, que provoca espontaneamente o desejo. Ora, é fácil perceber que o dever é a sociedade enquanto ela nos impõe regras, estabelece limites à nossa natureza; enquanto o bem é a sociedade enquanto uma realidade mais rica do que a nossa, à qual aderimos e com isso enriquecemos nossa própria existência. É, portanto, o mesmo sentimento que se exprime de uma parte e de outra, qual seja, o de que a moral se apresenta a nós sob um duplo aspecto: aqui, como uma legislação imperativa e que reclama de nós uma completa obediência, lá, como um magnífico ideal ao qual a sensibilidade aspira espontaneamente. Mas, se é um mesmo sentimento que se exprime, ele é muito diferente nos dois casos; e essa diferença não possui apenas um interesse teórico. Bem e dever, com efeito, são palavras abstratas, um substantivo e um verbo substantivado que resumem as características de um ser que é bom, que possui a virtude de obrigar nossas vontades. O que é essa realidade? A moral? Mas a moral é, ela própria, um conjunto de juízos genéricos, de máximas gerais. Qual é a realidade que enuncia esses juízos, qual é essa realidade cuja natureza esses juízos exprimem? Essa questão, que a consciência comum não se coloca, já tentamos resolver; com isso, fornecemos à educação o único meio para formar racionalmente o temperamento moral da criança. Porque há apenas um método para despertar na criança essas ideias e sentimentos sem recorrer a artifícios irracionais, sem ter que apelar exclusivamente para a paixão cega: trata-se de colocar a criança em contato tão direto quanto possível com a própria coisa com que estão relacionadas essas ideias e sentimentos. É somente assim que se pode provocar, mediante uma ação nas próprias consciências, os estados de espírito que exprimem essa realidade. A educação pelas coisas é uma necessidade tanto para a cultura moral como para a cultura intelectual. Agora que sabemos quais são essas coisas, qual é a realidade concreta que esses sentimentos exprimem, o método da educação moral já está traçado. Bastará fazer com que essa realidade penetre na escola, fazer dela um elemento do meio escolar, apresentá-la à criança sob seus diferentes aspectos, de modo que ela possa exprimir-se em suas consciências. Encontramos, assim, ao menos o princípio da prática escolar.

Ao mesmo tempo em que percebemos que os dois elementos da moral encontram-se ancorados na realidade, podemos também apreender com mais clareza o que constitui sua unidade. A questão de saber como o bem se liga ao dever, e vice-versa, causou embaraço entre os moralistas com muita frequência, de forma que a única maneira que eles encontraram para resolver esse imbróglio foi deduzindo um a partir do outro. Para alguns, o bem é a noção primitiva da qual deriva a noção de dever; eles dizem que devemos nos conformar ao dever porque o ato prescrito é bom. Mas, então, a noção de dever se enfraquece até desaparecer completamente. Fazer uma coisa porque a desejamos, porque é boa, não é fazê-la por dever. O dever, ao contrário, implica necessariamente a ideia de um esforço necessário causado por uma resistência da sensibilidade; no fundo da noção de obrigação, existe a noção de uma constrição moral. Outros teóricos, ao contrário, ensaiaram deduzir o bem do dever, afirmando não haver outro bem senão a realização de seu dever. Mas, então, a moral se vê despojada de qualquer atrativo, de tudo o que fala ao sentimento, de tudo o que pode provocar a espontaneidade da ação, tornando-se assim mera ordem imperativa, puramente coercitiva, que é preciso obedecer, sem que as ações que ela ordena encontrem eco em nossa natureza, sem que nos despertem qualquer tipo de interesse. Nesse caso, é a noção de bem que desaparece e ela não é menos indispensável do que noção de dever: afinal, é impossível agir sem que nossa ação pareça boa, de alguma maneira, sem que tenhamos algum interesse em realizá-la. Assim, todas as tentativas de reduzir esses dois conceitos a uma só coisa, deduzindo um do outro, tem como efeito fazer que um ou outro desapareça, absorvendo o dever no bem ou o bem no dever: com isso se está diante de uma moral empobrecida e incompleta. Colocado nesses termos, o problema permanece insolúvel. Mas ele pode ser resolvido sem dificuldade a partir do momento em que se compreende que esses dois elementos da moral são apenas aspectos diferentes de uma mesma realidade. O que constitui sua unidade não é o fato de um ser corolário do outro; é a própria unidade do ser real que os exprime em diferentes modos de ação. Porque a sociedade está acima de nós, ela nos comanda; por outro lado, porque é superior a nós, ela nos penetra, porque faz parte de nós mesmos, ela nos atrai, com essa atração especial que nos inspiram os fins morais. Não há, pois, motivos para tentar deduzir o bem do dever ou vice-versa. Mas, de acordo com o aspecto da sociedade que enfatizamos, ela nos aparece de uma ou de outra maneira, como uma potência que nos impõe leis, ou como um ser amado ao qual nos doamos; e, conforme nossa ação seja determinada por uma ou pela outra representação, agimos por respeito pela lei ou por amor ao bem. Como provavelmente não conseguimos representar a sociedade sempre sob apenas um desses pontos de vista, excluindo completamente o outro, como jamais podemos separar radicalmente dois aspectos de uma mesma realidade, a ideia de um não pode nunca deixar de estar presente quando a ideia do outro ocupar o primeiro plano da consciência, donde se segue que, a rigor, nunca agimos por puro dever, nem somente por um puro amor ao ideal coletivo; na prática, um sentimento sempre acompanha o outro, ao menos como auxiliar. Há poucos homens, se é que existe algum, que conseguem realizar seu dever apenas porque é um dever, sem possuir a consciência, mesmo que obscura, de que o ato prescrito é bom ao menos para alguma coisa, isto é, sem ter nenhuma inclinação da sensibilidade. Por outro lado, mesmo que a sociedade esteja dentro de nós e que nos confundamos parcialmente com ela, os fins coletivos que perseguimos quando agimos moralmente estão de tal maneira acima de nós que, para realizá-los, para nos ultrapassarmos a esse ponto, é preciso de algum esforço, de modo que a ideia de dever desempenha um papel fundamental, reforçando nossa adesão à coletividade e conferindo sustentação ao efeito desse sentimento.

Mas, por mais estreitos que sejam os laços que unem esses dois elementos, é importante sublinhar que não deixam de ser diferentes. A prova disso é que em um indivíduo, assim como nos povos, eles se desenvolvem em sentidos inversos. No indivíduo, é sempre um ou outro desses elementos que predomina e que colore, com um colorido especial, o temperamento moral do sujeito. É possível distinguir dois temperamentos morais nos homens, dois tipos extremos e opostos, mas que estão interligados por muitas nuanças intermediárias. Em alguns, é o sentimento da regra, da disciplina, que é preponderante. Eles cumprem seu dever a partir do momento em que sabem qual é esse dever, sem hesitação, pelo único fato de que é seu dever, mesmo que ele não lhe fale ao coração. São homens de razão sólida e vontade robusta, cujo melhor exemplar ideal é Kant, mas nos quais as faculdades afetivas são bem menos desenvolvidas do que as forças do entendimento. Desde que a razão tenha se pronunciado, eles obedecem; mas eles mantêm à distância a influência da sensibilidade. Assim, sua fisionomia possui algo de firme e resoluto, e também algo de frieza, severidade, rigidez. Sua característica é a força de contenção que exercem sobre si mesmos. Eles não excedem seus direitos, não interferem nos direitos dos outros; mas também não são capazes desses arrebatamentos espontâneos, aos indivíduos se doam e se sacrificam com alegria. Os outros, ao contrário, ao invés de se conterem e de se concentrarem, adoram esgotar todas as suas energias se expandido, adoram aderir a algo, devotar-se; são os corações amantes, as almas generosas e ardentes, nas quais a atividade dificilmente consegue ser regulada. Portanto, se eles são mais dispostos a ações gloriosas, sentem mais dificuldade em ater-se ao dever cotidiano. Sua conduta moral não possui essa unidade lógica, essa bela firmeza moral que podemos observar nos primeiros. Não podemos confiar tanto nesses apaixonados, porque suas paixões, mesmo as mais nobres, oscilam sucessivamente sob a influência de circunstâncias fortuitas, seguindo os mais diferentes caminhos. Em suma, esses dois tipos opõem-se como os dois elementos da moral. Uns possuem maior maestria de si, esse comedimento, essa autoridade sobre si mesmos que resulta da prática cotidiana do dever; os outros se caracterizam por essa energia ativa e criativa, desenvolvendo uma comunhão íntima e contínua com a própria fonte das energias morais, isto é, a sociedade.

    Nas sociedades ocorrem as mesmas variações que ocorrem com os indivíduos. Nelas também é um ou o outro elemento que domina; conforme o elemento predominante, a vida moral muda de aspecto. Quando um povo atingiu um estado de equilíbrio e de maturidade, quando as diversas funções sociais encontraram, ao menos durante certo tempo, uma forma própria de organização, quando os sentimentos coletivos, ao menos no que possuem de mais essencial, são incontestáveis para a grande maioria dos indivíduos, o gosto pela regra, pela ordem, é naturalmente preponderante. As veleidades, mesmo generosas, que tenderiam a perturbar de alguma maneira o sistema de ideias consolidadas e de regras estabelecidas, mesmo que seja para aperfeiçoá-lo, não inspiram nada a não ser aversão. Às vezes o que ocorre é que esse estado de espírito é tão acentuado que exerce influência não apenas sobre os costumes, mas também sobre as artes e as letras, que exprimem à sua maneira a constituição moral do país. É este o traço característico de séculos, como os de Luís XIV ou de Augusto, em que a sociedade alcançou pleno domínio de si mesma. Ao contrário, nas épocas de transição e de transformação, o espírito de disciplina não consegue manter seu vigor moral, porque o sistema de regras em uso está abalado, ao menos em algumas partes. É inevitável que nesses momentos os espíritos sintam menos a autoridade de uma disciplina que está verdadeiramente enfraquecida. Por consequência, é o outro elemento da moralidade, a necessidade de um objetivo ao qual se possa vincular, de um ideal ao qual se possa consagrar, enfim, é o espírito de sacrifício e de devotamento que se converte no motor moral por excelência.

Ora – e esta é a conclusão a que queremos chegar – nós estamos atravessando justamente uma dessas fases críticas. Na verdade, não houve na história uma crise tão grave como a que a sociedade europeia está vivendo há mais de um século. A disciplina coletiva, sob a forma tradicional, perdeu sua autoridade, tal como demonstram as tendências divergentes que influenciam a opinião pública e a ansiedade generalizada que resulta disso. Como consequência, o próprio espírito de disciplina perdeu seu ascendente. Nessas condições, só é possível recorrer ao outro elemento da moral. Sem dúvida, em momento algum o espírito de disciplina pode ser um fator negligenciado. Nós mesmos já dissemos que é fundamental perceber a necessidade das regras morais nos momentos em que nos empenhamos em transformá-las. É preciso desenvolver esse sentimento nas crianças e essa é uma tarefa que o educador jamais pode abandonar. Mais adiante veremos como isso pode ser feito. Mas a disciplina moral só pode exercer plenamente sua ação tão útil quando a moral está plenamente constituída, afinal, ela tem por objeto fixar, manter traços essenciais que essa moral já pressupõe estabelecidos. Quando, ao contrário, a moral está por ser constituída, quando ainda está sendo buscada, é preciso, para edificá-la, recorrer não às forças puramente conservadoras, pois não se trata de conservar, mas às forças ativas e inventivas da consciência. Não se deve ignorar a necessidade de disciplinar a energia moral, entretanto, o educador deve dedicar-se especialmente a despertá-la, a desenvolvê-la. São especialmente as aptidões para se doar, para devotar-se, que devem ser estimuladas e alimentadas. É preciso incentivar os indivíduos a perseguir grandes fins morais aos quais possam aderir; é preciso fazê-los amar um ideal social ao qual poderão servir, que poderão ajudar a realizar. Do contrário, a segunda fonte da moralidade não poderá compensar a insuficiência da primeira, e a nação não pode correr o risco de cair num estado de astenia moral, que ameaça sua própria existência material. Afinal, se a sociedade não possui nem a unidade resultante da regulamentação de suas diversas partes, essa harmonia entre as funções produzida pela boa disciplina, nem aquela que resulta da comunhão de todas as vontades em torno de um objetivo comum, ela não é mais do que um monte de areia que com o menor tremor ou com um leve sopro se dispersa completamente. Portanto, nas condições presentes, devemos procurar despertar, acima de tudo, a fé em um ideal comum. Nós já vimos como uma forma de patriotismo espiritualizado pode fornecer esse objetivo. Novas ideias de justiça, de solidariedade, estão sendo elaboradas e, cedo ou tarde, suscitarão instituições apropriadas. A finalidade mais urgente da educação moral nos dias de hoje consiste em fazer emergir essas ideias ainda confusas e inconscientes, fazer com que as crianças possam amá-las, sem provocar a cólera em relação às antigas ideias que nos foram legadas, que são condição necessária para o surgimento dessas novas ideias que brotam diante de nossos olhos. Acima de tudo, é preciso criar uma alma, e é preciso preparar essa alma na criança. Sem dúvida, a vida moral resultante disso poderá correr o risco de ser um pouco tumultuada, porque não poderá ser organizada imediatamente; mas, uma vez suscitada, tudo nos leva a crer que com o tempo ela será regulamentada e disciplinada.

Agora estamos em condições de avaliar se os resultados da análise realizada estão de acordo com o programa traçado. Inicialmente, nos propusemos o objetivo de encontrar as formas racionais das crenças morais que, até o presente, exprimiram-se apenas sob a forma religiosa. Conseguimos cumprir esse objetivo? Para responder a essa questão, vejamos quais são as ideias morais que encontram uma expressão relativamente adequada nos símbolos religiosos.

Inicialmente, ao vincular a moral a uma potência transcendente, a religião tornou facilmente representável a autoridade inerente aos preceitos morais. Esse caráter imperativo da regra, ao invés de aparecer como uma abstração, como algo sem raiz no real, pôde ser explicado sem dificuldade, uma vez que a regra era concebida como emanação da vontade soberana. A obrigação moral possui um fundamento objetivo, a partir do momento em que há acima de nós um ser que nos obriga e, para fazer com que a criança possa sentir isso, bastaria fazê-la sentir, pelos meios apropriados, essa realidade transcendente. Mas o ser divino não é concebido apenas como legislador e guardião da ordem moral: ele é também um ideal que o indivíduo se esforça para realizar. Ομοίωσίζ τῶ θεῶ[5]; chegar a assemelhar-se a Deus, confundir-se com ele: esse é o princípio fundamental de toda moral religiosa. Se, em certo sentido, o Deus existe, em outro sentido, ele é um constante devir, ele se realiza progressivamente no mundo, na medida em que nós o imitamos e o reproduzimos em nós mesmos. E, se assim ele pode servir de modelo e de ideal ao homem, é porque, não importa o quão superior ele seja a cada um de nós, há algo em comum entre nós e ele. Há em nós uma parcela dele próprio; essa parte eminente de nosso ser, que chamamos alma, provém dele e se exprime em nós. Ela é o elemento divino de nossa natureza, e é esse elemento que devemos desenvolver. Com ela, a vontade humana é suspensa em favor de um fim supraindividual e, no entanto, os deveres do indivíduo para com os outros indivíduos não são proscritos por ela, mas vinculados a uma fonte mais elevada, da qual emanam. Porque todos portamos essa marca divina, os sentimentos que a divindade nos inspira devem naturalmente estender-se àqueles que trabalham conosco para tornar Deus real. É ainda o Deus que amamos neles, e é sob essa condição que nosso amor possui um valor moral.

---

5. *Omoiosis to Théo*, torna-te teu Deus, trata-se de um expressão formulada por Platão e posteriormente incorporada à doutrina cristã, para definir a prática da ascese espiritual [N.T.].

Ora, podemos concluir que conseguimos exprimir todas essas realidades morais em termos racionais. Bastou substituir a concepção de um ser supraexperimental pela noção empírica desse ser, diretamente observável, que é a sociedade, desde que esta seja concebida não como uma aritmética de indivíduos, mas como uma personalidade nova, distinta das personalidades individuais. Nós mostramos como a sociedade assim concebida nos obriga, porque nos domina, e como ela atrai as vontades, porque, ao nos dominar, ela nos penetra. Da mesma maneira que o crente vê na consciência uma parcela, um reflexo da divindade, nós vemos nela uma parcela e um reflexo da coletividade. O paralelismo é tão completo que já constitui, ele próprio, uma primeira demonstração dessa hipótese, muitas vezes indicada aqui, a saber, que a divindade é a expressão simbólica da coletividade. Não seria possível apresentar a objeção de que a perspectiva de uma sanção após a morte garantiria melhor a autoridade moral do que as sanções sociais, cuja aplicação, sujeita ao erro, é sempre incerta? Entretanto, o que demonstra que isso não é a garantia da verdadeira eficácia das morais religiosas é que há religiões que ignoraram esse tipo de sanção: é o caso do judaísmo, até um momento bastante avançado de sua história. Ademais, atualmente se formou um consenso de que se uma sanção, qualquer que ela seja, contribuiu para determinar uma ação, esta ação é destituída de valor moral. Não podemos, pois, atribuir qualquer interesse moral a uma concepção que não pode intervir na conduta sem que com isso altere a moralidade dessa ação.

Assim podemos ter a certeza de não ter empobrecido a realidade moral ao exprimi-la sob a forma racional. Ademais, é preciso considerar que essa mudança nas formas também implica mudanças no conteúdo. Sem dúvida, demonstrar que a moral pode ser inteiramente relacionada a realidades empíricas e que, por consequência, a educação pelas coisas pode ser aplicada também à cultura moral assim como à cultura intelectual, não é um resultado desprezível, especialmente considerando os objetivos que perseguimos. Além disso, essa substituição de uma forma pela outra teve como efeito fazer aparecer características e elementos da moral que, de outra maneira, continuariam ignorados. Sem dúvida, isso não quer dizer que uma simples operação lógica e científica, como a que empreendemos aqui, já seja suficiente para criar e conferir existência a esses elementos. A ciência pode explicar a realidade, mas ela não a cria. Ela não pode dotar a moral de propriedades que ela já não possui em algum grau. Ela pode apenas ajudar a tornar mais aparentes essas características que já existem, mas que o simbolismo religioso era incapaz de exprimir, porque elas têm uma origem muito recente e porque esse simbolismo tende a negá-las ou, ao menos, relegá-las à sombra.

A partir do momento em que é racionalizada, a moral pode sair desse imobilismo, ao qual estava logicamente condenada enquanto permanecia apoiada sobre uma base religiosa. Quando é considerada como a lei de um ser eterno e imutável, é evidente que ela também deve ser concebida como imutável, como a imagem da divindade. Se, ao contrário, tal como tentei demonstrar, ela constitui uma função social, ela participa da permanência apenas relativa e da mesma variabilidade que caracterizam as sociedades. Em certa medida, uma sociedade pode permanecer idêntica durante toda sua existência. Não obstante as diversas transformações, existe um fundo constitucional que é sempre o mesmo. O sistema moral que essa sociedade pratica apresenta o mesmo nível de identidade e de constância. Entre a moral da Idade Média e a de nossos dias, existem traços comuns. Por outro lado, como a sociedade, permanecendo ela mesma, evolui incessantemente, também a moralidade se transforma paralelamente. Mas, à medida que as sociedades se tornam mais complexas e flexíveis, essas transformações se tornam mais rápidas e significativas. É por isso que dissemos que atualmente nosso principal dever era nos dar uma nova moral. Portanto, se a vida moral exprime a vida social, mesmo não sendo tão fluida a ponto de impedir que seja consolidada, ela é suscetível de desenvolver-se indefinidamente.

Mas, por mais considerável que seja essa mudança na maneira de se conceber a moral pelo simples fato de laicizá-la, há uma outra transformação ainda mais importante. Há um outro elemento da moralidade, que até agora não mencionamos, e que, logicamente, só pode ter lugar em uma moral racional.

Até o presente, apresentamos a moral como um sistema de regras exteriores ao indivíduo que se impõem a ele a partir de fora, não mediante uma força racional, mas em virtude do ascendente presente nelas. Não é menos verdade que, sob esse ponto de vista, a vontade individual parece ser regida por uma lei que não é uma obra sua. Com efeito, não somos nós que fazemos a moral. Sem dúvida, como nós fazemos parte da sociedade que a elabora, em certo sentido todos nós contribuímos para esse processo de elaboração do qual ela resulta. Mas a parte que cabe a cada geração na evolução da moral é muito reduzida. A moral de nosso tempo já tem seus traços essenciais desde o momento em que nascemos; as transformações que ela sofre no decorrer de uma existência individual, isto é, as transformações nas quais podemos ter alguma participação são infinitamente restritas. Afinal, as grandes transformações morais sempre pressupõem um bocado de tempo. Ademais, cada um de nós não é mais do que uma das inumeráveis partes que participam nesse processo. Nossa colaboração pessoal nunca é mais do que um fator ínfimo no complexo resultado produzido em meio ao qual ela desaparece, anônima. Desse modo, temos que reconhecer que, se a moral é uma obra coletiva, a parte que já recebemos pronta é muito maior do que a parte que nós mesmos criamos. Nossa atitude é sempre muito mais passiva do que ativa. A moral age muito mais sobre nós do que nós agimos sobre ela. Ora, essa passividade é contraditória em relação a uma tendência atual da consciência moral, que se torna cada vez mais forte. Com efeito, um dos axiomas fundamentais de nossa moral, poderíamos mesmo dizer o axioma mais fundamental, é que a pessoa humana é a coisa mais santa por excelência; ela tem direito ao mesmo respeito que os crentes de todas as religiões sempre dedicaram a seu deus; essa é uma ideia que nós mesmos exprimimos ao fazer da ideia de humanidade o fim e a razão de ser da própria pátria. Em virtude desse princípio, qualquer tipo de intromissão em nosso foro íntimo parece imoral, pois se trata de uma violação de nossa autonomia pessoal. Qualquer pessoa hoje em dia reconhece, ao menos em teoria, que jamais, em caso algum, determinada maneira de pensar deva ser imposta obrigatoriamente, em nome de qualquer autoridade moral. É uma regra não apenas da lógica, mas também da nossa moral, que nossa razão só pode aceitar como verdade aquilo que aceita espontaneamente como tal. Mas, então, na prática as coisas não podem se dar de outra maneira. Afinal, se a idéia tem como objetivo e como razão de ser guiar a ação, que importa se o pensamento é livre, se a ação é serva?

É verdade que para alguns a consciência moral não tem o direito de reclamar tal autonomia. Ressaltam o fato de que somos perpetuamente submetidos a constrangimentos, que o meio social nos modela, que ele nos impõe todo tipo de opinião sobre as quais sequer deliberamos, sem falar das tendências que advêm fatalmente da própria hereditariedade. Acrescenta-se ainda que, não apenas de fato, mas de direito, a personalidade não pode ser senão um produto do meio. De onde mais ela poderia advir? Ou se afirma que ela nasceu do nada, que ela existe desde a eternidade, una e indivisível, verdadeiro átomo psíquico que entrou no corpo sabe-se lá como; ou então, se ela surgiu em algum momento, se ela é constituída de partes como tudo o que existe no mundo, é preciso que ela seja um composto e um resultado de forças diversas, provenientes da raça ou da sociedade. Nós mesmos mostramos como ela não poderia se alimentar em outra fonte. Mas, por mais incontestáveis que sejam todos esses fatos, por mais certa que seja essa nossa dependência, é igualmente certo que a consciência moral protesta cada vez mais energicamente contra essa servidão, e reivindica com toda força uma autonomia cada vez maior para a pessoa humana. Dadas a generalidade e a persistência dessa reivindicação, a nitidez sempre crescente com que se afirma, é impossível considerá-la uma forma de alucinação da consciência pública. É necessário que ela corresponda a alguma coisa. Ela própria é um fato, da mesma forma que os fatos contrários que se opõem a ela e, ao invés de negá-la, de contestar seu direito de existir, porque ela já existe, é preciso entendê-la.

Kant foi certamente o moralista que teve o sentimento mais vivo dessa dupla necessidade. Em primeiro lugar, ninguém percebeu com mais intensidade do que ele o caráter imperativo da moral, porque, afinal, ele fez dela uma verdadeira obrigação à qual devemos uma espécie de obediência passiva. "A relação da vontade humana com esta lei, diz ele, é uma relação de dependência [*Abhängichkeit*]; damos a ela o nome de obrigação [*Verbindlichkeit*], que designa um constrangimento [*Nötigung*]". Mas, ao mesmo tempo, ele se recusa a admitir que a vontade possa ser inteiramente moral quando ela não é autônoma, quando ela se submete passivamente a uma lei que não foi ditada por ela. "A autonomia da vontade, diz ele, é o único princípio de todas as leis morais e de todos os deveres a elas conformes; pelo contrário, toda a heteronomia da vontade [...] é oposta [...] à moralidade da vontade"[6]. Eis aqui como Kant pretendeu solucionar essa antinomia. Segundo o autor, a vontade em si mesma é autônoma. Se a vontade não fosse submetida à ação da sensibilidade, se ela fosse constituída de modo a conformar-se apenas aos preceitos da razão, ela cumpriria o dever espontaneamente, seguindo o impulso de sua própria natureza. Para um ser puramente racional, a lei perde seu caráter obrigatório, seu aspecto coercitivo; a autonomia seria completa. Mas, na realidade, não somos puramente razão; também possuímos uma parte sensível, que tem sua natureza própria, refratária às ordens da razão. Enquanto a razão é geral e impessoal, a sensibilidade, ao contrário, possui maior afinidade com o que é particular e individual. A lei da razão é, pois, um jugo para nossas inclinações, e é por isso que a sentimos como obrigatória e constrangedora. Ela exerce um verdadeiro constrangimento sobre essas inclinações. Mas é somente em ralação à sensibilidade que constitui uma obrigação, uma disciplina imperativa. A razão pura, ao contrário, depende apenas dela própria, é autônoma; é ela mesma que faz a lei que ela impõe às partes inferiores de nosso ser. Assim, a contradição se resolve em função do próprio dualismo de nossa natureza: a autonomia é obra da vontade racional, a heteronomia, da sensibilidade.

Mas, então, a obrigação seria um caráter acidental da lei moral. Em si mesma, a lei não seria necessariamente imperativa, seria revestida de autoridade apenas quando estivesse em conflito com as paixões. Ora, tal hipótese é completamente arbitrária. Tudo prova que, ao contrário, a lei moral é investida de uma autoridade que impõe respeito inclusive à própria razão. Sentimos que ela não domina apenas a nossa sensibilidade, mas toda a nossa natureza, inclusive nossa natureza racional. Kant demonstrou melhor do que qualquer pessoa que havia algo quase religioso no sentimento que a lei moral inspira até mesmo na razão mais elevada; ora, nós só podemos nutrir um sentimento religioso por um ser, real ou ideal, que nos aparece como superior à faculdade que o concebe. Ocorre que a obrigação é um elemento essencial do preceito moral; já explicamos esse

---

6. *Critique de la Raison Pratique*, des Príncipes, § 7 e 8, tradução Barni, p. 177 e 179 [Nota do autor].

fato. Nossa natureza inteira tem necessidade de ser limitada, contida, circunscrita; tanto nossa sensibilidade quanto nossa razão. Isso porque nossa razão não é uma faculdade transcendente: ela faz parte do mundo, portanto, submete-se às leis do mundo. Tudo aquilo que está no mundo é limitado, e toda limitação pressupõe forças que limitam. Para poder conceber uma autonomia pura da vontade, Kant foi obrigado a admitir que a vontade, ao menos enquanto vontade puramente racional, não depende da lei da natureza. Foi obrigado a apresentá-la como uma entidade à parte no mundo, sobre a qual o mundo não age, que, fechada sobre si mesma, permanece subtraída à ação das forças exteriores. Parece-nos inútil discutir hoje em dia essa concepção metafísica, que só pode comprometer as ideias com as quais se solidarizou.

OITAVA LIÇÃO

O terceiro elemento da moralidade: a autonomia da vontade (fim)

Em nossa discussão, já encontramos antinomias aparentes entre os diversos elementos da moralidade, antinomia entre o bem e o dever, entre o indivíduo e o grupo, entre a limitação imposta pela regra e o desenvolvimento completo da natureza humana. A frequência dessas antinomias não deve nos causar surpresas. A realidade moral é ao mesmo tempo complexa e una. O que constitui sua unidade é a unidade do próprio ser concreto que lhe serve de substrato e cuja natureza ela exprime. Quando, ao contrário, representamos seus elementos abstratamente, sem relacioná-los a nada real, as noções que formamos a seu respeito aparecem como necessariamente descontínuas, parecendo impossível reuni-las em torno de algum ponto comum, a não ser por algum tipo de milagre lógico. Disso resultam esses pontos de vista antitéticos, essas oposições ou esses reducionismos forçados nos quais se embaraçaram muitos teóricos.

Foi assim que surgiu a nova antinomia que encontramos ao final da última lição. De um lado, as regras morais nos aparecem com toda clareza como algo exterior à vontade; elas não são uma obra nossa, por conseguinte, obedecemos e nos conformamos a uma lei que não foi feita por nós. Somos submetidos a um constrangimento que é muito real, mesmo que seja de natureza moral. Por outro lado, é evidente que a consciência protesta contra tal dependência. Só concebemos como plenamente moral um ato realizado livremente, sem qualquer tipo de pressão. Ora, nós não somos livres se a lei que regulamenta nossa conduta nos é imposta, se nós não a tivermos desejado livremente. Essa tendência da consciência moral, de vincular a moralidade do ato à liberdade do agente, é um fato que não pode ser contestado e que devemos ser capazes de explicar.

Já vimos a solução proposta por Kant para esse problema, problema esse que ele sabia ser complicado e o qual ele foi o primeiro a apontar. De acordo com ele, a autonomia é o princípio de toda moralidade. Com efeito, a moralidade consiste em realizar fins impessoais, gerais, independentes do indivíduo e de seus interesses particulares. Ora, a razão, por sua própria constituição, tende sempre ao geral e ao impessoal; porque ela é a mesma em todos os homens e mesmo entre todos os seres racionais. Existe apenas uma razão. Por consequência, enquanto somos movidos apenas pela razão, agimos moralmente e, ao mesmo tempo, agimos com plena autonomia, porque seguimos nossa própria natureza racional. Mas, então, de onde provém esse sentimento de obrigação? O que ocorre é que não somos seres inteiramente racionais, somos também seres sensíveis. Ora, a sensibilidade é a faculdade mediante a qual os indivíduos se distinguem uns dos outros. Meu prazer pertence somente a mim, reflete apenas meu temperamento pessoal. A sensibilidade inclina-nos a fins individuais, egoístas, irracionais, imorais. Há, portanto, um verdadeiro antagonismo entre a lei da razão e nossa faculdade sensível, e a primeira só pode impor-se diante da segunda através de um verdadeiro constrangimento. É do sentimento desse constrangimento que nasce o sentimento de obrigação. Em Deus, onde tudo é razão, não há lugar algum para um sentimento desse tipo: nele a moral se realiza com uma espontaneidade absolutamente autônoma. Mas o mesmo não ocorre com o homem, ser composto, heterogêneo e dividido contra si mesmo.

Entretanto, ressalvamos que sob tal ponto de vista a obrigação e a disciplina seriam apenas características acidentais das leis morais. Por si mesmas, elas não seriam necessariamente imperativas; iriam adquirir esse aspecto somente quando, em uma situação de conflito com a sensibilidade, tivessem que impor sua autoridade para triunfar sobre as resistências passionais. Mas tal hipótese é completamente arbitrária. A obrigação é um elemento constitutivo de qualquer preceito moral; já explicamos o porquê disso. Toda a nossa natureza tem necessidade de ser contida, circunscrita, limitada, tanto nossa natureza passional quanto nossa natureza racional. Nossa razão, com efeito, não é uma faculdade transcendente; ela faz parte do mundo, e, por conseguinte, submete-se à lei do mundo. Ora, o universo é limitado e qualquer limitação pressupõe forças que limitam. Assim, para conceber uma autonomia pura da vontade, Kant foi obrigado a admitir que a vontade, enquanto puramente racional, não depende da lei da natureza. Foi obrigado a fazer dela uma faculdade à parte no mundo, sobre a qual o mundo não exerce nenhum efeito; bastando a si mesma, permanece subtraída a todas as forças exteriores. Parece-nos inútil discutir uma concepção tão evidentemente contrária aos fatos, que compromete qualquer ideia. É compreensível que se queira negar qualquer possibilidade de autonomia da vontade se esta for tão separada da natureza. Aliás, como uma razão que, hipoteticamente, está fora das coisas, fora da realidade, pode instituir leis de ordem moral se, como já deixamos estabelecido, a moral exprime a natureza dessa coisa real e concreta que é a sociedade?

Desse modo, tal solução é completamente abstrata e dialética. A autonomia que ela nos confere é logicamente possível; mas ela não possui e jamais possuirá nada de real. Porque, posto que somos e seremos sempre seres sensíveis, ao mesmo tempo que racionais, haverá sempre um conflito entre essas duas partes de nosso ser e a heteronomia será sempre a regra de fato, senão de direito. Ora, o que a consciência moral reclama é uma autonomia efetiva, verdadeira, não apenas a autonomia de sabe-se lá qual ser ideal, mas do ser que somos. O próprio fato de que essas exigências são crescentes indica que se trata de algo mais do que uma simples possibilidade lógica, que é tão verdadeira como uma verdade abstrata, trata-se de algo que está sendo construído progressivamente no decorrer da história.

Para apreender em que consiste essa autonomia progressiva, observemos inicialmente como ela se realiza em nossas relações com o meio físico. Não é somente na ordem das ideias morais que aspiramos, e já conquistamos, uma maior independência. Nos libertamos cada vez mais da dependência em relação às coisas, e isso não aconteceu sem que tivéssemos consciência disso. Entretanto, nem por isso afirmamos que a razão humana é a legisladora do universo físico. Não foi de nós que ele recebeu suas leis. Se conseguimos nos libertar em relação a alguns aspectos, não quer dizer que ele seja uma obra nossa. É à ciência que devemos essa relativa liberação. Para simplificar a exposição, suponhamos que a ciência das coisas esteja integralmente acabada e que cada um de nós possui todos os resultados desta ciência. A bem dizer, nesse caso, o mundo já não estaria fora de nós; seria uma parte constitutiva de nosso ser, porque encontra em nós um sistema de representação que o exprime adequadamente. Tudo o que existe nele está representado em nossa consciência por alguma noção, e como essas noções são científicas, isto é, distintas e bem definidas, podemos manejá-las, combiná-las livremente, como fazemos, por exemplo, com as noções geométricas. Assim, para saber o que é o mundo num determinado momento e como devemos nos adaptar a ele, não é mais necessário olharmos para o exterior, aprendermos em sua escola. Basta olhar para dentro, analisar as noções que temos a respeito dos objetos com os quais devemos nos relacionar, assim como um matemático pode estabelecer relações entre grandezas através de um simples cálculo mental, sem precisar observar as grandezas objetivas que existem fora dele. Portanto, para pensar o mundo, para determinar como deve ser nossa conduta em nossas relações com ele, bastaria raciocinar atentamente, tomar consciência de nós mesmos: esse é o primeiro degrau da autonomia. Mas isso não é tudo. Porque sabemos as leis de todas as coisas, sabemos também as razões de tudo. Podemos, pois, conhecer as razões da ordem universal. Em outros termos, se, para utilizar uma expressão um tanto arcaica, não fomos nós que desenhamos o plano da natureza, nós o encontramos através da ciência, nós o repensamos, e compreendemos por que ele é o que é. Na medida em que nos asseguramos de que tudo é o que deve ser, quer dizer, tal qual está implicado na natureza das coisas, podemos nos submeter a essa realidade não simplesmente porque somos materialmente obrigados a isso, porque somos incapazes de adotar outra posição, mas porque julgamos que isso é algo bom e que não haveria nada melhor a fazer. O crente admite que o mundo é bom por princípio, porque é obra de um ser bom, e nós podemos obter essa mesma convicção *a posteriori,* na medida em que a ciência nos permite estabelecer racionalmente o que a fé postula *a priori.* Essa submissão não é uma resignação passiva, mas uma adesão esclarecida. Conformar-se à ordem das coisas porque se tem a certeza de que tudo é o que deveria ser, não é sofrer um constrangimento, é querer livremente essa ordem, é uma aquiescência com conhecimento de causa. Afinal, querer livremente não é querer aquilo que é absurdo; pelo contrário, é querer aquilo que é racional, é querer agir em conformidade com a natureza das coisas. É verdade que as coisas podem desviar-se de sua própria natureza, sob circunstâncias contingentes e anormais. Mas, nesse caso, a ciência adverte-nos sobre isso e nos oferece os meios para colocá-las de volta em seu caminho, para retificá-las, porque ela nos faz conhecer em que consiste normalmente essa natureza, e as causas que determinam esses desvios anormais. Certamente, essa é uma hipótese meramente ideal. A ciência da natureza não está e jamais estará completa. Isso que considero como um estado acabado da ciência consiste em um limite ideal ao qual nos aproximamos indefinidamente. É na medida em que a ciência se constitui, a partir da nossa relação com as coisas, que passamos a ter mais tempo para prestar atenção em nós mesmos. Libertamo-nos à medida que compreendemos as coisas, e não existe outro meio para isso. A ciência é a fonte de nossa autonomia.

Ora, na ordem moral há lugar para essa mesma autonomia e para nenhuma outra. Dado que a moral exprime a natureza da sociedade e que esta, tal como a natureza física, não pode ser conhecida apenas olhando para dentro de nós, a razão do indivíduo não pode ser a legisladora nem do mundo natural, nem do mundo moral. As representações confusas do homem comum a respeito da sociedade não a exprimem mais adequadamente do que nossas sensações auditivas ou visuais exprimem a natureza objetiva dos fenômenos materiais, os sons ou as cores que correspondem a eles. Essa ordem, que não foi criada pelo indivíduo enquanto indivíduo, que ele não desejou deliberadamente, pode ser apreendida pela ciência. Podemos investigar a natureza das regras da moral às quais, inicialmente, nos submetemos passivamente, que a criança recebe a partir de fora através da educação, e que se impõem a ela em virtude de sua autoridade; podemos entender suas condições, a sua razão de ser. Em resumo, é possível fazer uma ciência dessas regras. Suponhamos que esta ciência esteja acabada. Nossa heteronomia teria fim. Nós somos os mestres do mundo moral. Esse mundo deixou de ser exterior, porque está representado em nós por um sistema de ideias claras e distintas, cujas relações conhecemos perfeitamente. Então, estamos em condições de assegurar em que medida essa moral está fundada na natureza das coisas, isto é, na natureza da sociedade; ou seja, em que medida ela é o que deve ser. Na medida em que a reconhecemos como tal, podemos consenti-la livremente. Querer que a moral seja algo diferente daquilo que está implicado na própria constituição natural da realidade que ela exprime seria querer algo absurdo, sob o pretexto de querer livremente. Podemos verificar também até que ponto essa moral não encontra fundamento real – uma vez que ela sempre pode conter elementos anormais. Mas, graças à ciência que supomos realizada, temos em mãos o meio para reconduzi-la a seu estado normal. Assim, sob a condição de possuir um conhecimento adequado acerca dos preceitos morais, das causas das quais dependem, das funções que cada um desempenha, somos capazes de nos conformar a eles conscientemente, com conhecimento de causa. Uma conformidade assim consentida não tem nada de coercitivo. Sem dúvida, estamos ainda mais distantes desse estado ideal da ciência no que concerne à vida moral do que ao concernente à vida física. A ciência da moral data de "ontem"; seus resultados são ainda muito imprecisos. Mas isso não importa. Isso não quer dizer que não exista um outro modo de nos libertarmos, e é isso o que existe de fundamentado na aspiração da consciência pública a uma maior autonomia da vontade moral.

Mas, alguém poderia perguntar se a partir do momento em que sabemos a razão de ser das regras morais, a partir do momento em que nos conformamos a elas voluntariamente, elas não perdem muito de seu caráter imperativo? E, então, poderíamos criticar nossa teoria pelo mesmo motivo que criticamos Kant, a saber, por sacrificar um dos elementos da moral em nome do princípio de autonomia. A ideia de um consentimento dado livremente não excluiria a ideia de um comando imperativo, mesmo que tenhamos apontado a virtude imperativa da regra como um de seus traços mais característicos? No entanto, não é isso o que acontece. Com efeito, uma coisa não deixa de ser ela mesma apenas porque passamos a saber por que ela é assim. Do fato de conhecermos a natureza e as leis da vida não se segue que ela perca qualquer uma de suas características específicas. Da mesma forma, não é porque a ciência da moral apreendeu a razão de ser do caráter imperativo inerente às regras morais que elas deixariam de ser imperativas. Do fato de sabermos que existe uma utilidade em sermos ordenados, segue-se que podemos obedecer voluntariamente, e não que deixamos de obedecer. Podemos compreender que faz parte de nossa própria natureza sermos limitados por forças exteriores; a consequência disso é aceitar livremente essa limitação, porque ela é natural e boa, e isso não faz com que ela deixe de ser real. Entretanto, com nosso consentimento esclarecido ela deixa de ser uma humilhação e uma servidão para nós. Tal autonomia preserva todos os traços distintivos dos princípios morais, mesmo aquele em relação ao qual ela parece ser, e é, uma negação. Os dois termos antitéticos reconciliam-se e se encontram. Continuamos a ser limitados, porque somos seres finitos; somos ainda passivos diante da regra que nos ordena. Não obstante, essa passividade se converte em atividade, mediante o papel ativo que exercemos ao desejá-la deliberadamente; e nós a queremos porque conhecemos sua razão de ser. Não é a obediência passiva que, sozinha e por si mesma, constitui uma diminuição de nossa personalidade; é a obediência passiva à qual não consentimos com pleno conhecimento de causa. Quando, ao contrário, executamos cegamente uma ordem cujo sentido e extensão desconhecemos, mas sabendo por que temos de desempenhar o papel de um instrumento cego, somos tão livres como quando realizamos uma ação cuja iniciativa dependeu apenas de nós.

Essa é a autonomia à qual podemos aspirar, a única que possui algum valor para nós. Não é uma autonomia que já recebemos pronta da natureza, que encontramos já no momento de nosso nascimento em função de nossos atributos constitutivos. Nós mesmos a construímos, na medida em que adquirimos um conhecimento mais completo das coisas. Ela também não implica que a pessoa humana possa escapar do mundo e de suas leis. Somos parte do mundo; ele age sobre nós, penetra em nós por todas as partes e é preciso que ele seja assim; afinal, sem essa penetração, nossa consciência seria vazia de conteúdo. Cada um de nós é um ponto no qual se encontra certo número de forças exteriores, e é desse entrecruzamento que emerge nossa personalidade. Se essas forças não chegassem até nós, não haveria mais do que um ponto matemático, o lugar vazio no qual uma consciência e uma personalidade poderiam ser constituídas. Contudo, se, em alguma medida, somos produto das coisas, podemos submeter a nosso entendimento, através da ciência, não apenas as coisas que exercem uma ação sobre nós, como a própria ação exercida por elas. Com isso, podemos nos tornar mestres de nós mesmos. É o pensamento que é o libertador da vontade. Essa proposição, facilmente aceita por todos naquilo que concerne ao mundo físico, estende-se também ao mundo moral. A sociedade é um produto de forças inumeráveis, das quais não somos mais do que uma fração mínima, de forças que se combinam nas leis e que adquirem formas que ignoramos, que não foram desejadas e muito menos orquestradas por nós; aliás, nós já a recebemos pronta do passado em sua maior parte. A moral deve necessariamente ser assim, uma vez que é expressão da natureza social. É uma perigosa ilusão imaginar que ela é uma obra nossa; que, por conseguinte, a temos inteiramente sob nosso domínio desde o início; que ela é, sempre, aquilo que queremos. Trata-se de uma ilusão semelhante à do primitivo que, por um ato de sua vontade, por um desejo expresso, por alguma injunção energética, acredita poder parar o sol, conter a tempestade ou dispersar os ventos. Só podemos conquistar o mundo moral da mesma forma que podemos conquistar o mundo físico: fazendo a ciência das coisas morais.

Com isso determinamos um terceiro elemento da moralidade. Para agir moralmente, não é mais suficiente apenas respeitar a disciplina, aderir a um grupo; é preciso ainda que, seja no deferimento à regra, seja no devotamento a um ideal coletivo, tenhamos a consciência, a mais clara e completa possível, das razões de nossa conduta. Porque é essa consciência que confere a nosso ato essa autonomia que a consciência pública atualmente exige de todo ser verdadeiramente e plenamente moral. Podemos afirmar, portanto, que o terceiro elemento é a inteligibilidade da moral. A moralidade não consiste simplesmente em realizar certos atos determinados, mesmo conscientemente; é necessário ainda que a regra que prescreve esses atos seja livremente desejada, isto é, livremente aceita, e essa aceitação livre outra coisa não é do que uma aceitação esclarecida. Essa é a maior novidade apresentada pela consciência moral dos povos contemporâneos; a inteligibilidade da moral tornou-se e tem se tornado cada vez mais um elemento da moralidade. A moralidade que, primitivamente, residia inteiramente no próprio ato, na matéria dos movimentos que o constituíam, remonta cada vez mais à própria consciência. Depois de um longo período de tempo, passamos a reconhecer valor moral a um ato somente se este fosse intencional, ou seja, um ato em que o agente representa antecipadamente em que ele consiste e quais as relações deste com a regra. Mas eis que, para além dessa primeira representação, passamos a exigir uma outra, que vai ainda mais ao fundo das coisas: é a representação explicativa da própria regra, de suas causas e de sua razão de ser. Eis o que explica o lugar que concedemos às nossas escolas no ensinamento da moral. Porque ensinar a moral não é pregá-la, não é inculcá-la: é explicá-la. Ora, recusar à criança qualquer explicação desse gênero, não tentar fazê-la compreender as razões das regras que ela deve seguir, é condená-la a uma moralidade incompleta e inferior. Em vez de enfraquecer a moralidade pública, esse tipo de ensinamento é sua própria condição. Seguramente, essa não é uma tarefa fácil; é preciso apoiar-se em uma ciência que está apenas em vias de se formar. No estado em que atualmente se encontram os estudos sociológicos, não é muito fácil vincular cada dever particular a determinado traço específico da organização social através do qual se explica esse dever. Contudo, no presente já existem algumas indicações gerais, que podem ser muito úteis se ensinadas à criança, na medida em que é possível fazê-la compreender não apenas quais são seus deveres, mas quais são as razões de ser desses deveres. Voltaremos a essa questão quando discutirmos diretamente em que deve consistir esse ensinamento da moral na escola.

Esse terceiro e último elemento da moralidade constitui a característica diferencial da moral laica; porque, logicamente, não poderia ter lugar em uma moral religiosa. Com efeito, ele implica que exista uma ciência humana da moral e, por conseguinte, que os fatos morais sejam fenômenos naturais que podem ser apreendidos pela razão. Porque só é possível fazer ciência daquilo que está dado na natureza, isto é, que consiste em uma realidade observável. Porque Deus está fora do mundo, ele está fora e acima da ciência; se a vida moral provém de Deus e o exprime, ela está fora dos limites da nossa razão. De fato, em virtude da estreita solidariedade que a uniu aos sistemas religiosos durante séculos, a moral guardou esse prestígio que, ainda hoje, aos olhos de certas pessoas, coloca-a de fora da ciência propriamente dita. Recusa-se ao pensamento humano o direito de conhecê-la do mesmo modo como se conhece o resto do mundo. Parece que, quando tratamos da moral, adentramos numa atmosfera de mistério, na qual os procedimentos normais da investigação científica teriam de ser deixados de lado, de modo que aquele que ensaia tratá-la como um fenômeno natural provoca certo tipo de escândalo, parecido com o escândalo provocado por uma profanação. Sem dúvida, esse escândalo se justificaria se não pudéssemos racionalizar a moral sem despojá-la dessa autoridade, dessa majestade que ela possui. Mas vimos que é possível explicar essa majestade, dar a ela uma explicação puramente científica, sem fazê-la desaparecer, sem sequer diminuí-la.

Tais são os principais elementos da moralidade, ao menos aqueles que podemos perceber atualmente. Antes de buscar por quais meios eles podem ser formados na criança, vamos tentar resumir os resultados aos quais chegamos sucessivamente, estabelecendo uma definição da moral em seu conjunto, a partir de tudo o que pode ser depreendido de nossa análise.

Inicialmente pudemos observar a multiplicidade de aspectos que ela apresenta. Trata-se de uma moral do dever, porque não cessamos de insistir sobre a necessidade da regra e da disciplina; mas, ao mesmo tempo, é uma moral do bem, pois atribui à ação humana uma finalidade que é boa, que contém em si tudo o que é necessário para despertar o desejo e atrair a vontade. O gosto pela existência regular, o gosto pelo comedimento, a necessidade de limites e a maestria de si são facilmente conciliados com a necessidade de doar-se, com o espírito de devotamento e sacrifício, ou seja, com todas as forças ativas e expansivas da vida moral. Mas, antes de tudo, trata-se de uma moral racional. Não apenas exprimimos seus elementos em termos inteligíveis, laicos, racionais, mas ainda fizemos do próprio conhecimento progressivo da moral um elemento *sui generis* da moralidade. Não apenas mostramos que a razão pode ser aplicada aos fatos morais, como constatamos que essa aplicação da razão à moral tendia cada vez mais a converter-se em condição da própria virtude, e explicamos os motivos disso.

Algumas vezes objetou-se, em relação ao método que seguimos no estudo dos fatos morais, que ele seria impotente do ponto de vista prático, tornando o homem preso diante do fato que foi constatado, impossibilitando a abertura de qualquer nova perspectiva acerca do ideal, isso porque estabelecemos a regra de observar objetivamente a realidade moral tal qual se apresenta à experiência, ao invés de determiná-la *a priori*. Agora podemos perceber o quanto tal objeção é pouco fundamentada. Ao contrário, a moral nos apareceu como essencialmente idealista. Com efeito, o que é um ideal senão um corpo de ideias que planam acima do indivíduo, solicitando energicamente sua ação. Ora, a sociedade, que apresentamos como o objetivo de nossa conduta, ultrapassa infinitamente o nível dos interesses individuais. Por outro lado, aquilo que nós devemos amar nela particularmente, aquilo a que devemos nos apegar acima de tudo, não é seu corpo, mas sua alma; o que poderia ser aquilo a que chamamos de alma de uma sociedade, a não ser um conjunto de ideias que o indivíduo isolado jamais poderia conceber, que transbordam sua própria mentalidade, e que se formam e vivem tão somente pelo concurso de uma pluralidade de indivíduos associados? De outro lado, mesmo sendo tudo tão essencialmente idealista, essa moral goza de um realismo próprio. Afinal, o ideal que ela nos propõe não está fora do tempo e do espaço; ele está vinculado ao real, faz parte do real, ele anima esse corpo concreto e vivente que nós vemos e tocamos, por assim dizer, em cuja vida nós também participamos: a sociedade. Tal idealismo não corre o risco de degenerar-se em meditações inativas, em delírio puro, estéril. Porque ele não nos vincula apenas a coisas puramente interiores, que podem ser contempladas pelo pensamento, mas também a coisas que também estão fora de nós, que regozijam e sofrem como nós, que precisam de nós assim como precisamos delas, e que, por conseguinte, exercem um apelo sobre nossa ação. Podemos prever antecipadamente quais serão as consequências pedagógicas dessa concepção teórica. Sob tal ponto de vista, o meio adequado para formar a criança não consiste em repetir, mesmo que com muita convicção, certo número de máximas muito gerais, válidas para todos os tempos e todos os países, mas em fazê-la compreender seu país e seu tempo, compreendendo suas necessidades, iniciando sua vida e preparando-a para tomar parte nas obras coletivas que a esperam.

    Enfim, pelo próprio fato de que a moral é idealista, ela impõe ao homem o desapego por seu próprio interesse. Com efeito, quando se age por respeito à regra ou pela adesão aos grupos sociais, mesmo quando corresponde à espontaneidade do desejo, o ato moral não ocorre sem um esforço mais ou menos penoso, sempre desinteressado. Mas, através de uma curiosa forma de compensação, o indivíduo acaba por obter vantagens com esse desapego. Os dois termos apresentados pelos moralistas como antagônicos, durante séculos, reconciliam-se facilmente na realidade. Pois é pela prática do dever que o homem aprende o gosto pelo comedimento, essa moderação dos desejos que é a condição necessária para a felicidade e para a saúde. Da mesma forma, é através da adesão ao grupo que o indivíduo pode participar dessa forma de vida superior, cujo centro é o próprio grupo; se ele tentar permanecer de fora, se tentar bastar a si mesmo, poderá gozar apenas de uma existência precária e contrária à própria natureza. Assim, o dever e o sacrifício deixam de aparecer para nós como um tipo de milagre, pelo qual o homem seria levado a cometer uma violência contra si mesmo. Muito ao contrário, é submetendo-se à regra e devotando-se ao grupo que ele se torna verdadeiramente homem. A moralidade é coisa eminentemente humana, porque, ao incitar o homem a ultrapassar a si mesmo, ela o incita a realizar sua própria natureza de homem.

Vocês podem perceber quão complexa é a vida moral, porque ela abriga elementos contrários. Podemos recordar aquela passagem de Pascal, em que tenta fazer o homem sentir todas as contradições presentes nele. "Se ele se levanta, eu o abaixo, se ele se abaixa, eu o levanto, e o contradigo sempre, até o momento em que ele compreenda que ele é um monstro incompreensível". Em certo sentido, a moral faz a mesma coisa. O ideal que ela nos apresenta é uma mistura singular de dependência e grandeza, de submissão e de autonomia. Quando ensaiamos nos rebelar contra ela, ela nos recorda duramente a importância da regra; quando nos conformamos, ela nos libera dessa dependência, permitindo que a razão submeta a seu juízo a própria regra que nos coage. Ela prescreve que nos doemos, que nos subordinemos a alguma coisa diferente de nós; e é mediante essa subordinação que nos impõe que ela nos eleva acima de nós mesmos. Vocês podem constatar quão exíguas são as fórmulas dos moralistas, que reduziam toda a moralidade a apenas um de seus elementos, uma vez que sabem agora que ela constitui uma das realidades mais ricas e complexas que existe. Se me detive durante muito tempo nessa análise preliminar, foi para que vocês pudessem sentir essa riqueza e essa complexidade. Porque, para realizar com todo coração a obra que compete ao educador, é preciso interessar-se por ela e amá-la e, para amá-la, é preciso sentir tudo o que há de vivo nela. Quando se pretende resumi-la em algumas lições de moral prescritas pelo programa, que são dadas periodicamente durante a semana, torna-se muito difícil que alguém se apaixone por essa tarefa, pois, em razão de sua intermitência, parece impossível imprimir na criança esses traços indeléveis e duradouros, sem os quais não pode haver uma cultura moral. Mas, se as aulas de educação moral têm seu papel no processo de educação moral, ela não é mais do que apenas um de seus elementos. A educação moral não pode estar rigorosamente encerrada no horário das aulas; ela não acontece num momento específico e predeterminado; ela acontece a todo instante. Ela deve mesclar-se a toda vida escolar, da mesma forma que a vida moral se mistura em toda a trama da vida coletiva. É por isso que, mesmo permanecendo una em sua base, ela se multiplica e se diversifica como a própria vida. Não existe uma fórmula que possa contê-la e exprimi-la adequadamente. Se há uma crítica que pode ser dirigida à nossa análise, é que ela é muito incompleta. Certamente, uma análise mais completa a ser realizada no futuro permitirá que se perceba elementos e aspectos que ainda não percebemos. Não temos a pretensão de apresentar os resultados obtidos até o momento como se fossem um sistema fechado e acabado: trata-se apenas de uma aproximação provisória da realidade moral. Porém, por mais imperfeita que possa ser essa aproximação, ela nos permitiu apreender alguns elementos da moralidade que são certamente essenciais. Com isso, podemos estabelecer objetivos bem definidos para a ação do educador. Estabelecidos esses fins, podemos passar agora a buscar quais os meios de realizá-los.

SEGUNDA PARTE

COMO CONSTITUIR NA CRIANÇA OS ELEMENTOS DA MORALIDADE

I. O espírito de disciplina

NONA LIÇÃO

A disciplina e a psicologia da criança

Depois de ter determinado os diferentes elementos da moralidade, investigaremos de que maneira é possível constituí-los ou desenvolvê-los na criança. Começaremos pelo primeiro elemento estabelecido, isto é, o espírito de disciplina.

A própria natureza da questão já determina o método a ser seguido. Conhecemos o objetivo a ser alcançado, o destino ao qual devemos conduzir a criança. Mas a maneira com que ela deve ser conduzida e o caminho que devemos fazê-la percorrer dependem necessariamente daquilo que ela é no ponto de partida. A ação educativa não se exerce sobre uma tábula rasa. A criança possui uma natureza própria e, dado que é sobre essa natureza que devemos agir, é preciso fazer de tudo para tentar conhecê-la. Devemos nos perguntar, em primeiro lugar, em que medida e de que modo a criança pode receber esse estado de espírito que pretendemos suscitar nela; quais são, dentre todas as suas aptidões naturais, aquelas sobre as quais poderemos nos apoiar para obter o resultado desejado? Chegou o momento de conhecer a própria psicologia da criança, que nesse momento é a única coisa que pode nos fornecer as informações necessárias.

Em nossa primeira lição já dizíamos que os estados mentais que a educação deve despertar na criança existem apenas sob a forma de características muito gerais, ainda muito distantes da forma definitiva que devem adquirir. Essa proposição será confirmada especialmente no que concerne ao espírito de disciplina. Pode-se afirmar, com efeito, que nenhum de seus elementos já se encontra completamente constituído na consciência da criança.

Esses elementos são dois.

Há, inicialmente, o gosto pela existência regular. O dever é sempre o mesmo diante das mesmas circunstâncias, e as principais circunstâncias de nossa vida são determinadas por nosso sexo, nosso estado civil, nossa profissão, nossa condição social, e é por isso que é impossível que alguém ame realizar seu dever se sua personalidade o levar a ser impaciente em relação a qualquer hábito regular. A ordem moral depende inteiramente dessa regularidade. Afinal, a vida coletiva não poderia funcionar harmoniosamente se os indivíduos encarregados de determinada função social, seja ela doméstica, cívica ou profissional, não cumprissem suas tarefas no momento necessário e de acordo com a maneira prescrita. Ora, o que caracteriza a atividade infantil é precisamente o contrário disso, ou seja, é uma absoluta irregularidade. A criança transita de uma impressão a outra, de um sentimento a outro, com a mais absoluta rapidez. Seu humor é completamente instável; a cólera surge e vai-se embora instantaneamente; as lágrimas sucedem às risadas, a simpatia sucede à ira, ou vice-versa, sem que haja qualquer causa objetiva para isso ou, quando muito, as variações se dão em virtude da mais amena circunstância. A brincadeira que a ocupa num dado momento não a retém por muito tempo; ela logo a abandona para brincar de alguma outra coisa. Essa mesma mobilidade pode ser observada em relação à curiosidade com que a criança indaga a seus pais e seus professores. Já se afirmou que isso poderia ser uma primeira forma do instinto científico. Essa comparação não pode ser aceita sem reservas. Sem dúvida, quando a criança questiona, ela sente a necessidade de classificar as coisas que vê e as impressões que experimenta nesse pequeno sistema de ideias em vias de formação que constitui seu espírito; essa necessidade de ordenação é a base do espírito científico. Mas como esse comportamento é volátil na criança! O objeto aleatório que atrai a atenção de nosso pequeno observador não o prende por mais do que alguns instantes. Ela se detém sobre ele apenas até o momento em que sua curiosidade inicial é satisfeita. Basta que se tenha respondido a suas perguntas que seu pensamento já está em outro lugar. "O sentimento da ignorância, diz Sully, ainda não está completamente desenvolvido na criança; o desejo de conhecer ainda não possui uma base sólida, ainda não está fixado sobre algum objeto particular através de um interesse suficientemente definido; os próprios pais constataram frequentemente que o pensamento do pequeno questionador já está longe do assunto que está sendo tratado, em algum lugar para onde sua imaginação já o conduziu, antes mesmo que a resposta já lhe tenha sido dada" (*The teacher handbook of psychologie,* 1886, p. 401). O que predomina na curiosidade infantil é, pois, sua instabilidade, sua fugacidade.

Nesse aspecto, assim como em outros, a criança reproduz uma das características distintivas da humanidade primitiva. Os povos que ainda não ultrapassaram as formas mais inferiores da civilização se distinguem por essa mesma mobilidade das ideias e dos sentimentos, pela mesma ausência de continuidade na conduta individual. O incidente mais insignificante já basta para provocar, na consciência do adulto, as mais surpreendentes revoluções. Um gesto feliz, um trejeito, uma palavra, e a cólera mais intensa já se transforma em sentimentos benevolentes; ou, ao contrário, ameaças de morte sucedem às mais calorosas demonstrações de amizade. Essa é uma particularidade psicológica que os exploradores conhecem bem, e que souberam explorar com eficácia no interesse de seus propósitos. Assim, é fácil entender por que o gosto pela regularidade, pela atividade contínua, só pôde se desenvolver em uma civilização muito avançada. Nas sociedades muito simples que existiam na origem da humanidade, não há movimentos orquestrados: por conseguinte, não há movimentos regrados. A vida coletiva, com efeito, não possuía a continuidade e a permanência que possui atualmente. Ela se afirmava todas as vezes em que a tribo se reunia para realizar conjuntamente alguma cerimônia religiosa, ou para deliberar sobre algum assunto de interesse público, ou para organizar uma caça, uma expedição militar. Mas, com exceção dessas situações intermitentes, o indivíduo permanecia abandonado a si mesmo, a seus próprios caprichos, sem ter que desempenhar funções preestabelecidas, em um momento já fixado, de um modo determinado; a sociedade não se interessa pela maneira com que ele faz uso de seu próprio tempo, não o obriga a uma regularidade, o que sempre pressupõe algum grau de esforço. Não é isso o que ocorre nas grandes sociedades como as nossas. Porque o trabalho é dividido, as diferentes ocupações às quais o indivíduo se consagra se afetam mutuamente;

são funções que se complementam, que agem umas sobre as outras. Desse modo, é impossível que sejam relegadas à fantasia individual; é necessário que sejam regradas para que exista uma cooperação. Disso deriva a regularidade tão compassada de nossa existência; não são muitos os momentos durante o dia nos quais não precisamos agir como funcionários da ordem social; afinal, as próprias profissões liberais, embora sejam menos diretamente reguladas que as funções públicas, também são ocupações coletivas. Muitas vezes já se zombou do trabalho desempenhado pelo empregado que realiza sempre os mesmos movimentos; mas ele não é mais do que a caricatura, a forma exagerada de uma existência que todos nós compartilhamos em alguma medida. Mas o próprio fato de que essa regularidade é um produto da civilização já explica facilmente por que ela não existe naturalmente na criança.

Sob um segundo ponto de vista, o espírito de disciplina consiste na moderação dos desejos e na maestria de si. A experiência já basta para mostrar que isso é algo que só se consolida em uma idade bastante avançada. A criança não percebe em absoluto que é preciso impor limites a seus próprios desejos; quando ela gosta de alguma coisa, ela a quer até se sentir saciada. Ela não consegue conter-se facilmente, tampouco aceita que alguém a contenha. Ela não se deixa frear sequer pela necessidade das leis naturais: ela não percebe a existência dessas leis. Ela não sabe distinguir o possível do impossível, não sabe que a própria realidade impõe limites instransponíveis aos desejos. Ela imagina que tudo deve ceder diante de sua vontade, e impacienta-se tanto com as resistências impostas pelas coisas como aquelas impostas pelos homens. Há uma emoção que manifesta de uma forma muito característica esse temperamento infantil. É a cólera. Como se sabe, a cólera é muito frequente na criança, e muitas vezes se manifesta nela com extrema intensidade. "Quando as crianças muito pequenas estão enfurecidas, afirma Darwin, elas rolam pelo chão, deitam de costas, de bruços, dão pontapés, engatinham, batendo em tudo que está a seu alcance". Pode-se até mesmo afirmar que todos esses movimentos que ela produz não são suficientes para aliviar completamente sua cólera. Ora, não um estado mental que seja mais oposto à maestria de si que implica a disciplina; ela consiste numa alienação passageira da personalidade. Costumamos dizer que quem está num estado colérico perdeu o juízo, que não conhece a si mesmo, que está fora de si. Poucas paixões são tão exclusivas como essa; quando ela explode, especialmente se for muito intensa, ela expulsa todas as outras que poderiam contê-las, tomando inteiramente consciência. Nada é capaz de neutralizá-la; assim se explica o fato de ser ilimitada. Ela vai sempre adiante, enquanto houver alguma energia. A frequência da cólera na criança e a intensidade com que se manifesta demonstram melhor do que qualquer outra observação a sua natural falta de moderação. Ademais, também nesse aspecto, a criança não faz mais do que reproduzir um traço bastante conhecido do espírito primitivo. Sabemos bem que é impossível conter a paixão nos selvagens, conhecemos sua incapacidade de se controlar, sua tendência natural a todo tipo de excesso.

Podemos perceber a distância entre o ponto do qual parte a criança e o ponto ao qual devemos conduzi-la: de um lado, há uma consciência perpetuamente instável, um verdadeiro caleidoscópio que é diferente a cada momento, são movimentos passionais que não param enquanto as forças não se esgotam; de outro lado, está o gosto por uma atividade regular e comedida. Essa enorme distância, que a humanidade levou séculos para percorrer, deve ser superada pela criança em poucos anos, e essa é a tarefa da educação. Não se trata simplesmente de orientar sua ação e estimular algumas tendências latentes, que demandariam apenas algum incentivo para serem desenvolvidas. É preciso constituir por inteiro um estado completamente novo, que não está pré-formado na criança. Contudo, se a natureza não a inclina no sentido que convém, de modo que bastaria apenas supervisionar e dirigir seu desenvolvimento natural, também é evidente que, se ela deixasse toda a tarefa em nossas mãos, não conseguiríamos realizá-la, afinal, se ela fosse tão contrária a essa ação, seria impossível orientá-la na direção necessária. Ela não é uma coisa tão maleável a ponto de fazê-la tomar formas que não está apta a receber. É preciso que já exista na criança, senão os próprios estados mentais que devemos constituir, ao menos algumas predisposições gerais que possam nos ajudar a alcançar o objetivo almejado, como alavancas que ajudam a fazer com que a educação atinja até o fundo da consciência infantil. Caso contrário, esse processo estaria interditado. Podemos constranger materialmente a criança, obrigando-a, externamente, a realizar determinados atos; mas os meandros de sua vida interior nos escapariam. Isso seria um adestramento; não seria educação.

Existem ao menos duas predisposições fundamentais, duas características constitutivas da natureza infantil que estão abertas a nossa influência; quais sejam: 1º o tradicionalismo infantil; 2º a receptividade da criança às sugestões, sobretudo às sugestões imperativas.

Por um contraste que pode parecer singular, que explicaremos mais adiante, a criança é, ao mesmo tempo, completamente instável e, por outro lado, gosta da rotina. Uma vez adquirido algum hábito, elas se mantêm mais fiéis a ele do que o adulto. Depois de ter repetido várias vezes a mesma ação, ela sente a necessidade de realizá-la sempre da mesma maneira; a mais sutil variação lhe parece odiosa. Sabemos bem que, uma vez estabelecida sua rotina, esta se torna sagrada e inviolável para a criança. Ela faz com que até mesmo a mania mais impertinente seja alçada à categoria de um costume. Ela quer que sua xícara e seus talheres estejam sempre exatamente no mesmo lugar; quer ser servida sempre pela mesma pessoa. A menor alteração já lhe provoca incômodo. Já mencionamos com que facilidade ela passa de uma brincadeira para outra. Mas, por outro lado, uma vez que ela se habituou a determinada brincadeira, desejará repeti-la indefinidamente. Ela irá reler com curiosidade o mesmo livro, olhará as mesmas imagens, sem se entediar com isso. Quantas vezes contamos as mesmas histórias tradicionais às nossas crianças; podemos dizer que lhes parecem sempre novas. Quando alguma novidade implica certa mudança um tanto significativa, ela já lhe causa aversão. "Uma das coisas que mais desconserta a criança, afirmou Sully, é o acontecimento de uma súbita transformação. Quando ainda é muito pequena, a criança não sofre quando é levada para outro quarto; mas, um pouco mais tarde, depois que se acostumou a seu quarto, experimentará uma sensação de estranhamento se for mudada para um outro" [*Étude sur l'enfance,* trad. franc., 1898, p. 274]. Uma transformação no círculo de pessoas com as quais convive no dia a dia produz esse mesmo efeito. Preyer afirmou que, em torno do sexto ou sétimo mês, seu filho começou a chorar ao ver uma figura desconhecida. Uma simples mudança nas próprias roupas também pode provocar a mesma reação. O filho de Preyer sofreu alguns transtornos ao ver sua mãe usando um vestido preto, isso quando ele tinha dezessete meses. Não foi exatamente por ter uma cor escura que tal efeito foi produzido; de acordo com informações recebidas por Sully, "uma criança se põe a chorar ao ver sua mãe vestida com um vestido de uma cor ou de um modelo diferentes; uma outra manifestou, entre a idade de dezessete meses e dois anos e meio, uma repugnância tão exacerbada em vestir novas roupas, que foi necessário enfrentar todas as dificuldades do mundo para conseguir fazer com que a criança as vestisse". Portanto, ao mesmo tempo em que é um ser completamente instável, a criança também é uma verdadeira misoneísta.

Não são apenas seus hábitos individuais que ela respeita dessa maneira, mas também aqueles que ela observa ao seu redor. Quando perceber que todos à sua volta se comportam sempre da mesma maneira diante das mesmas circunstâncias, ela considera impossível comportar-se de outra forma. Qualquer derrogação nos costumes lhe soa como verdadeiro escândalo, que chega a causar surpresa àquele que foi o objeto de sua revolta e de sua indignação. Não há dúvida de que o adulto também é inclinado a esse tipo de fetichismo; mas a criança é muito mais do que o adulto. Até mesmo os gestos mais insignificantes, se forem repetidos diante dela sempre da mesma maneira, tornam-se, a seus olhos, parte integrante dessa ordem imutável que não pode ser modificada. É daí que provém esse gosto que as crianças têm pelo formalismo cerimonial. Seus pais a abraçam de uma determinada maneira: ela abraça da mesma maneira as suas bonecas, que são como seus filhos. Esse tradicionalismo possui uma extensão maior do que o precedente, porque é mais geral. Ela o estende não apenas a ela e à sua própria conduta, mas a todo seu pequeno mundo. Ela vê nisso quase uma espécie de lei imutável válida para todos os que, a seus olhos, constituem a humanidade.

Por mais curiosa que seja essa coexistência do misoneísmo e da instabilidade, ela não ocorre somente com a criança. Podemos encontrá-la também entre os primitivos. Já vimos o quanto o selvagem é superficial, quanto seu caráter é volúvel, a tal ponto que é impossível confiarmos nele. Mas também sabemos que entre eles o tradicionalismo é realmente muito forte. Em nenhum outro lugar o costume possui tal autoridade. Tudo aquilo a que o costume se aplica é regulamentado até nos mínimos detalhes. Os menores gestos, a própria entonação, são estabelecidos antecipadamente, e todo mundo se conforma religiosamente com esses costumes. Disso provém o desenvolvimento de um considerável cerimonial entre esses tipos de sociedade. As novidades e as inovações são produzidas com muita dificuldade. A prática, uma vez estabelecida, repete-se sem variações durante séculos. Mas não é necessário remontar às origens da história para constatar a justaposição desses dois estados de espírito, que num primeiro momento parecem inconciliáveis. Os povos cujo humor é mais volátil, aqueles em que a consciência passa rapidamente de um extremo ao outro, aqueles em que as revoluções são mais freqüentes, que caminham sucessivamente nas direções mais opostas, não costumam ser aqueles que têm mais iniciativa. Ao contrário, são nesses povos que as tradições e as velhas rotinas são mais enraizadas. Eles só mudam na aparência; no fundo, permanecem a mesma coisa. Na superfície, há uma torrente ininterrupta de novos acontecimentos, que surgem um após o outro: mas essa mobilidade superficial encobre a mais monótona uniformidade. Geralmente é entre os povos mais revolucionários que a burocrática rotina é mais forte.

A extrema mobilidade e a extrema rotina só se excluem na aparência. Com efeito, as ideias, as impressões passageiras, precisamente porque não duram e são logo substituídas por outras, não são capazes de se tornar hábitos. Afinal, no hábito há uma força acumulada pela repetição, que não poderia ser substituída por estados tão inconstantes e fugidios, que se esvaem logo depois que surgem, que lutam um contra o outro na consciência, que se contradizem e se neutralizam mutuamente. Comparemos essa trama tênue, diáfana, desses estados de consciência fluidos e efêmeros, à consistência e à densidade de um hábito constituído, e fica fácil entender que o sujeito irá sempre seguir o caminho ao qual este o inclina. O hábito reina majestoso, porque é a única força motriz consolidada. É quase uma necessidade mecânica que o centro gravitacional da conduta esteja na região dos hábitos. Se o adulto, especialmente o adulto bem instruído, não é tão dependente do hábito, é porque as ideias e sentimentos que nele se sucedem possuem maior continuidade e persistência; não são simples fogos-fátuos, que se acendem por um instante e logo se apagam. Eles permanecem na consciência durante um tempo considerável:

são forças reais que podem se opor aos hábitos e até mesmo contê-los. Porque a vida interior tem mais intensidade, porque ela não se modifica a cada instante, o hábito não pode ser seu único mestre. Enfim, a mobilidade excessiva, longe de ser incompatível com a rotina, abre caminho para ela e reforça seu império.

Ora, se essa tendência ao tradicionalismo não constitui propriamente um estado moral, é ao menos um ponto de apoio para a ação que devemos exercer sobre a criança. Esse poder que o hábito tem sobre ela, por causa da própria instabilidade de sua vida psíquica, pode ser utilizado para corrigir e conter essa própria instabilidade. Basta levá-la a adquirir hábitos regulares em relação às circunstâncias mais importantes de sua existência. Sob essa condição, seu comportamento não irá mais oferecer esse espetáculo contraditório de uma extrema mobilidade alternando com uma rotina quase maníaca; aquilo que há de fugaz poderá ser fixado; a rotina poderá se regularizar e se organizar em seu conjunto: isso é como uma primeira iniciação à vida moral. Nessa atração que a criança sente pelas maneiras de agir habituais, no sofrimento que experimenta quando não encontra os objetos no mesmo lugar em que estava habituada a vê-los, existe algo como um sentimento obscuro de que há uma ordem natural das coisas, fundada apenas na própria natureza, que se opõe aos arranjos acidentais e, portanto, deve ser preferida a estes. Ora, é uma distinção desse tipo que está na base da ordem moral. Seguramente, uma noção tão confusa e tão inconsistente deve ser precisada, esclarecida, consolidada e desenvolvida. Com isso encontramos uma abertura através da qual a ação moral pode ser introduzida na alma da criança, e conhecemos um dos recônditos de sua vida interior, que pode nos ajudar a orientá-la no sentido que convém.

Mas o espírito de disciplina não se resume a esse gosto pela vida regular. Há também o gosto pelo comedimento, o hábito de conter os próprios desejos, a percepção do limite normal. Não basta que a criança esteja acostumada a repetir sempre as mesmas ações nas mesmas circunstâncias; é preciso ainda que ela tenha o sentimento de que fora dela existem forças morais que limitam suas próprias forças, as quais ela precisa levar em consideração, diante das quais sua vontade deve se inclinar. Ora, essas forças não podem ser vistas com os olhos do corpo, porque elas são morais. Os sentidos não permitem perceber os traços constitutivos de uma autoridade moral. Existe um mundo invisível que a envolve por todos os lados. Sem dúvida, ela pode ver os corpos materiais das pessoas e das coisas que representam uma autoridade, isto é, sua família; ela percebe que os adultos que estão a seu redor, ou seja, seus pais, podem fazer valer suas vontades. Mas esse constrangimento físico não seria capaz, de modo algum, de fazê-la perceber o que é essa atração *sui generis* exercida pelas forças morais, que faz com que a vontade preste deferência espontaneamente, por um movimento de respeitosa aquiescência, e não por pura coerção material. Como, então, despertar nela essa sensação tão importante? Utilizando sua grande receptividade às sugestões de todo tipo.

Guyau foi o primeiro a observar que a criança possui naturalmente um estado mental análogo àquele que geralmente se encontra num sujeito hipnotizado. Quais são, com efeito, as condições para a sugestão hipnótica? Duas delas são as mais importantes: 1º) O sujeito hipnotizado encontra-se num estado de passividade tão completa quanto possível. Sua vontade está paralisada; seu espírito é como uma tábua rasa; não vê e não escuta nada além de seu hipnotizador. Tudo o que acontece a seu redor é indiferente. A ideia que é sugerida nessas condições se estabelece na consciência com tanta força que não encontra nenhuma resistência. Não é combatida por nenhuma outra ideia, porque encontra um vazio perfeito. Como consequência, ela tende imediatamente a passar à ação. Afinal, uma ideia não é um puro estado mental e especulativo; ela sempre desencadeia alguma ação que a realiza, e a ação começada por ela continua até que algum estado contrário venha a inibi-la. 2º) Entretanto, para que o ato sugerido seja realizado com convicção, essa primeira condição geralmente não é suficiente. É preciso que o hipnotizador diga: eu quero; que faça sentir que uma recusa dessa ação não é concebível, que o sujeito deve obedecer. Se ele fraquejar, se colocar a ordem em discussão, lá se vai o seu poder.

Ora, essas duas condições são preenchidas pela criança, em sua relação com seus pais e seus professores: 1º) Ela se encontra naturalmente nesse estado de passividade ao qual o sujeito hipnotizado é conduzido artificialmente. Se sua consciência não é totalmente uma tábula rasa, é, no entanto, pobre em representações e em tendências determinadas. Por conseguinte, qualquer nova ideia que for introduzida nesse meio mental tão pouco denso, encontrará pouca resistência e poderá passar à ação com facilidade. É isso que faz com que a criança seja tão suscetível ao contágio pelo exemplo, por isso é tão inclinada à limitação. Quando ela vê um ato sendo realizado, a própria representação desse ato a induz a reproduzir um ato similar. 2º) Quanto à segunda condição, ela é naturalmente preenchida pelo tom imperativo que o educador imprime em suas ordens. Para que sua vontade possa se fazer valer, é preciso que ela seja afirmada com firmeza. Indubitavelmente, é somente no início que a sugestão educativa deve toda a força de sua ação a essas manifestações exteriores. Quando a criança chega a compreender mais nitidamente o estado de dependência moral em que se encontra em relação a seus pais e seus professores, o quanto precisa deles, a superioridade intelectual que pais e professores possuem sobre este estado e o preço dessa autoridade, o ascendente de que eles são investidos de maneira crônica, é então transmitido a suas prescrições, reforçando-as. Mas está fora de dúvida que é o caráter imperativo da sugestão que consiste na fonte original de sua eficácia, e durante muito tempo permanece ao menos como um fator importante.

    Os senhores Binet e Henry demonstraram através de uma interessante experiência essa suscetibilidade natural da criança. Eis como eles procederam. Linhas de diferentes tamanhos foram apresentadas às crianças de uma escola, que observaram atentamente. Uma vez que as imagens foram fixadas na memória, as crianças deveriam encontrá-las numa mesa em que havia também outras linhas, com outros tamanhos. Depois que a criança acredita ter encontrado uma dessas linhas, o observador lhe faz a seguinte pergunta: você tem certeza de que essa é a única linha correta? Essa simples pergunta foi suficiente para fazer com que 89% das crianças do curso elementar mudassem a primeira resposta. Entre os alunos do Ensino Médio e do Ensino Superior, a proporção foi respectivamente de 80% e de 54%. Mesmo quando as crianças acertaram na resposta, ao menos 56% abandonaram a resposta. Nesse caso, a mudança de opinião foi inteiramente um produto da sugestão. É inegável como a susceptibilidade da criança varia de acordo com sua idade. À medida que seu espírito se transforma, adquire mais resistência.

Trata-se de um fato tido como certo e incontestável entre os pedagogos. "A espantosa credulidade, a docilidade, a boa vontade, que são traduzidas em numerosas características entre as crianças muito pequenas, lembram os fenômenos observados no adulto hipnotizado. Se, por exemplo, a uma criança que acabou de dar a primeira mordida num biscoito e ensaia mordê-lo novamente, eu digo categoricamente, sem apresentar razões, com muita segurança, em voz suficientemente alta: 'agora você já comeu bastante, já está satisfeito', ocorre que a criança prontamente o afasta da boca, coloca-o sobre a mesa e termina sua refeição. É fácil persuadir uma criança de até três ou quatro anos que a dor provocada por um golpe já se dissipou, que ela já não sofre mais, que ela não está mais cansada, com a condição de que... a asserção oposta a suas lamentações seja peremptória".

Podemos ver nisso um freio exterior que pode se opor aos desejos e paixões das crianças; com isso podemos acostumá-las a conter-se, a moderar-se; podemos ensiná-la que não deve entregar-se sem reserva a suas inclinações, que há sempre um limite que ela não deve ultrapassar. A criança percebe bem que, nesse caso, ela é submetida a uma força que não age da mesma maneira que as forças físicas, que possui características muito peculiares. Ela tem clara consciência de que se trata de uma força exterior, uma vez que ela não agiria dessa maneira se seguisse simplesmente sua própria vontade, dado que ela cedeu a uma ordem recebida; por outro lado, ela se dá conta de que não sofreu nenhum constrangimento material. A causa determinante de sua ação não foi uma pressão física, como aquela imposta à força por alguma atitude, mas um estado completamente interior, a saber, a ideia sugerida; são características intrínsecas a essa ideia que garantem sua eficácia. Provavelmente foi através desses elementos que se constituiu a primeira noção dos homens acerca disso que chamamos de força ou autoridade moral, e é também assim que acontece com as crianças. Uma autoridade moral se caracteriza por se tratar de uma força que age sobre nós externamente, sem coerção material, nem atual, nem eventual, por intermédio de um estado interior. Certamente, outros elementos se agregam em torno desse ponto inicial. Pelo simples fato de a criança ter obedecido muitas vezes a uma mesma pessoa, é natural que ela estenda a essa pessoa os mesmos atributos relacionados à ação que essa pessoa exerce sobre ela; a criança a representa como alguém que possui um poder *sui generis*, que faz com que ocupe um lugar especial em sua imaginação. Mas não vamos desenvolver mais essa ideia; basta saber qual o vínculo disso com a natureza infantil.

É necessário que estejamos prevenidos. Graças à influência do hábito sobre a consciência da criança, podemos acostumá-la à regularidade, fazendo-a tomar gosto por isso; graças à sua susceptibilidade, podemos dar a ela uma primeira impressão das forças morais que a circundam e das quais depende. Temos duas importantes alavancas entre as mãos, tão potentes que é preciso manuseá-las com a maior discrição possível. Quando pensamos sobre o quanto a consciência da criança é acessível à ação, com que facilidade ela guarda a marca de qualquer pressão um pouco mais enérgica e repetida, começamos a temer mais o abuso de poder do que a impotência do educador. Devemos tomar todo tipo de precaução para proteger a liberdade infantil contra a força todo-poderosa da educação. Como, nessas condições, podemos pensar em deixar a criança passar todo seu tempo nas mãos de um mesmo professor? Uma educação desse tipo se tornaria facilmente subjugadora. A criança não poderia deixar de reproduzir passivamente o único modelo que tem diante de seus olhos. O único meio de prevenir tal escravidão, de impedir que a educação faça da criança uma cópia dos defeitos do professor, é multiplicar o número de professores, de modo que estes se completem, a fim de que a multiplicidade de suas influências não permita que uma delas seja exclusivamente preponderante.

Entretanto, por mais potentes que sejam nossos meios de ação, estamos ainda muito distantes do objetivo final. Que distância existe entre a receptividade muito genérica ao hábito e à sugestão e à representação clara da regra moral! Para que esses germes indiferenciados, essas tendências indeterminadas, possam tornar-se os sentimentos bem definidos e complexos que devemos provocar na criança, é necessário que a educação possa fecundá-los e transformá-los, e é isso que discutiremos na próxima lição.

Décima lição

A disciplina escolar

Na última lição, investigamos quais são as predisposições naturais da criança que podem nos ajudar a inculcar nela o espírito de disciplina. Pudemos constatar de que modo, graças à sua grande receptividade ao hábito, é possível conter sua mobilidade, sua instabilidade constitutiva, fazendo-a tomar gosto pela vida regular; como, graças à sua extrema susceptibilidade, podemos oferecer a ela um primeiro sentimento acerca do que é a autoridade moral. Temos em mãos dois meios de ação muito potentes, tão potentes que precisam ser utilizados com reserva e discrição. Quando nos damos conta do que é a consciência infantil, de sua pouca densidade e resistência, tememos os abusos que podem ser cometidos pelo educador, e isso nos preocupa mais do que sua eventual impotência. É preciso tomar algumas medidas para assegurar que as ações dos pais e dos professores jamais sejam excessivas. Uma das precauções mais eficazes é impedir que a criança seja formada em um único meio e, mais ainda, por uma única pessoa. Essa é uma dentre as numerosas razões pelas quais a educação doméstica é considerada insuficiente. A criança educada exclusivamente por sua família torna-se uma cópia desta; reproduz todas as suas particularidades, todos os traços, até mesmo os tiques da fisionomia familiar; ela jamais consegue desenvolver uma fisionomia pessoal. A escola a liberta dessa dependência demasiado estreita. Na escola, pelo mesmo motivo, é preciso que a criança seja confiada a diferentes professores. Se, como recentemente se propôs para os estabelecimentos públicos do ensino secundário, ela permanecer durante muitos anos submetida à ação de um único professor, ela se tornará necessariamente uma cópia servil desse único exemplar que teve diante de seus olhos o tempo todo. Ora, essa sujeição de um homem diante de outro homem é imoral; a vontade humana deve aprender a submeter-se somente à regra impessoal e abstrata.

Porém, por mais poderosos que sejam os meios que a natureza infantil nos oferece, estes não são suficientes para produzir os efeitos morais que esperamos. Sozinhas, essas predisposições não constituem estados morais propriamente ditos, já constituídos e plenamente realizados; mas, dependendo da maneira com que são utilizadas, podem servir às finalidades mais opostas. Pode-se utilizar a força exercida pelo hábito para despertar na criança o gosto pela vida regular; contudo, inversamente, se não se faz alguma intervenção no momento adequado, ela pode acostumar-se à irregularidade e, uma vez que o hábito foi contraído e enraizado, será difícil desfazê-lo. Da mesma forma, alguém pode aproveitar-se de sua enorme susceptibilidade para torná-la subserviente a alguma vontade particular, para tolher-lhe qualquer iniciativa e não para torná-la acessível à ação libertadora de uma disciplina impessoal. Com isso, queremos afirmar que a criança não recebe determinadas predisposições morais hereditariamente. As armas que a natureza coloca à nossa disposição são como facas de dois gumes: tudo depende da maneira com que são empregadas. Por isso são tão vãs as discussões, tantas vezes retomadas, que pretendem determinar se a criança nasce moral ou imoral, ou se ela possui ao menos alguns elementos de moralidade ou de imoralidade. Quando colocado dessa maneira, o problema não encontra uma solução definitiva. Agir moralmente é conformar-se às regras da moral. Ora, as regras da moral são exteriores à consciência da criança; são elaboradas fora dela; ela toma contato com essas regras em determinado momento de sua existência. Portanto, é impossível que ela já tenha, no instante de seu nascimento, sabe-se lá qual representação antecipada, da mesma maneira que, antes de abrir os olhos, não pode ter nenhuma imagem hereditária do mundo exterior. Tudo o que se pode possuir ao nascer são virtualidades muito gerais, que serão determinadas em um ou outro sentido, de acordo com a ação que será exercida pelo educador, dependendo do modo como ele realizará essa ação.

Já dissemos que essa obra pode e deve começar já na família, desde o berço. Já indicamos como a educação moral já tem início quando se ensina a criança a adquirir hábitos regulares; mostramos como os pais possuem os meios de despertar desde muito cedo um primeiro sentimento de autoridade moral. Portanto, temos o direito de supor que quando a criança entra na escola, ela já não se encontra no mesmo estado de neutralidade moral em que se encontrava quando nasceu; algumas predisposições muito gerais já começaram a ser determinadas. É evidente que se a criança viver num meio doméstico regular, ela irá adquirir mais facilmente o gosto pela regularidade; mais genericamente, se ela foi educada em uma família moralmente sã, ela também participará dessa saúde moral. Não obstante, mesmo que a educação doméstica seja uma primeira e excelente preparação para a vida moral, sua eficácia é muito restrita, sobretudo no que concerne ao espírito de disciplina; porque, aquilo que ele possui de essencial, isto é, o respeito pela regra, não pode ser desenvolvido no âmbito da família. A família, sobretudo atualmente, consiste em um pequeno grupo de pessoas, que se conhecem intimamente, que estão em contato pessoal a todo instante; assim, essas relações não são submetidas a uma regulamentação geral, impessoal, imutável; mas elas possuem e devem possuir algo de livre, de alegre, que as torna refratárias a qualquer determinação mais rígida. Os deveres domésticos têm a particularidade de não serem estabelecidos de uma vez por todas por preceitos definidos que se aplicam sempre da mesma maneira; eles podem se adaptar de acordo com o caráter e as circunstâncias: é uma questão de temperamento, de acordos mútuos, que facilitam a afeição e a convivência. Trata-se de um ambiente que, por seu calor natural, é particularmente apto para fazer desabrochar as primeiras inclinações altruístas, os primeiros sentimentos de solidariedade; mas a moral que é praticada nesse meio é basicamente afetiva. A ideia abstrata de dever desempenha um papel menor do que a simpatia, do que os movimentos espontâneos do coração. Todos os membros dessa pequena sociedade são muito próximos uns dos outros; em razão dessa proximidade moral, eles possuem maior consciência de suas necessidades recíprocas; conhecem muito bem uns aos outros para que se seja preciso regulamentar totalmente a participação de cada um nessa sociedade. Sem dúvida, nem sempre foi assim, quando a família formava uma grande sociedade, que compreendia uma pluralidade de casais, de escravos, de clientes; então, era necessário que o pai de família, o chefe desse grupo, fosse investido de uma autoridade maior. Era um legislador e um juiz, e todas as relações familiares eram completamente disciplinadas. Mas em nossos dias as coisas já não se dão dessa maneira; a família abrange um número pequeno de pessoas, as relações domésticas perderam esse caráter impessoal que possuíam anteriormente, adquirindo um caráter mais pessoal e relativamente eletivo, que não se acomoda muito bem com tanta regulamentação.

E, no entanto, é preciso que a criança aprenda o respeito pela regra; é preciso que aprenda a fazer seu dever porque é seu dever, porque se sente obrigada, sem que a sensibilidade facilite demasiadamente essa tarefa. Essa aprendizagem, que é muito incompleta no âmbito da família, deve ter lugar na escola. Na escola existe todo um sistema de regras que determina a conduta da criança. Ela deve comparecer à classe com regularidade, num horário estabelecido, mantendo uma postura adequada; enquanto permanece na sala de aula, não pode perturbar a ordem; deve aprender suas lições, fazer os deveres de casa com suficiente dedicação, etc. Há um grande número de obrigações às quais a criança deve submeter-se. O conjunto dessas obrigações constitui o que chamamos de disciplina escolar. É com a prática da disciplina escolar que se torna possível inculcar na criança o espírito de disciplina.

Muitas vezes a disciplina escolar foi concebida de tal modo que seria impossível atribuir-lhe um papel moral tão importante. Via-se nela um simples instrumento para garantir a ordem externa e a tranqüilidade da classe. Desse ponto de vista, essas exigências imperativas parecem bárbaras, uma verdadeira tirania à qual a criança teria de se submeter. Por isso houve muitos protestos contra essa tortura que lhe seria imposta com a única finalidade de facilitar o trabalho do professor, uniformizando-a. Não seria natural que um sistema desse tipo realmente despertasse, por parte do aluno, um sentimento de hostilidade em relação a seu professor, em vez da confiança respeitosa que deveria reinar entre eles?

Mas, na verdade, a natureza e a função da disciplina escolar são muito diferentes disso. Ela não consiste em um mero artifício destinado a fazer reinar uma paz exterior, para permitir que as aulas se desenrolem tranquilamente. Ela é a moral de uma classe, como a moral propriamente dita é o espírito do corpo social. Cada grupo social, cada espécie de sociedade, possui sua moral, e não poderia deixar de possuir. Ora, a classe é uma pequena sociedade: é, pois, natural e necessário que ela possua uma moral própria, em relação com o número e a natureza dos elementos que a compõem e em relação com a função de que ela é o órgão. A disciplina é essa moral. As obrigações que enumeramos a todo momento são os deveres do aluno, da mesma forma que as obrigações cívicas ou profissionais, impostas pelo Estado ou pela corporação ao adulto, são os seus deveres. Por outro lado, a sociedade escolar é mais próxima da sociedade dos adultos do que a da família. Porque, além do fato de ser mais numerosa, os indivíduos que a compõem, professores e alunos, não são aproximados por sentimentos pessoais, por afinidades eletivas, mas por motivos genéricos e abstratos, isto é, pela função social de uns e a condição mental em que se encontram os outros, em virtude de sua idade. Por todas essas razões, a regra da escola não se adapta com a mesma facilidade que regras da família às diferentes circunstâncias; a regra da escola não pode se adaptar a cada temperamento particular. O dever escolar é mais frio e mais impessoal; dirige-se mais à razão e menos à sensibilidade; demanda mais esforço, uma maior contenção. Embora esse aspecto não possa ser sobrecarregado, é fundamental que ele cumpra plenamente a sua função, de modo que a disciplina escolar seja tudo aquilo que ela deve ser. Somente sob essa condição ela poderá servir de intermediária entre a moral afetuosa da família e a moral mais severa da vida civil. É respeitando a regra escolar que a criança aprenderá as regras, que irá adquirir o hábito de se conter e de se mortificar, porque é preciso conter-se e mortificar-se. Trata-se de uma primeira iniciação à austeridade do dever. É a vida séria que começa.

Eis a verdadeira função da disciplina. Não se trata de um simples procedimento destinado a dar trabalho para a criança, a estimular seu desejo de aprender, ou a poupar as forças do professor. Trata-se essencialmente de um instrumento de educação moral, difícil de ser substituído. O professor que zela por essa disciplina deve dedicar-lhe os maiores cuidados. Não são apenas seu interesse e sua tranquilidade que estão em jogo. Podemos afirmar, sem exagero, que é sobre essa firmeza que repousa a moralidade da classe. Não há dúvida de que uma classe indisciplinada é uma classe desmoralizada. Quando as crianças não se sentem contidas, elas entram numa espécie de efervescência que as torna impacientes, não aceitam nenhum freio, e isso afeta sua conduta até mesmo fora do ambiente escolar. Já observamos fatos análogos na família, quando a educação familiar é muito branda. Mas, na escola, essa efervescência malsã, produto da indisciplina, constitui um perigo moral ainda mais grave, porque essa efervescência é coletiva. Jamais podemos perder de vista que a classe é uma pequena sociedade. Cada um dos membros desse pequeno grupo não se comporta como se estivesse sozinho; há uma influência exercida por todos sobre cada um, que é preciso levar em conta. Ora, dependendo da maneira como é exercida, a ação coletiva amplifica tanto o bem quanto o mal. Ela é anormal? Precisamente porque ela excita, intensifica as forças individuais, imprime uma direção funesta com um pouco mais de energia. É por isso que a imoralidade se difunde rapidamente nas multidões, provocando muitas vezes um grau excepcional de violência. A multidão, sabemos disso, mata com facilidade. A multidão é uma sociedade, mas uma sociedade instável, caótica, sem uma disciplina regularmente organizada. Na medida em que é uma sociedade, as forças passionais desenvolvidas na multidão são particularmente intensas; estão naturalmente dadas ao excesso. Para fazê-las retornar a um estado normal, para conter a fúria, seria necessário uma regulamentação complexa e muito enérgica. Mas, por definição, em uma multidão, em uma balbúrdia, não há regra constituída, nem qualquer tipo de órgão regulador. As forças assim libertas são completamente abandonadas a si mesmas, torna-se impossível impedir que excedam os limites, não conhecem nenhum comedimento, espalham-se como uma desordem tumultuosa, destrutiva e necessariamente imoral. Ora, uma classe sem disciplina é como uma multidão. Quando inúmeras crianças são reunidas em uma classe, as atividades individuais são estimuladas, e se tudo corre normalmente, quando a classe é bem dirigida, isso se traduz em um maior ardor, em mais dedicação do que se cada aluno estivesse trabalhando isoladamente. Mas, se o mestre não conquista a autoridade necessária, essa atividade intensificada fica desregrada; ela se degenera em uma agitação mórbida e em uma verdadeira desmoralização, tão mais grave quanto mais numerosa for a classe. Um dos fatos que torna essa desmoralização mais perceptível é o fato de que os elementos da classe que possuem menos valor moral acabam assumindo um lugar preponderante na vida comum, da mesma forma que nas sociedades políticas, nas épocas de grande perturbação, vemos uma multidão de elementos nocivos virem à tona da superfície da vida pública, elementos que em tempos normais permaneceriam escondidos na sombra.

É de vital importância reagir contra esse tipo de descrédito no qual a disciplina tende a cair já há algum tempo. Sem dúvida, quando examinamos detalhadamente essas regras de conduta que o professor deve fazer com que sejam observadas, somos tentados a considerá-las como um monte de inutilidades, e a benevolência que a infância naturalmente nos inspira leva-nos a considerar essas regras demasiado rigorosas. Não é possível que a criança seja boa sem que precise chegar à escola sempre no mesmo horário, sem que tenha que estudar sempre nos momentos preestabelecidos, etc.? Mas tudo muda de figura se, em vez de examinar os detalhes dessa regulamentação escolar, nós a tomamos em conjunto, como o código de deveres do aluno. Então, a exatidão no cumprimento dessas pequenas obrigações aparece como uma virtude; é a virtude da infância, a única que está de acordo com o estilo de vida que se deve levar nessa idade, a única que pode ser exigida da criança. É por isso que devemos dispensar toda a atenção possível para cultivá-la. Se, numa classe determinada, há um enfraquecimento da disciplina e, como consequência, uma desmoralização parcial, ao menos podemos esperar que ela seja passageira; mas se esse enfraquecimento for generalizado, se o sistema inteiro cair em descrédito aos olhos da opinião pública e dos próprios professores, a moralidade pública será então atacada em sua própria fonte.

Aliás, o que deve contribuir para evitar que cedamos muito facilmente a uma complacência excessiva em virtude da fragilidade infantil, é que as crianças são as primeiras a sair ganhando com uma disciplina adequada. Já se disse muitas vezes que para um povo sentir-se feliz é preciso que se sinta bem governado; com as crianças acontece o mesmo. Elas também precisam sentir uma força superior que as contém e que as sustenta. Uma classe bem disciplinada tem uma atmosfera de saúde e de bom humor. Cada um está em seu lugar e se sente bem. A ausência de disciplina, ao contrário, produz uma confusão que causa sofrimento até mesmo àqueles que parecem tirar proveito da situação. Não se sabe mais o que é bom e o que é ruim, o que se deve e o que não se deve fazer, nem o que é lícito ou ilícito. Disso resulta uma agitação nervosa, um estado febril que é doloroso para a criança. É nessa situação que vemos seu humor oscilar ao máximo; ela passa com grande rapidez de um extremo ao outro, do riso às lágrimas, ou vice-versa. A criança, assim como o adulto, não está em condições normais quando não há nada que a limite, que lhe imponha moderação, que a obrigue a não exceder sua natureza. Isso vale especialmente para aquela criança em que a necessidade de comedimento e moderação ainda não foi plenamente formada a ponto de poder funcionar espontaneamente.

Todavia, a disciplina escolar não pode produzir os efeitos que esperamos a não ser que ela própria seja colocada dentro de certos limites. Com efeito, é necessário que a vida da classe seja fixada em suas linhas gerais; por outro lado, essa regulamentação não precisa estender-se até os mínimos detalhes. É indispensável que existam regras; mas é ruim que tudo seja regrado. As ações dos adultos não são inteiramente regidas por regras morais; há certos elementos da faculdade de agir que não são objeto de apreciação moral, na medida em que podemos escolher agir ou não agir, ou agir como bem entendermos. Da mesma forma, não é preciso que a disciplina escolar se estenda a toda a vida escolar. Não é necessário que a atitude das crianças, sua postura, sua maneira de caminhar, de recitar as lições, de redigir seus deveres, de carregar seus cadernos sejam predeterminadas com precisão. Uma disciplina entendida dessa maneira seria tão contrária aos interesses da verdadeira disciplina como a superstição é contrária aos interesses da verdadeira religião. Em primeiro lugar, porque a criança não está disposta a ver em tais exigências senão medidas odiosas e absurdas, destinadas tão somente a torturá-la e aborrecê-la; isso compromete a autoridade da regra a seus olhos. Ou então, se ela se submete passivamente, sem qualquer resistência, ela se habitua a agir somente segundo ordens; isso tolhe qualquer iniciativa. Especialmente nas condições morais atuais, em que o indivíduo é incentivado a agir por si mesmo, a oferecer uma contribuição pessoal ao conjunto da vida coletiva, uma regulamentação tão invasiva não pode deixar de ter uma terrível influência sobre a criança. Nessa situação, quando ela não se torna revoltada, transforma-se num indivíduo moralmente deprimido. Por mais graves que sejam as consequências desse abuso, não é difícil que o professor se sinta inclinado a cometê-lo e por isso mesmo é preciso que se dê conta disso. Dado que toda força que não é contida tende a desenvolver-se indefinidamente, é preciso que o poder de que o professor dispõe também seja contido. No interior da sala de aula, o professor se encontra somente diante das crianças, que não são capazes de conter sua força. É preciso que ele contenha a si mesmo. São justamente esses excessos da regulamentação escolar, que duraram muitos anos, que provocaram essa reação contra a disciplina, que mencionei há pouco.

Agora que sabemos em que consiste a disciplina escolar e qual é sua função, podemos ver de que maneira ela deve ser realizada, de modo a conduzir as crianças a praticá-la. Não é suficiente impô-la à força, acostumar as crianças mecanicamente até que tomem gosto por ela. É necessário que a criança mesma perceba que há algo na própria regra que faz com que seja *docilmente* deferida; em outros termos, é fundamental que a criança sinta a autoridade moral que está presente na disciplina escolar, que torna esta respeitável. Sua obediência não é verdadeiramente moral enquanto não for a tradução exterior desse sentimento interior de respeito. Mas como inculcar na criança esse sentimento?

É através do professor que a regra é revelada à criança, é dele que depende tudo. A regra não pode possuir outra autoridade a não ser aquela que ele mesmo lhe confere, ou seja, aquela cuja ideia ele sugere às crianças. A questão antes colocada deve ser recolocada da seguinte maneira: quais as condições que o professor deve preencher para irradiar autoridade?

Certamente, algumas qualidades individuais são necessárias para isso. É preciso que o professor tenha um espírito decidido e força de vontade. Afinal, dado que um preceito imperativo tem como característica essencial fazer calar as dúvidas e as hesitações, a regra não apareceria como obrigatória para a criança se ela percebesse que esta regra está sendo aplicada com indecisão, se aquele encarregado de fazê-la valer também não está seguro sobre isso. Mas essas são condições secundárias. O mais importante é que o próprio professor sinta realmente presente nele essa autoridade que ele deve comunicar, cujo sentimento ele deve transmitir. A regra constitui uma força que o professor não pode manifestar a não ser que realmente a possua. Ora, de onde ela pode advir? Do poder físico de que é investido, do direito que tem de punir e recompensar? Mas o medo do castigo não é o mesmo que o respeito pela autoridade. O castigo não possui caráter moral, um valor moral, a não ser que a pena seja considerada justa por aquele que a recebe, o que implica que a própria autoridade que pune seja considerada como legítima. É isso que está em questão. Não é a partir de fora, do temor que o castigo inspira, que o professor deve obter sua autoridade; é a partir dele próprio. Ela não pode advir senão de um foro interior. É preciso que o professor acredite, não nele, não nas qualidades superiores de sua inteligência ou de sua vontade, mas em sua missão, na grandeza de sua missão. O que constitui a autoridade de que se reveste a atitude e a palavra de um padre é a ideia que ele tem de sua elevada missão. Ele fala em nome de um Deus que sente estar presente nele, do qual se sente mais próximo do que a multidão de profanos à qual se dirige. Pois bem! O professor leigo pode e deve possuir alguma coisa desse sentimento. Ele também é um órgão de uma grande realidade moral que o ultrapassa, com a qual se comunica de maneira mais direta do que a criança, pois é através de seu intermédio que a criança se comunica com a moral. Do mesmo modo que o padre é o intérprete de Deus, o professor é intérprete das grandes ideias morais de seu tempo e de seu país. Se ele se sentir vinculado a essas ideias, se ele sentir toda a grandeza, toda a autoridade que estão nessas ideias e das quais ele tem consciência, essa grandeza e essa autoridade são transmitidas também a ele e a tudo que dele provém, dado que é ele quem encarna essas ideias aos olhos das crianças. Nessa autoridade, que emana de uma fonte tão impessoal, não há lugar nem para o orgulho, nem para a vaidade, nem para o pedantismo. Ela resulta inteiramente do respeito que ele tem por sua própria função, ou, se assim podemos dizer, de seu ministério. É esse respeito que, através do canal da palavra e dos gestos, passa da sua consciência para a consciência da criança, onde se estabelece. É evidente que com isso não quero dizer que se deva adotar algum tom sacerdotal para ditar um dever ou para explicar alguma lição. Para produzir seu devido efeito, não é necessário que esse sentimento esteja o tempo todo em ação. Basta que se afirme no momento desejado, e que, mesmo quando permanece latente, mesmo quando não se manifesta abertamente e de uma maneira ostensiva, esse sentimento dê um colorido especial à atitude do professor.

Mas, por outro lado, a parte preponderante que cabe ao professor na gênese desse sentimento, o papel pessoal que ele desempenha constituem um perigo que é preciso prevenir. Há sempre o risco de que a criança associe a ideia da própria regra à ideia de sua pessoa, representando a regulamentação escolar de uma forma demasiado concreta, como expressão da vontade do professor. Aliás, foi por isso que os povos de todos os tempos sentiram a necessidade representar a lei da conduta como instituída pela personalidade divina. Tal concepção iria contra o objetivo que queremos alcançar. A regra deixa de ser ela mesma quando deixa de ser impessoal, se ela não é representada como tal diante dos espíritos. É muito importante que o professor se comprometa a apresentá-la não como sua obra pessoal, mas como produto de um poder moral superior a ele, do qual ele é um órgão, não o autor. É preciso que ele faça com que as crianças compreendam que a regra se impõe a elas como ao professor, que ele não pode amenizá-la ou modificá-la, que ele precisa aplicá-la, que a regra o domina e o obriga, assim como ela as obriga. Afinal, é sob essa condição e somente sob essa condição que ele poderá despertar um sentimento que, em uma sociedade democrática como a nossa, constitui ou deveria constituir a própria base da consciência pública: o respeito pela legalidade, o respeito pela lei impessoal, cujo ascendente repousa na própria impessoalidade. A partir do momento em que a lei não mais se encarna em determinado personagem que a representa de uma maneira sensível aos olhos, é preciso, com toda a força da necessidade, que o espírito aprenda a concebê-la de uma forma geral e abstrata, e a respeitá-la como tal. Com efeito, não é a autoridade impessoal da lei que sobrevive e que normalmente pode sobreviver em uma sociedade em que o prestígio das castas e das dinastias já não é reconhecido? Afinal, ela não pode enfraquecer-se sem que toda a disciplina coletiva se enfraqueça. Infelizmente, não é preciso dissimular o fato de que tal ideia se choca com velhos hábitos enraizados ao longo dos séculos e que é preciso que toda uma nova cultura penetre nos espíritos. A escola falharia em um de seus principais deveres se não se interessasse por essa tarefa.

Acabamos de ver qual é a natureza da disciplina escolar e como é possível fazer com que a criança sinta a autoridade que está presente nela. Tratamos dessas duas questões sem mencionar qualquer ideia relativa às sanções que são vinculadas à regra. Isso porque as sanções não possuem o papel preponderante na formação do espírito de disciplina que sempre lhes foi atribuído. Não obstante, dado que não há regras sem sanções, é necessário que exista alguma ligação entre a ideia de regra e a ideia de sanção, e que esta contribua para o funcionamento daquela. Qual é esta ligação?

Para responder a essa questão, convém examinar separadamente dois tipos de sanção que são vinculadas às regras escolares, assim como às regras morais e jurídicas: as punições, de um lado, e as recompensas, de outro. Qual é a função da penalidade escolar?

Décima primeira lição

A penalidade escolar

Depois de ter mostrado qual é o papel moral da disciplina escolar, como ela deve servir para inculcar na criança o respeito pela regra impessoal e abstrata, para habituá-la a dominar-se e a conter-se, procuramos investigar de que maneira e sob quais condições ela poderia atingir esse objetivo que é sua própria razão de ser. Para que a própria criança preste deferência às prescrições da regra, é preciso que ela sinta o que a regra tem de respeitável, o que equivale a dizer que ela sinta a autoridade moral presente nela. Ora, dado que é através do mestre que a criança aprende a conhecê-la, dado que é o professor que a revela, ela não pode possuir outra autoridade senão aquela que o professor comunica. Porque o ato prescrito, quase sempre aborrecedor e incômodo, não há nada em si mesmo que faça com que se imponha à vontade. O ascendente de que ele necessita só pode advir de fora dele. É do professor que ele a recebe. Isto posto, resta saber de onde o próprio professor adquire essa autoridade. Nós vimos que a única fonte a partir da qual ele pode obtê-la está nele mesmo, na ideia que ele tem a respeito de sua missão, no ideal moral ao qual está vinculado, o qual se esforça para vincular as crianças. O que faz com que um homem fale com autoridade é o ardor de suas convicções, é a fé que deposita não apenas na verdade abstrata das ideias que exprime, mas especialmente de seu próprio valor moral. Afinal, a autoridade moral, ou seja, esse conjunto de características que nos levam acima de nossa individualidade empírica, acima da média de nossos semelhantes, só pode advir de nosso vínculo mais estreito e mais íntimo com a única realidade que está verdadeiramente acima de nós, isto é, a realidade moral. Os sinais exteriores podem ser defeituosos: se o sentimento interior é presente e vivo será mais fácil afirmá-lo e comunicá-lo. Eis por que fizemos da autoridade uma qualidade primordial do mestre e isso não foi sem razão. Não é apenas porque ela é a condição para manter a ordem, mas é porque dela depende a vida moral da classe. Sem dúvida, essa autoridade que o mestre carrega em si, pelo simples fato de que tem consciência de sua missão, de sua grandeza, pode ser aumentada no momento em que entra em contato com as crianças, em função da confiança respeitosa que ele lhes inspira. Ele acredita com muita força naquilo que faz porque não é o único a acreditar nisso, as crianças compartilham dessa mesma convicção. A fé que as crianças demonstram contribui para reforçar sua própria fé. Da mesma maneira que um homem de Estado não pode governar um povo que não acredita nele, o professor também precisa da crença de seus alunos em sua capacidade. Mas esse sentimento coletivo que o sustenta já é um produto da autoridade presente nele; é o sentimento que as crianças têm acerca disso que se traduz dessa maneira. É como se a autoridade repercutisse em cada uma das pequenas consciências com as quais ele se relaciona. O efeito age sobre a causa e aumenta sua intensidade. A autoridade que o professor possui não é mais a causa inicial, o grande motor que desencadeia o movimento; mas, não importa quão intensas sejam essas repercussões, elas não deixam de ser fenômenos secundários.

É preciso acrescentar que, quando falamos da autoridade do professor, de sua importância, não pretendemos dizer que se deva conduzir a classe como um exército. Sem dúvida, nada é mais contrário ao espírito de disciplina do que dissimulá-lo sob uma aparência agradável; apresentar a disciplina como algo fácil e amável, como pretendia Montaigne, seria desnaturá-la. Na vida, nem tudo é uma brincadeira; é preciso que a criança seja preparada para o esforço, para o sofrimento e, por conseguinte, seria desastroso fazê-la acreditar que se pode fazer tudo brincando. Mas, por outro lado, a vida social não é um campo de batalha, portanto, se a criança deve ser iniciada na vida adulta, não se deve perder de vista que se trata apenas de uma iniciação, que ela ainda não é um adulto e por isso deve ser tratada de acordo com sua natureza de criança. Portanto, a autoridade do mestre deve ser temperada com benevolência, de modo que sua firmeza não degenere em um comportamento duro e rude. Já dissemos muitas vezes que o dever possui dois aspectos: em uma de suas faces, aparece como severo e imperativo; na outra, como desejável e atraente. Na família, é o segundo elemento que é preponderante; na escola, ao contrário, é o primeiro que deve ter maior importância; entretanto, a constituição moral da criança é ainda muito tenra e vacilante para que consiga enfrentar a pura austeridade do dever.

Em qualquer um desses casos, o que podemos constatar é que o respeito pela disciplina não tem sua origem na crença nas sanções que reprimem as violações da regra. Com efeito, qualquer um que tenha alguma experiência em relação à vida escolar sabe muito bem que uma classe bem disciplinada é aquela em que se pune pouco. Punições e indisciplina geralmente caminham lado a lado. Ocorre que as sanções – seja na escola como na vida – não possuem esse papel preponderante no funcionamento da disciplina que muitos teóricos lhes atribuíram. Por outro lado, é certo que deve existir alguma ligação entre a ideia da regra e a ideia de punições que reprimem a infração à regra. Não é sem razão que sempre, em todos os tempos, sanções determinadas foram vinculadas às regras que determinam a conduta da criança – bem como àquelas que determinam a conduta do adulto. Qual é o laço que une esses dois termos? Dito de outra forma, por que é preciso punir? Respostas diferentes e até mesmo opostas foram apresentadas a essa questão, aparentemente tão simples. É importante examinar essas questões em virtude de um interesse totalmente prático. Afinal, a maneira com que se pune evidentemente depende da maneira com que se concebe a penalidade escolar e sua função.

Há duas teorias principais a esse respeito. Para uns, a punição é um simples meio de prevenir a inobservância da regra. Afirmam que é preciso punir a criança para que ela não volte a fazer mal e para impedir que os outros a imitem. Tratar-se-ia unicamente de associar estreitamente, nos espíritos, à ideia de cada falta, a ideia de uma dor cuja perspectiva deveria prevenir a reincidência do ato proibido. Em outros termos, o papel da punição seria essencialmente preventivo, e essa ação preventiva seria garantida pela intimidação resultante da ameaça do castigo.

Seguramente, a punição pode realizar em alguma medida esse efeito que lhe foi atribuído. Não podemos negar *a priori* que a expectativa do castigo possa exercer uma influência salutar sobre certas vontades. Mas essa não é a única nem a principal razão de ser da punição. Afinal, se não tivesse outro objeto, os serviços prestados por punição seriam de importância secundária, o que nos levaria a perguntar se esses serviços compensam os graves inconvenientes que ela implica. Com efeito, dado que a pena age a partir do exterior e sobre o exterior, ela não poderia atingir a vida moral em sua fonte. Ela pode condicionar mecanicamente a criança a evitar certos atos, conforme explicaremos mais adiante; mas não atua diretamente em relação à inclinação que a leva a fazer o mal, ela não é capaz de suscitar uma inclinação contrária que a impulsione a fazer o bem. A intimidação não é moralizadora em si mesma, por mais que seja eficaz. Se a pena não tivesse outra função além de conter as más ações, intimidando, poderíamos ver nela um meio de assegurar a legalidade externa e material, um procedimento policial; mas ela não seria em nenhum grau um instrumento de moralização. E mesmo sob esse ponto de vista particular, sua eficácia seria muito restrita. Os criminalistas italianos demonstraram, com evidências incontestáveis, que a influência profilática atribuída à pena foi sempre muito exagerada; é fácil compreender por que ela deve ser necessariamente muito limitada. Sem dúvida, o sofrimento que ela causa é um mal, um mal que é levado em consideração nas deliberações do agente moral. Mas também é um mal ter que se conter e se sacrificar para realizar o próprio dever. Todo dever implica uma privação, um sacrifício, uma renúncia, tem um alto custo, especialmente quando não se está naturalmente inclinado a cumpri-lo. Por que dentre ambos é o primeiro que parece mais temível? Na verdade, justamente porque ele parece mais distante, porque combinações de circunstâncias diversas permitem que se possa esperar que seja evitado, ele não parece estar em condições de oferecer um contrapeso adequado ao sofrimento imediato presente na ação conforme o dever, quando se resiste a uma tentação no momento presente, quando se renuncia a um gozo imediato. Em suma, a pena é o risco profissional da carreira do delinquente. Ora, há inúmeras carreiras em que o risco profissional também é considerável. Os mineradores, os trabalhadores das indústrias pesadas, os pescadores da Islândia, etc., não se deixam abalar pelo que aconteceu com seus companheiros ou predecessores, acometidos pela doença ou pela morte. Eles preferem expor-se a um perigo tão certo quanto grave do que abdicar de uma profissão que eles amam. Por que o risco que o criminoso corre o impediria de seguir suas inclinações? Sem dúvida, poderia frear a ação daqueles que não possuem a vocação para isso, as naturezas medíocres que oscilam, hesitantes, entre as duas direções; mas sua ação se limita a esses casos. Ora, o que dissemos sobre o delinquente adulto pode ser aplicado de forma idêntica ao que podemos denominar de delinquente escolar. Quando a preguiça natural da criança não tem como contrapeso a perspectiva de um possível trabalho dobrado, tudo nos leva a crer que ela triunfará. Portanto, se a penalidade escolar não tivesse outra razão de ser além de prevenir certos delitos, os serviços que ela poderia prestar não seriam proporcionais ao lugar que ela ocupa e sempre ocupou em todos os sistemas educacionais; especialmente se pensarmos em seu custo, em todo o dispêndio de energia e, mais ainda, nos sentimentos ruins que ela tende a despertar na criança.

Aliás, existe um fato que demonstra bem que a pena deve ter uma outra função. Todos nós sabemos que ela deve ser proporcional à falta. Tanto na escola quanto na vida cotidiana, a consciência moral não poderia admitir que penas diferentes fossem aplicadas a faltas iguais, ou vice-versa. Contudo, se, conforme a teoria que acabamos de examinar, a punição tivesse como único propósito prevenir determinado ato, contendo a tendência a realizá-lo mediante a ameaça de uma punição, esta deveria ser proporcional não à gravidade do ato, mas à intensidade dessa tendência. Ora, a tendência às pequenas faltas, àquelas veniais, pode ser muito mais intensa e mais resistente do que a inclinação a cometer grandes delitos escolares. Por exemplo, são muito poucas as crianças predispostas a se revoltar abertamente contra o professor, a ofendê-lo diretamente, a fazer mal a seus companheiros. Por outro lado, são muito mais numerosas aquelas que não estão muito dispostas a se dedicar, que se distraem facilmente, etc. Contudo, não parece correto punir essas leviandades, mesmo quando são crônicas, com o mesmo rigor que se pune um ato de clara rebelião. Uma pena tão desproporcional parecia injusta para o culpado, e poderia até mesmo provocar a revolta de todos contra o professor e contra a própria ordem moral que ele representa. Mas então, se a pena deve ser justa, isto é, proporcional à gravidade da infração cometida, significa que ela não tem como único objeto provocar intimidação. Sua relação com o valor do ato moral que ela reprime testemunha que ela deve ter uma outra função.

De acordo com uma outra escola de moralistas, oposta à precedente, essa função consistiria não em prevenir a recorrência da falta cometida, mas em expiá-la. A própria pena teria uma função compensatória do mal moral que está contido na falta. É preciso punir, dizem eles, não para intimidar, mas para reparar a infração e suas consequências. "O castigo, diz o Sr. Janet, não deve ser somente uma ameaça que assegura a execução da lei, mas uma reparação ou uma expiação que corrige a violação". A pena, assim entendida, é uma espécie de contradelito que anula o delito, que recoloca as coisas em seu estado normal. Ela não seria voltada para o futuro, mas para o passado; graças a ela, seria como se o passado não tivesse existido. A falta perturba a ordem; a pena restabelece a ordem perturbada. Como ela chega a esse resultado? Pelo sofrimento que ela inflige. "A ordem perturbada por uma vontade rebelde, diz o mesmo autor, é restabelecida pelo sofrimento que é a consequência da falta cometida". Seria a dor infligida ao culpado que repararia o mal de que ele é a causa; ela o repara porque ela o expia. A pena seria essencialmente uma expiação. Desse ponto de vista, a proporcionalidade entre a falta e a punição pode ser facilmente explicada. Afinal, para que a pena possa eclipsar, contrabalançar a falta, é preciso que ela seja equivalente; é preciso que ela seja tão intensa quanto o mal que ela deve neutralizar.

Já se objetou, com razão, que esta concepção repousa sobre um princípio irracional e absurdo. Contra esse princípio, afirmam que a dor é sempre um mal. Portanto, de que modo o mal infligido ao culpado poderia expiar o mal por ele cometido? O primeiro desses males se somaria ao segundo, sem subtraí-lo. Com isso realizaríamos uma falsa simetria. Segundo Guyau, seria como se um médico, para curar um braço doente, começasse por amputar o outro braço. Em suma, afirma-se que a pena concebida como expiação não é mais do que uma forma renovada de velho talião, que não pode mais ser aceita pela consciência moral de nossos contemporâneos.

E, no entanto, existe algo nessa teoria que merece ser considerado. O que deve ser conservado é esse princípio de que a pena deve servir para reparar tanto quanto possível a falta cometida. Porém, essa virtude reparadora não deriva do fato de que ela implica um sofrimento; porque um sofrimento é um mal e é evidentemente um absurdo que um mal possa compensar outro mal e anulá-lo. Mas a pena não consiste inteiramente na dor que causa. Ela desempenha um papel na repressão que é muito mais secundário do que se acredita. A essência da pena e da punição está em outro lugar.

Para compreender de que modo a pena pode compensar a falta, vejamos inicialmente em que consiste o mal moral provocado por esta última e que se trata de reduzir ou eliminar.

Tanto na criança quanto no adulto, a autoridade moral é produto da opinião, extrai toda sua força da opinião. Por conseguinte, o que produz a autoridade da regra na escola é o sentimento das crianças em relação a ela, é a maneira como eles a representam com uma coisa inviolável, sagrada, subtraída às suas ações; tudo o que contribuir para enfraquecer esse sentimento, tudo o que pode induzir as crianças a acreditar que essa inviolabilidade não é real, atinge a disciplina em sua própria fonte. Ora, na medida em que a regra é violada, ela deixa de aparecer como inviolável; uma coisa sagrada que é profanada deixa de aparecer como sagrada se nada de novo puder intervir, de modo a restituir sua natureza inicial. Não podemos acreditar em uma divindade que pode ser facilmente tocada pelo homem comum. Da mesma forma, toda violação da regra tende a abalar a crença das crianças no caráter intangível da regra. O que faz com que elas se submetam é esse prestígio que lhe atribuem, é uma espécie de força moral cuja energia pode ser medida pela intensidade de sua ação. Eles a veem sendo obedecida de forma unânime: assim, a regra lhes aparece como sendo muito poderosa. Ao contrário, se elas veem que ela é facilmente desobedecida, elas a sentem fraca e sem ação. Eis o verdadeiro mal moral provocado pela falta. Ela abala a crença da criança na autoridade da lei escolar, do mesmo modo que abala a crença do adulto na autoridade da lei moral e, por consequência, realmente diminui essa autoridade. Dizendo de forma resumida, se nada vier a neutralizar os efeitos da infração moral, ela desmoraliza; o ato de indisciplina enfraquece a disciplina. O que é preciso para compensar esse mal? Que a lei violada dê testemunho de que, malgrado as aparências, ela permanece a mesma, que ela não perdeu nem um pouco de sua força, de sua autoridade, a despeito do ato que a negou; em outros termos, é preciso que ela se afirme face à ofensa, reagindo de modo a manifestar uma energia proporcional à energia do ataque que sofreu. A pena não é outra coisa senão esta manifestação significativa.

É verdade que quando falo de uma lei que se afirma, que reage, pareço realizar abstrações. Mas tudo o que foi dito pode ser facilmente traduzido em termos muito concretos. Certamente, não é a própria regra que reage e se afirma; ela reage e se afirma por intermédio daquele que a encarna, isto é, do professor. Nós sabemos, com efeito, que se a criança acredita na regra é porque acredita em seu professor. Ela a respeita porque seu professor a afirma como algo respeitável e ele próprio a respeita. Mas, se o professor deixar que a regra seja violada sem intervir, essa tolerância aparecerá como a prova de que ele não acredita mais na regra com a mesma firmeza, que não sente mais no mesmo nível esse seu caráter respeitável; na mesma proporção, o aluno também deixará de acreditar. A dúvida de alguém, mesmo que meramente aparente, desencadeia a dúvida de um outro; e a dúvida deste abala a disciplina em sua própria base. É preciso que, diante da infração, o professor ateste de maneira inequívoca que seu sentimento não mudou, que a seus olhos a regra é sempre a regra, que ainda possui a mesma força, que não perdeu nada de seu prestígio, que sempre tem direito ao mesmo respeito, a despeito da ofensa de que foi objeto. Para isso é preciso que o professor condene de maneira ostensiva o ato cometido, que o reprove energicamente, e é nisso que constitui essencialmente a pena.

   Assim, a função essencial da pena não é expiar o culpado de sua pena fazendo-o sofrer, nem intimidar, por via cominatória, seus possíveis imitadores, mas tranquilizar as consciências de que a violação da regra pode ter abalado sua fé, mas que esta fé continua a ter sua razão de ser e, para falar especialmente no caso da escola, que a pena continua a ter valor para aquele de quem a criança a recebeu. Portanto, desempenha um papel importante no funcionamento da moral escolar. Seguramente, tal como demonstramos, não é a pena que confere autoridade à disciplina; mas é ela que impede a disciplina de perder essa autoridade, que pode ser progressivamente enfraquecida pelas infrações cometidas, se estas permanecerem impunes. É verdade, pois, que a pena compensa, que corrige o mal provocado pela falta. Mas podemos ver que o que produz essa compensação não é a dor causada no infrator. O que importa não é que a criança sofra; importa que seu ato seja energicamente reprovado. É essa condenação da conduta que possui o caráter reparador. Sem dúvida, é quase inevitável que a reprovação cause sofrimento àquele sobre o qual a pena recai. Porque a condenação de um ato implica a condenação do agente; há apenas uma maneira de dar testemunho de que se reprova alguém: é tratá-lo de forma diferente e com menos benevolência do que as outras pessoas que estimamos. Eis por que a pena implica quase necessariamente um tratamento rigoroso e, por conseguinte, doloroso àquele que é submetido a isso. Mas isso é apenas um efeito residual da pena; não é o essencial. É o signo pelo qual se traduz exteriormente esse sentimento que deve ser afirmado face à falta; mas é o sentimento expresso, e não o signo que o exprime, que tem a virtude de neutralizar a desordem moral causada pela falta. Desse modo, o tratamento rigoroso só se justifica na medida em que ele é necessário para que a reprovação de ato não deixe lugar a dúvidas. O sofrimento, que resumiria toda a pena, se tem como principal função intimidar ou expiar, é um elemento secundário que poderia ser completamente eliminado. Nem o *pensum*, na escola, nem a pena propriamente dita na vida civil causam sofrimento às naturezas verdadeiramente rebeldes. Não importa; não deixam de manter sua razão de ser. Estabelecer uma escala penal não é imaginar suplícios sabiamente hierarquizados. No momento me contento em indicar uma ideia cujas consequências práticas serão examinadas mais adiante.

Agora que sabemos para que serve a pena, qual a sua função, veremos em que ela deve consistir para realizar sua finalidade.

De acordo com uma teoria que ainda conta com importantes defensores, a punição deveria limitar-se a deixar que o ato repreensível produza suas consequências naturais.

A paternidade dessa teoria é atribuída a Rousseau; com efeito, no livro dois de *Emílio,* encontramos proposições que parecem admitir esse princípio. "Não se deve jamais infringir um castigo como castigo à criança, ele deve sempre chegar a ela como uma consequência natural de sua ação má". E mais adiante: "Mantenha a criança somente sob a dependência das coisas; assim estarão seguindo a verdadeira natureza da educação. Emílio quebrou todas as vidraças de seu quarto; nos limitaremos a não reparar o estrago que ele causou e o resfriado que irá apanhar durante a noite será sua punição". No entanto, Rousseau não recomenda que esse método seja aplicado somente até o primeiro período da infância, que se estende até os doze anos. E se ele o considera aplicável até essa idade é porque para o autor a vida moral começa apenas depois dessa idade. Até esse momento, a criança seria como o homem em sua origem, estranho a toda ideia moral, que vive como um animal, uma vida puramente física. Ora, os animais não são submetidos a um sistema de sanções artificiais; eles se formam a partir da ação das coisas; eles não recebem outras lições a não ser aquelas da experiência. Enquanto a criança vive uma vida puramente "animal", ela não tem necessidade de uma outra disciplina. Submetê-la a uma ação coercitiva seria violar a ordem da natureza. Mas, a partir dos doze anos, começa uma nova vida; a partir daí uma disciplina propriamente dita se torna necessária. "Nos aproximamos gradualmente das noções morais que distinguem o bem do mal. Até esse momento, só conhecemos a lei da necessidade; agora compreendemos o que é útil (de doze a quinze anos); logo mais saberemos o que é conveniente e bom (acima dos quinze anos)".

Assim, segundo Rousseau, o método das reações naturais se aplica somente à ação puramente física. Quando começa a educação moral propriamente dita, é preciso que o sistema mude e que o educador intervenha diretamente.

Foi somente com Spencer que essa teoria foi estendida a toda educação. Eis o princípio dessa doutrina: "De qualquer hipótese que se parta, diz Spencer, toda teoria moral concorda que uma conduta cujos resultados próximos ou distantes são benfazejos é uma boa conduta; enquanto uma conduta cujos resultados imediatos ou distantes são malfazejos, é uma má conduta; em última análise, o critério que os homens utilizam para julgar sua conduta é a felicidade ou a infelicidade que ela produz. Nós vemos o alcoolismo como algo ruim porque as consequências disso são a degeneração física e os males que produz para o alcoólatra e para sua família. Se o roubo causasse felicidade tanto para o ladrão quanto para aquele que é roubado, ele não estaria presente na lista dos delitos". Isto posto, não é mais necessário recorrer a um sistema artificial de punições para formar moralmente a criança. Basta deixar as coisas agirem. Quando a conduta for má, ela resultará em uma reação dolorosa para o agente, que perceberá sua falta e não voltará a cometê-la, em função da lembrança dessa dor. O papel do professor em matéria de punição seria então bastante simples: bastaria cuidar para que nenhuma intervenção artificial impeça que a criança sinta as consequências naturais de sua conduta. Tal método, diz nosso autor, possui uma dupla vantagem sobre os sistemas normalmente seguidos. Em primeiro lugar, o método confere uma base mais sólida ao temperamento moral da criança. É mais seguro que nos comportaremos

167

da maneira correta ao longo da vida se compreendemos as consequências boas e más de nossa ação do que quando nos limitamos a acreditar na autoridade de outras pessoas. Ora, quando a criança age ou deixa de agir para evitar algum castigo artificial, ela age sem se dar conta de sua conduta, mas tão somente pelo respeito à autoridade. Assim, tudo nos leva a crer que quando a criança se tornar um adulto, não conseguirá agir por si mesma. Em segundo lugar, justamente porque essa punição provém das coisas, porque é uma consequência natural e necessária da conduta, a criança não pode culpar outra pessoa; ela só pode queixar-se de si própria. Evitamos, assim, acessos de cólera, esses movimentos agressivos que se produzem com muita frequência entre os pais e os filhos, professores e alunos, e que comprometem seus relacionamentos. Um castigo impessoal não comporta esse risco. Por conseguinte, em vez de intervir diretamente, bastaria esperar até que o ato desaconselhado produza seus efeitos. Uma criança nunca chega na hora certa para o passeio? Se partirá sem ela. Ela sempre estraga os objetos? Nós não os substituiremos. Ela não guarda seus brinquedos? Nós os guardaremos, mas quando ela quiser brincar, não os encontrará mais, etc.

Este é o sistema. Antes mesmo de examinar o princípio sobre o qual ele repousa, é interessante observar que as vantagens atribuídas a ele são muito incertas, se é que não são meramente ilusórias. Foi dito que a criança não deve receber punição direta de seus pais e de seus professores. Isso pressupõe que ela tenha condições de interpretar corretamente a experiência da qual ela é vítima; mas isso só se torna possível depois que ela adquire certo grau de cultura intelectual. Ocorre que entre o fenômeno e sua causa não há uma ligação tão evidente, materialmente ostensiva, que possa ser percebida por olhos que ainda não têm muita experiência. Uma criança que comeu demais tem uma indigestão. Ela sofre; isso ela sabe. Mas de onde vem esse sofrimento? Trata-se de um problema que muitas vezes o próprio adulto não é capaz de resolver sozinho. São tantas as explicações possíveis para isso! É evidente que a criança possui ainda menos condições de entender o ocorrido e sua experiência a deixará ainda mais desorientada. O primitivo sequer cogita atribuir os eventos desagradáveis que experimenta à necessidade das leis naturais, pela excelente razão de que ele não sabe o que é uma lei natural. Ele imputa os males que sofre, a morte de seus familiares, não a uma causa objetiva e impessoal, mas a uma pessoa que odeia, a um feiticeiro, a um inimigo. A criança, pelas mesmas razões, é inclinada a raciocinar da mesma maneira. Nós vemos muitas vezes que ela imputa seus pequenos erros às pessoas que a circundam. Disso se segue que, com esse método, promovemos exatamente esses maus sentimentos que se pretendia evitar. E, de outro lado, precisamente porque a interpretação da experiência não é nada fácil, porque deixa um grande espaço à arbitrariedade, é impossível contar com ela para ensinar a criança como se conduzir na vida. De fato, o próprio Spencer não pôde se contentar com a regra que formulou, fazendo com que os pais intervenham repetidas vezes e recorrendo a penas propriamente ditas, que ele mesmo recusara. Quando os pais guardam os brinquedos que foram deixados em desordem, a privação assim imposta não constitui uma verdadeira punição, perfeitamente artificial? Afinal, se tivéssemos deixado as coisas produzirem seus efeitos naturais, os brinquedos continuariam em circulação, permaneceriam na mesma desordem em que a criança os deixara, e ela poderia encontrá-los facilmente.

Mas, remontemos ao próprio princípio dessa teoria. Um ato mau, diz Spencer, é aquele que produz consequências malfazejas para a criança ou para os que estão a sua volta e são as consequências desse ato que explicam por que ele é interditado; a criança, que experimenta essas consequências, sabe, portanto, por que deve abster-se. Se ela própria as experimentou, ela é advertida pela dor que sofreu; se as consequências recaíram sobre os que a circundam, ela tão sentirá contragolpes significativos. Para não prolongar inutilmente essa discussão, admitamos esse princípio, mesmo que ele implique muitas reservas. Em um sentido amplo, podemos afirmar que um ato mau sempre produz consequências más. Entretanto, pressupõe-se que essas repercussões sejam de tal natureza que sempre possam ser percebidas pelas crianças. Com frequência, essas consequências acontecem fora do alcance de sua visão, fora desse pequeno círculo, desse pequeno mundo em que ela vive. Como, então, tornar sensíveis essas consequências? Por exemplo, ela deve respeitar seus pais. Por quê? Porque o respeito pela autoridade paternal, dentro de certos limites, é indispensável à manutenção da disciplina e do espírito familiar, e, por outro lado, porque o enfraquecimento desse espírito traria consequências desastrosas para a vida coletiva. É porque a sociedade faz do respeito filial um dever estrito que ela o impõe à criança. Mas como a criança poderia perceber as consequências tão distantes de seu ato; como poderia perceber que, com sua desobediência, ela contribui para abalar um dos principais princípios da ordem social? O próprio adulto em geral não é capaz de se dar conta disso. É porque a moral não é uma coisa tão simples como imaginava Spencer. Feita para regular sociedades tão complexas como a nossa, ela própria é muito complexa. Os atos que ela reprova devem essa característica às diversas repercussões que produzem sobre esses vastos organismos, repercussões que não podem ser percebidas a olho nu, mas que somente a ciência pode apreender progressivamente, utilizando os procedimentos e informações especiais de que ela dispõe. Mas é sobretudo no caso da moral escolar que a teoria de Spencer é inaplicável. Com efeito, a maior parte das obrigações às quais o aluno está submetido não tem um fim em si mesmas, nem mesmo em um futuro muito próximo, porque na maior parte dos casos são apenas exercícios destinados a prepará-lo para a vida adulta. Se pedimos a ele para se dedicar, para não ceder à preguiça, não é somente para fazer bem as suas tarefas, para a glória do professor e da classe, mas para que ele adquira uma cultura que irá utilizar mais tarde, para que adquira o hábito do esforço que um trabalhador necessita para obter um lugar na sociedade. Somente quando sair da escola, quando estiver engajado na vida mais séria, que essa educação irá produzir todas as suas consequências. É preciso dizer que se ele tiver que esperar até esse momento para compreender suas ações, já será muito tarde? E, por outro lado, se ele tiver que se dar conta em tempo, será preciso acelerar a marcha natural das coisas; é preciso que o educador intervenha, que vincule as regras da disciplina às sanções que antecipam aquelas da vida. O método recomendado por Spencer é útil somente em casos muito particulares, e não pode nos fornecer o princípio fundamental da penalidade escolar.

DÉCIMA SEGUNDA LIÇÃO

A penalidade escolar (continuação)

Depois de ter determinado o que é a disciplina escolar, qual a verdadeira natureza de sua função, apresentamos de que modo é possível transmitir esse sentimento para as crianças, isto é, como devemos proceder para que elas reconheçam a autoridade inerente à regra, de forma que elas a aceitem espontaneamente; nós já vimos que esse sentimento pode e deve ser comunicado a ela não pela ameaça de um castigo que pune a ausência dessa disciplina, mas que esse sentimento pode ser transmitido diretamente. O respeito pela regra é algo diferente do medo das punições e do desejo de evitá-las: é o sentimento de que há algo de intangível nos preceitos da vida escolar, um ascendente que faz com que a vontade não ouse violá-los.

Os preceitos recebem toda essa autoridade do próprio professor; ele a transmite porque a sente, porque acredita na grandeza de sua tarefa, porque ele vê nessas múltiplas regras da disciplina escolar os meios necessários para atingir o ideal tão elevado que ele persegue. Esse sentimento que ele experimenta é sugerido a seus alunos através da palavra, do gesto, do exemplo.

Mas, então, para que servem as punições? Elas são algo supérfluo, parasitário e mórbido, ou desempenham um papel normal na vida moral da classe? Essa foi a questão que examinamos na última lição. Nós constatamos que se não é a punição que confere autoridade à regra, ela ao menos garante que essa autoridade não seja perdida em função das infrações cometidas, que poderiam abalar sua força, caso permanecessem impunes. Afinal, o que constitui sua autoridade é o fato de que as crianças a representam como sendo inviolável; ora, todo ato que a viola leva a crer que essa inviolabilidade não é real. Se os alunos se submetem a ela, se a respeitam, é porque o professor a apresenta como respeitável. Mas, se o professor deixa que alguém falte com o respeito sem intervir, tal indulgência testemunha, ou parece testemunhar, o que dá no mesmo, que ele não acredita mais nela com a mesma intensidade, e a hesitação, as dúvidas, a convicção menor, mostradas através de sua atitude, comunicam-se necessariamente às crianças. É preciso, portanto, que o professor previna esse enfraquecimento moral da classe provocado pela falta, mostrando, de maneira inequívoca, que seus sentimentos não mudaram, que a regra é sempre sagrada a seus olhos, que ela merece o mesmo respeito, a despeito da ofensa cometida; é preciso que ele demonstre claramente que não aceita nenhuma solidariedade com essa ofensa, que ele a repulsa, que a quer longe dele, em suma, que ele a reprova, de forma proporcional à importância do delito. Essa é a principal função da punição. Punir é reprovar, é censurar. Desse modo, a principal forma da punição sempre consistiu em colocar o culpado no *index*, mantê-lo à distância, isolá-lo, criar um vazio a seu redor, separá-lo das pessoas honestas. Como não podemos censurar alguém sem que ele seja tratado com menos benevolência do que aqueles que estimamos, como não há outra maneira de traduzir esse sentimento que inspira o ato reprovado, toda punição acaba implicando algum sofrimento àquele que a recebe. Mas esse é apenas um efeito colateral mais ou menos contingente da pena; não é sua parte essencial. Punir não é torturar o corpo ou a alma; é afirmar, em face da falta, a regra que a falta negou. Essa é a grande diferença no papel que o castigo desempenha na educação da criança e no adestramento do animal. As punições infligidas ao animal para adestrá-lo só podem fazer efeito se forem sofrimentos efetivamente sentidos. Para a criança, ao contrário, o castigo é apenas o signo exterior que traduz um estado interior: é uma notação, uma linguagem pela qual a consciência, seja a consciência pública da sociedade, seja a consciência do professor, exprime o sentimento que lhe inspira o ato reprovado.

Assim determinado o principal papel da punição, podemos agora investigar em que ela deve consistir e de que modo deve ser administrada, para atingir esse objetivo, que é sua razão de ser. Ora, a esse respeito, já encontramos uma teoria que pretendia que a punição consiste exclusivamente nas consequências naturais produzidas pelo ato. É a teoria das reações naturais, formulada especialmente por Spencer. É inútil insistir nas objeções a essa doutrina; parece-me mais útil assinalar a ideia interessante e correta que está em seu ponto de partida, ideia essa que podemos utilizar, desde que a apliquemos de uma forma diferente da sugerida pelos pedagogos partidários desse sistema.

Essa ideia é a de que existe uma educação da inteligência e da vontade que se faz diretamente pela ação das coisas, sem nenhuma intervenção artificial do homem, e que essa educação espontânea, automática, por assim dizer, é o tipo normal do qual todo sistema pedagógico deve se aproximar. Assim, é a partir de si mesma que a criança aprende a falar e a se distinguir das outras coisas a seu redor. Não são seus pais que lhe ensinam de que modo deve movimentar seus membros, nem o esforço necessário para aproximar ou afastar objetos exteriores de acordo com sua maior ou menor proximidade. Toda essa ciência, que na verdade é muito complexa, ela adquire espontaneamente, através de sua experiência pessoal, tateando, em contato com a realidade. É a dor resultante de seus movimentos em falso, de seus malogros, que a advertem de seu fracasso e da necessidade de recomeçar, ao mesmo tempo em que o prazer é o sinal e a recompensa natural de seu sucesso. É dessa mesma maneira que a criança aprende a própria língua e, com as palavras que compõem seu vocabulário, aprende a gramática que a caracteriza e a lógica imanente a essa gramática. Nela própria são reproduzidas nossas maneiras de falar, de pronunciar, de combinar nossas palavras, de construir nossas frases, de modo que aquilo que a educação propriamente dita lhe ensina, tal como o gosto pela fala correta, pela elegância, pela precisão, tudo isso é muito pouco perto dos conhecimentos fundamentais que a criança adquire sozinha. Há ainda mais: essa educação pelas coisas se prolonga para além da infância e da adolescência. Ela dura por toda a vida. O próprio adulto ainda tem muito o que aprender, e sempre terá, e ele não possui outros professores a não ser a própria vida; as únicas sanções dos seus atos são as consequências naturais desses atos. É tateando, tentando, escutando, percebendo e corrigindo nossos erros que aprendemos as técnicas de nossa profissão e tudo o que podemos possuir dessa sabedoria prática, que designamos com um nome bastante significativo: a experiência. Mas, então, se esse método é tão eficaz, se a humanidade deve tanto a ele, por que ele não seria aplicável a toda a educação? Por que a criança não poderia adquirir a cultura moral da mesma maneira que o adulto adquire a cultura técnica? Nesse caso, seria inútil inventar um sistema de punições graduais. Bastaria deixar a natureza agir; bastaria deixar a criança ser formada pelo contato com as coisas: elas próprias advertiriam a criança quando ela se equivocasse, isto é, quando seus atos não fossem o que deveriam ser, quando não estivessem de acordo com a natureza das coisas. É sobre essa mesma ideia que repousa a pedagogia de Tolstoi. Para ele, com efeito, a educação ideal, modelo, é aquela à qual os homens espontaneamente vão procurar nos museus, nas bibliotecas, nos laboratórios, nas conferências, nos cursos públicos, ou simplesmente no comércio dos sábios. Mas, se em todo caso, nenhum constrangimento é necessário, por que, então, não aprendemos dessa maneira? Afinal, por que a criança não poderia gozar da mesma liberdade? Bastaria colocar à sua disposição os conhecimentos que julgamos úteis; bastaria oferecer-lhe, sem forçá-la a adquiri-los. Se eles realmente servirem para algo, a própria experiência fará sentir sua necessidade e ela própria virá buscá-los. Na escola de Insnaïa Poliana[1], as punições são desconhecidas. As crianças entram quando querem, aprendem o que querem, trabalham como querem.

Por mais surpreendentes que possam nos parecer, não sem razão, as consequências dessa doutrina extrema, o princípio no qual ela repousa é, em si mesmo, incontestável e merece ser conservado. É certo que podemos aprender a nos conduzir sob a ação desse meio, para o qual nossas ações devem nos preparar, de modo a nos adaptarmos. Afinal, a mola propulsora de nossa ação é interior; ela só pode ser desencadeada por nós mesmos, a partir de dentro. Ninguém pode dizer o que deve ser expandido e o que deve ser contido, qual a quantidade de energia que deve ser despendida em cada caso, como é preciso combinar essas ações, etc. Cabe a nós senti-la, e só podemos senti-la ao entrar em contato com o meio, com as coisas

---

1. Aos vinte e um anos de idade, Tolstoi abriu uma escola na propriedade de sua família, em sua cidade natal, Isnaïa Poliana, para ensinar aos camponeses [N.T.].

para as quais se dirigem nossa ação. É a maneira com que o meio reage à nossa ação que nos adverte; porque essa reação é agradável ou desagradável, de acordo com a conformidade ou inconformidade de nosso ato. De certo modo, é possível afirmar que as reações espontâneas das coisas ou dos seres de todo o tipo constituem as sanções naturais de nossa conduta. Mas esse princípio, uma vez admitido, não implica absolutamente que a punição propriamente dita, ou seja, a punição infligida pelos pais a seu filho, pelo professor a seu aluno, devam desaparecer de nossos sistemas de educação moral. Qual é, com efeito, a consequência natural do ato imoral, senão o movimento de reprovação que ele provoca nas consciências? A censura que se segue à falta é uma consequência necessária. E dado que a punição é a manifestação exterior dessa censura, ela também é a consequência natural da falta. É a maneira com que o meio reage espontaneamente contra o ato culpado. Sem dúvida, num primeiro momento, pode ser que não se perceba claramente o laço que une esses dois termos. O que há em comum entre uma pena e uma falta? Parecem coisas heterogêneas, coladas uma à outra artificialmente. Isso porque não se vê o meio-termo que as une, que faz a passagem de uma para a outra: é, a saber, o sentimento que a falta desperta e do qual a pena resulta, o sentimento que é o efeito do ato e a alma da punição. Uma vez percebido, o encadeamento contínuo dos fatos aparece com grande evidência. Se Spencer não reconheceu essa continuidade, se, por conseguinte, ele viu na punição tão somente um sistema artificial, foi porque ele não percebeu que o mal causado pela falta não se restringia apenas às consequências nocivas e dolorosas que poderia trazer ao próprio culpado e aos que estão a sua volta. Há um mal ainda maior e mais grave, que resulta do fato de que o ato criminoso ameaça, compromete, enfraquece a autoridade da regra que ele viola e nega. Ora, é esse mal que faz surgir a pena, por isso ela é necessária. Se, ao destruir seus brinquedos, dizemos que a criança comete uma falta, para utilizar o próprio exemplo dado por Spencer, não é apenas porque se trata de um ato irrefletido que resulta na privação de seus meios de distração; mas, é porque ela não respeitou a regra geral que a exorta a não destruir nada inutilmente, destruir para divertir-se. Sendo assim, ela não será capaz de perceber toda a extensão de sua contravenção apenas porque não ganhará novos brinquedos. Essa privação imposta a ela poderá fazer com que ela compreenda que agiu sem refletir, que não pensou sobre seu próprio interesse – e não que ela agiu mal, no sentido propriamente moral do termo. Ela só sentirá que cometeu uma falta moral se for moralmente condenada. Assim, a pena poderá advertir-lhe não apenas de que sua conduta foi descuidada, mas de que ela agiu mal, que violou uma regra que deveria ser respeitada. A verdadeira sanção, como a verdadeira consequência natural, é a censura.

É certo que, contra Tolstoi, a objeção não se aplica. Afinal, tudo o que dissemos pressupõe que exista uma regra escolar, uma moral escolar que a punição protege e faz com que seja respeitada. É porque a criança tem o dever de trabalhar que a preguiça e a negligência constituem faltas que devem ser punidas. Ora, para Tolstoi, esse conjunto de obrigações impostas à criança não teriam nenhuma razão de ser; seriam uma instituição artificial, uma construção dos homens, sem nenhum fundamento na natureza das coisas. Para ele, não haveria justificativa para fazer do trabalho e da instrução uma obrigação moral, um dever sancionado. As espontaneidades dos desejos já seriam o bastante. A ciência não precisa ser imposta; ela é suficientemente útil para que seja buscada por si mesma. Bastaria que a criança ou o homem se dessem conta de sua importância para que a desejassem. Não me darei ao trabalho de discutir uma concepção tão contrária a tudo o que aprendemos com a história. Se os homens se instruíram, não foi por conta própria, por seu amor pelo saber, pelo trabalho; foi porque eles foram obrigados a isso; foram obrigados pela sociedade, que fez disso um dever cada vez mais imperativo. Porque passaram a precisar cada vez mais da ciência, as sociedades exigiram mais ciência de seus membros; porque à medida que se tornaram mais complexas, precisaram de uma maior quantidade de energia para se manter, exigindo mais trabalho de cada um de nós. Foi por dever que os homens se tornaram mais cultos e instruídos; foi por dever que eles se habituaram ao trabalho. A lenda bíblica não faz mais do que traduzir sob uma forma mítica aquilo que há de muito laborioso e penoso no longo esforço que a humanidade enfrentou para sair de seu torpor inicial. Ora, o que o homem fez por dever no começo de sua história, a criança deve fazer por dever no começo de sua vida; veremos ainda nessa lição o quanto esse dever era rude no início e como foi se tornando cada vez mais suave.

Assim, tudo nos conduz à mesma conclusão: o essencial da pena é a condenação. Buscamos por análise qual é a função da pena? Encontramos sua verdadeira razão de ser na reprovação que ela implica. Partimos da ideia de que a punição deve ser a consequência natural do ato, não um artifício justaposto convencionalmente ao ato? Chegamos também ao mesmo resultado, porque a condenação é a maneira com que o meio reage espontaneamente em face da falta, e verificamos que as legislações sejam escolares, sejam civis, nunca fizeram mais do que codificar, organizar e sistematizar essas reações espontâneas. Temos, então, um princípio que pode nos guiar na determinação sobre o que deve ser a penalidade escolar. Dado que punir é censurar, a melhor punição é aquela que traduz essa censura com a maior clareza possível, nos mínimos detalhes. Sem dúvida, pelas razões que já apresentamos, uma reprovação implica sempre um tratamento rigoroso. No entanto, esse tipo de tratamento não é um fim em si mesmo; é apenas um meio e, por conseguinte, só se justifica na medida em que é necessário para a consecução do objetivo que é sua razão de ser, qual seja, dar à criança a impressão, o mais adequada possível, dos sentimentos de que sua conduta é objeto. Não se trata de fazê-la sofrer, como se o sofrimento em si possuísse alguma virtude mística, ou como se o essencial fosse intimidar e aterrorizar. Trata-se, sobretudo, de reafirmar o dever no momento em que foi violado, com a finalidade de reafirmar sua necessidade diante daquele que o transgrediu e daqueles que testemunharam essa transgressão, que tende a desmoralizá-lo. Tudo o que, na pena, não servir a esse fim, todo castigo que não contribuir para produzir esse efeito, é mal e deverá ser proscrito.

Assim posto esse princípio, vamos agora aplicá-lo. Inicialmente, ele nos permitirá justificar facilmente o preceito que está na base de nossa penalidade escolar: a absoluta proibição dos castigos corporais. Os golpes, os maus-tratos infligidos metodicamente, podem ser compreendidos se a pena for entendida como expiação, quando seu principal objetivo é causar sofrimento. Mas, se o seu principal objetivo for reprovar, seria preciso encontrar uma explicação para justificar por que esses sofrimentos são necessários para fazer com que a criança sinta a condenação de que é objeto. Ora, atualmente existem outras maneiras de fazer com que ela sinta isso. Sem dúvida, nas sociedades ainda incultas, em que a sensibilidade individual não é facilmente comovida, que reage apenas sob a ação de estímulos muito intensos, pode ser que para que a condenação seja fortemente sentida, haja necessidade de que ela seja traduzida de uma forma mais violenta; por isso podemos explicar em parte – mas somente em parte, como veremos em breve – o uso amplamente difundido das correções materiais utilizadas em certas épocas da história. Mas, entre os povos que adquiriram algum grau de cultura, em que o sistema nervoso é mais delicado e mais sensível, até mesmo aos estímulos bastante suaves, esses procedimentos grosseiros não são mais necessários. A ideia, o sentimento, para serem comunicados, não precisam ser expressos por sinais tão grotescamente materiais, por manifestações exageradamente enérgicas. Para que a utilização desse recurso tenha algum fundamento é necessário que, no mínimo, essas manifestações sejam inofensivas. Ora, atualmente elas possuem um grave inconveniente moral. Elas afrontam um sentimento que está na base de nossa moral; refiro-me ao respeito religioso de que a pessoa humana é objeto. Em virtude desse respeito, toda violência exercida contra alguma pessoa nos aparece, em princípio, como um sacrilégio. Há, portanto, nos golpes e nos maus-tratos de todo tipo, algo que nos repugna, que revolta nossa consciência, há algo de imoral. Ora, seria muito estranho proteger a moral com meios que a própria moral reprova. Seria proteger os sentimentos de um lado e enfraquecê-los de outro. Um dos principais objetivos da educação moral consiste em dar à criança o sentimento de sua dignidade de ser humano. Ora, as penas corporais são perpétuas ofensas a esse sentimento. Elas possuem um efeito desmoralizador. Eis por que elas desapareceram progressivamente de nossos códigos; e há ainda mais motivos para que elas desapareçam de nossa penalidade escolar! Embora a expressão seja muito inexata, podemos dizer que, em certo sentido, o criminoso não é mais um ser humano, não o vemos mais como um homem propriamente dito. No entanto, jamais teremos o direito de considerar dessa maneira a consciência em formação da criança, jamais podemos considerá-la fora da humanidade.

    A pena corporal só é admissível quando a criança ainda não é mais do que um pequeno animal. Mas, nesse momento se trata de um adestramento, não de educação. E é especialmente na escola que esse tipo de educação deve ser proscrito. Na família, seus efeitos nocivos podem ser atenuados com mais facilidade, neutralizados pelas manifestações de ternura, pelas efusões afetuosas que são trocadas entre os pais e os filhos, pela intimidade da convivência que retira dessas violências sua significação ordinária. Mas, na escola, não há nada que possa suavizar uma ação rude, uma brutalidade; afinal, as penas devem ser aplicadas com certa impessoalidade. O que há de mais odioso nos castigos físicos aparece aqui sem nenhuma temperança, e é por isso que convém interditá-los, sem abrir nenhuma exceção.

Depois de ter demonstrado por quais motivos os castigos físicos devem ser totalmente proibidos, é importante entender por que, nos sistemas educacionais do passado, eles ocupavam um papel absolutamente preponderante. Essa investigação, como veremos, nos trará resultados inesperados.

A priori, poderíamos crer que era a rudeza dos costumes primitivos, a própria barbárie existente, que deu origem a esse sistema de punição. Mas os fatos estão longe de concordar com essa hipótese, que num primeiro momento parece tão natural. Um etnógrafo, o senhor Steinmetz, apresentou, em um artigo do *Zeitschrift für Sozialwissenschaft* (agosto de 1898, p. 607) e no *Ethnoligischen Studien zur ersten Entwicklung der Strafe* (tomo II, p. 179, Leiden, 1892), vários documentos sobre a educação dos povos ditos primitivos; ele fez a notável constatação de que, na maior parte dos casos, a disciplina era exercida com muita docilidade. Os índios do Canadá amavam ternamente suas crianças, jamais batiam nelas, sequer faziam reprimendas. O velho missionário Lejeune, que conhecia bem os índios montanheses, disse o seguinte: "Eles não concebem que se punam as crianças e tampouco que as censurem; não recusam nada a uma criança que está chorando". Segundo o mesmo observador, isso também acontece entre os algonquinos. Um chefe siou considerou os brancos como bárbaros por baterem em seus filhos. Encontramos essa mesma ausência de penas corporais em um grande número de tribos americanas do Norte e do Sul. Porém, as sociedades da América, em sua maior parte, já adquiriram alguma cultura, embora evidentemente ainda muito inferior à nossa e mesmo àquela da Idade Média. Mas desçamos mais um degrau na escala da civilização. Se não é possível considerar os indígenas da Austrália como o tipo perfeito do homem primitivo, é certo que eles devem ser classificados entre os povos mais inferiores que conhecemos. Entre eles, longe de ser maltratada, a criança é objeto de bajulações excessivas. Na ilha de Cobourg (Austrália do Norte), "as crianças são tratadas muito afetuosamente, jamais são punidas ou censuradas". Na Nova Nórcia, os pais não recusam nada a seus filhos, depois de terem cedido, o máximo que pode acontecer é reprimir levemente a criança. Entre os indígenas da Baía Moreton, a ideia de bater numa criança é considerada uma verdadeira monstruosidade, etc. Dentre as cento e quatro sociedades que foram comparadas, apenas em treze a educação era mais severa. Aliás, essa severidade não tinha nada de excessivo. O tratamento mais severo em uso consistia simplesmente em palmadas, seja com a mão, seja com uma vara, ou então uma privação de alimentos. Mas o mais curioso é que nesses treze povos, em que a educação possui essa característica, a civilização é relativamente mais avançada. Eles são, em seu conjunto, mais cultos do que aqueles em que a criança é tratada com maior indulgência. Aliás, o aumento da severidade concomitante ao desenvolvimento da civilização pode ser observado em um outro caso.

Em Roma, a história da educação compreende dois períodos distintos: antes e depois de Augusto. Antes de Augusto, ela parecia ser bastante amena. Conta-se que um sofista despertou um dos seus alunos que dormia com um soco, o que provocou um escândalo jamais visto. Para Caton, bater em sua mulher ou em seu filho consistiria em um verdadeiro sacrilégio. Contudo, a essa docilidade sucedeu-se uma época de grande severidade, quando a criança passou a ser educada não mais por seus pais, mas por preceptores chamados pedagogos, ou então nas escolas (*ludigmagister*). A partir desse momento, os bofetões viraram regra. Horácio nos conta algumas coisas de seu professor da escola Oribilius, que ele qualificou com o epíteto muito significativo de *plagosus* (espancador). Uma pintura em um mural encontrado em Pompeia (cf. BOISSIER, *Revue des Deux Mondes*, 15 de março de 1884) mostra-nos uma cena da vida escolar daquele tempo: um estudante, despido de suas vestimentas, está içado sobre as costas de um de seus colegas que aperta suas mãos, enquanto um outro segura seus pés e um terceiro personagem levanta a vara e se prepara para bater. A punição mais leve era a *ferula*, aplicada sobre as mãos repetidas vezes. As faltas mais graves eram punidas com o *flagelum*, espécie de chicote que era usado contra os escravos. Sem dúvida, Cícero, Sêneca, Quintiliano, sobretudo este último, protestaram contra isso, mas isso não teve nenhum impacto sobre a prática. Aliás, essa prática contava com teóricos que a defendiam, tal como o estóico Crisipo, que considerava os castigos corporais legítimos no âmbito da educação.

No entanto, por mais rigoroso que fosse esse regime, ele não era nada se comparado ao que se estabeleceu e se generalizou durante a Idade Média. É provável que, nos primeiros tempos do cristianismo, a educação no interior da família fosse bastante branda. Mas, assim que foram constituídas as escolas monacais, o chicote, a vara, o jejum tornaram-se as penas mais utilizadas. E, ainda aqui, a severidade foi menor no início do que no decorrer do período seguinte. Foi por volta do século XII que ela atingiu sua maior intensidade, ou seja, foi no momento em que as universidades e os colégios foram fundados e povoados, quando a vida escolar da Idade Média alcançou seu mais elevado grau de desenvolvimento e organização. Então, as correções materiais adquiriram tal importância, que ouvimos falar por toda parte sobre a necessidade de regulamentá-la. Os limites nos quais se tentava encerrá-las testemunham de forma eloquente os abusos que eram cometidos. Aquilo estabelecido como permitido nos dá uma ideia do que era de fato praticado. O *Sachsenspiegel*[2] (1215-1218) permitia até 12 chicotadas na sequência. Um regulamento da escola de Worms sequer proibia que os golpes pudessem ter como consequência machucados graves ou mesmo a fratura de um membro. Os principais procedimentos de correção eram a bofetada, os chutes, os socos, as pauladas, as chicotadas, o encarceramento, o jejum, a *vellicatio* e a genuflexão. O chicote, em particular, desempenhava um papel tão importante que se tornou uma espécie

---

2. A tradução literal do termo é "Espelho saxão". Trata-se de um livro de leis compilado por Eike von Repgau durante a Baixa Idade Média alemã. As leis eram válidas inicialmente para a região de Lüneburg e Ostfalen, mas logo exerceu uma ampla influência em toda a Alemanha e mesmo em outros lugares da Europa. Atualmente existem cerca de 200 manuscritos, alguns deles até mesmo com ilustrações. O livro foi redigido em 1220, em latim, e logo depois traduzido para o alemão. Há registros de seu uso em algumas regiões até 1900.

de ídolo. Encontramos sua imagem gravada em algumas chancelas. Em alguns lugares da Alemanha havia uma festa anual em sua homenagem. Os alunos iam solenemente até os bosques para pegar as varas que serviriam para bater neles. O mais curioso é que esse costume escolar parece ter influenciado os costumes domésticos, que se tornaram mais rudes. Também na família a educação passou a ser mais severa. Lutero conta que recebia até 15 golpes pela manhã.

Durante a Renascença, eclodiram os protestos contra essas práticas. Todo mundo conhecia os ataques de indignação de Rabelais, Erasmo e Montaigne. Mas, assim como em Roma, essas eloquentes reivindicações não surtiam muito efeito sobre a prática. Pelo menos elas foram sendo suavizadas, com extrema lentidão. Mesmo que os jesuítas tenham escrito em sua *Ratio studiorum* que as pancadas deveriam ser as punições preferidas, salvo nos casos mais graves, em pleno século XVIII o chicote ainda permanecia o instrumento preferido de correção. Raumer, em sua *Geschichte der Pedagogik* (II, 6. edição, 1889, p. 241), conta-nos sobre um professor que, ainda no século XVIII, orgulhava-se por ter administrado 2.227.302 correções corporais. Foi somente no final desse século que esse mal foi atenuado. Depois disso, a legislação proibitiva das punições corporais passou a ganhar cada vez mais terreno. E, no entanto, não se pode ignorar que nem a Inglaterra, nem o ducado de Bade, nem a Saxônia, nem a Rússia admitiam ainda a completa abolição desses castigos. Os principais pedagogos da Alemanha, aqueles que se esforçaram por elaborar logicamente um sistema pedagógico completo, como Rein e Baumeister, consideravam que não seria conveniente interditar totalmente esse modo de correção. E não há dúvida de que a prática excedia muito os limites estabelecidos pela lei ou pela teoria. Nos outros lugares, inclusive na França, a despeito de todas as regulamentações, os antigos erros persistiram até nossa recente renovação escolar.

Esses são os fatos. Vejamos agora os ensinamentos que podemos aprender com eles.

Os partidários das correções corporais alegaram muitas vezes que estas são válidas na educação doméstica e, quando o pai envia seu filho para escola, ele delega esse direito ao professor, que se torna seu representante. A breve história da penalidade infantil que acabamos de contar demonstra que em todos os casos essas explicações e essas justificativas dos castigos físicos na escola são desprovidas de qualquer fundamento histórico. Essas punições não são constituídas na família para então passar para a escola, por meio de uma delegação expressa ou tácita. Mas elas têm uma origem inteiramente escolar, na medida em que são organizadas e regulamentadas. Quando a educação é exclusivamente familiar, elas existem de maneira meramente esporádica, como fenômenos isolados. Nesse caso, a regra geral é usualmente uma extrema indulgência; os maus-tratos são raros. Eles só se tornam regulares, só constituem um método disciplinar quando surge a escola e, no decorrer dos séculos, esses métodos se desenvolveram junto com a escola. O arsenal dessas penas foi enriquecido, sua aplicação se tornou mais frequente, na medida em que a vida escolar se tornou mais rica, mais complexa e mais organizada. Há algo na natureza da escola que a inclina para esse tipo de punição que, uma vez estabelecida, persistiu durante séculos, a despeito de todos os protestos de que foi objeto, a despeito das reiteradas proibições legais. Foi com extrema lentidão que essas práticas foram sendo reduzidas, sob a forte pressão da opinião pública. Para que as coisas tenham se passado dessa maneira, é preciso que haja na vida escolar causas muito fortes, irresistíveis, que tenham impelido o professor a praticar uma disciplina violenta durante tanto tempo. Quais são essas causas, por quais razões a escola, o lar da cultura humana, foi, por uma espécie de necessidade constitutiva, o lar da barbárie?

    Que a educação seja mais austera entre o civilizado do que entre o primitivo é algo que pode ser facilmente explicado. A vida do primitivo é muito simples: seus pensamentos são pouco numerosos e pouco complexos; suas ocupações são pouco variadas, acabam sendo sempre as mesmas. Por conseguinte, é natural que a educação, que prepara a criança para a vida que terá um dia, tenha essa mesma simplicidade. Podemos até mesmo dizer que em algumas sociedades ela é quase inexistente. A criança aprende sozinha tudo o que é preciso aprender, pela experiência direta e pessoal; é a vida que a instrui, sem que seus pais tenham que intervir. É, pois, o princípio do deixar fazer que predomina e, portanto, a severidade organizada e sistemática não tem muita razão de ser. A verdadeira educação intelectual e moral começa apenas quando a cultura mental e moral adquirida pela humanidade se torna complexa, desempenhando um papel demasiado importante no conjunto da vida comum para que a transmissão dessa cultura de uma geração para outra seja deixada ao acaso das circunstâncias. Então, os mais velhos sentem a necessidade de intervir, de realizar eles mesmos essa transmissão indispensável, por caminhos mais breves, passando essas ideias, sentimentos e conhecimentos diretamente de sua consciência para a consciência dos mais jovens. Ao invés de deixá-los instruir-se sozinhos, espontaneamente, com as sugestões da vida, eles mesmos os instruem. Ora, essa ação possui, necessariamente, algo de coercitivo e de laborioso: afinal, ela obriga a criança a superar sua natureza de criança, a violá-la, pois se trata de fazer essa natureza desaparecer tão rapidamente quanto possível; em vez de deixar sua ação fluir livremente, de acordo com as circunstâncias, é preciso que a criança concentre seus esforços voluntariamente e penosamente sobre os assuntos que lhe são impostos. Em suma, a civilização tem como efeito tornar mais sombria uma parte da vida da criança, dado que a instrução não é algo que lhe atrai espontaneamente, como pretendia Tolstoi. Se, por outro lado, pensarmos que nessa fase da história em que os procedimentos violentos são constantemente utilizados, eles não ofendem a consciência, que possuem a eficácia necessária para agir sobre as naturezas grosseiras, seria possível explicar facilmente porque os primórdios da cultura foram marcados pelo surgimento de penas corporais.

Mas essa explicação só dá conta dos fatos observados de maneira parcial. Ela permite compreender como as penas corporais apareceram na aurora da civilização. Contudo, se nenhuma outra causa tivesse interferido, teríamos observado o uso desses castigos perder cada vez mais terreno. Afinal, assim como a consciência moral dos povos se tornou mais refinada e os costumes se suavizaram, essas violências deveriam se tornar cada vez mais repugnantes. No entanto, vimos que esse sistema repressivo, longe de regredir, foi desenvolvido durante longos séculos, na medida em que os homens se tornavam mais civilizados. Foi no final da Idade Média que atingiu seu apogeu e, contudo, não há dúvida de que as sociedades cristãs do começo do século XVI haviam alcançado uma moralidade mais elevada do que a sociedade romana nos tempos de Augusto. É particularmente difícil explicar como essas práticas bárbaras resistiram até nossos dias, mesmo com todas as interdições que lhe foram expressamente impostas. É preciso que exista algo na própria constituição da escola, algo que a incline nesse sentido. E, com efeito, veremos que a persistência dessa disciplina é um efeito de uma lei mais geral, que determinaremos na próxima lição, e que nos permitirá colocar em relevo duas características distintivas dessa vida social *sui generis* que é a vida escolar.

DÉCIMA TERCEIRA LIÇÃO

A penalidade escolar (fim)

As recompensas

Na última lição, nós vimos que o método das punições corporais não havia surgido na família para então passar à escola, mas se constituiu na própria escola e que, durante um tempo, ele se desenvolveu na medida em que a própria escola se desenvolvia; também começamos a refletir sobre as causas dessa notável conexão. Sem dúvida, compreendemos bem que, a partir do momento em que a cultura humana atinge certo grau de desenvolvimento, os métodos dedicados a transmiti-la tiveram que ser empregados com maior severidade. Afinal, porque ela se tornou mais complexa, não era mais possível deixar essa transmissão por conta do acaso das circunstâncias; foi preciso ganhar tempo, andar mais depressa, e a intervenção humana se tornou indispensável. Ora, tal operação tem como efeito necessário à violação da natureza, uma vez que sua finalidade é fazer com que a criança atinja artificialmente um grau maior de maturidade; com isso se explica por que eram necessários meios muito enérgicos para obter o resultado desejado. E, como naquele momento a consciência pública não tinha senão uma repugnância muito tênue pelos procedimentos violentos, e como estes eram os únicos suscetíveis de agir com eficácia sobre naturezas tão grosseiras, podemos compreender que tenham sido aplicados. Foi por isso que o método das correções corporais surgiu quando a humanidade saiu de sua barbárie primitiva e, portanto, quando surgiu a escola; porque a escola e a civilização são coisas contemporâneas e estreitamente solidárias. Mas isso não explica por que esses métodos disciplinares foram reforçados ao longo de séculos, na medida em que a civilização progredia e em que os costumes se tornavam mais dóceis. Essa suavização dos costumes teria que ter tornado inconcebíveis esses castigos então utilizados. É particularmente difícil explicar os suplícios verdadeiramente sofisticados, a enxurrada de violências que os historiadores descreviam nas escolas dos séculos XIV, XV e XVI, onde, segundo Montaigne "só havia gritos, crianças sendo chicoteadas e mestres tomados pela cólera" (I, xxv). Algumas vezes esses excessos foram atribuídos à moral monástica, à concepção ascética que fazia do sofrimento um bem, que atribuía à dor todo tipo de virtudes místicas. Mas encontramos esse mesmo comportamento nas escolas da protestante Alemanha. Atualmente o próprio princípio desse sistema foi abolido nos países católicos: França, Espanha, Itália, Bélgica e Áustria; enquanto isso, ele se mantém, sob formas atenuadas, na Prússia e na Inglaterra. Portanto, isso quer dizer que ele não se deve a determinada particularidade confessional, mas a alguma característica constitutiva da escola em geral.

E, com efeito, parece ter fundamento considerá-lo como um caso particular de uma lei geral que pode ser enunciada da seguinte maneira. Todas as vezes em que dois povos, dois grupos de indivíduos, de cultura desigual, mantêm um contato frequente, são desenvolvidos certos sentimentos que inclinam o grupo mais culto, ou que se acredita como tal, a violentar o outro grupo. É isso o que se observa com frequência entre as colônias e os países que representam a civilização europeia, quando os representantes desses países acreditam estar diante de uma civilização inferior. Mesmo que a violência não tenha nenhuma utilidade, mesmo que ela implique graves consequências aos que se rendem a ela, resultando em represálias, é quase inevitável que ela aconteça. Esse é o motivo dessa espécie de loucura sangrenta que caracteriza o comportamento do explorador em relação aos povos que ele considera inferiores. Essa superioridade que ele se arroga tende a afirmar-se brutalmente, com uma violência sem propósito, sem razão de ser, pelo simples prazer de se afirmar. Ela produz uma verdadeira embriaguez, uma exaltação exagerada do eu, uma espécie de megalomania que desencadeia os piores excessos, cuja origem não é difícil de perceber. Nós já vimos que o indivíduo não se contém se não for contido, só se contém se estiver em face de forças morais que ele respeita, às quais ele não ousa enfrentar. Do contrário, ele não conhece limites, desenvolve-se infinitamente. Ora, a partir do momento em que as únicas forças morais com as quais se relaciona são depreciadas a seus olhos, a partir do momento em que não há nenhuma autoridade que lhe imponha respeito, justamente porque as considera inferiores, essas forças não exercem nenhum papel moderador. Com isso, não se sente barrado por coisa alguma, entrega-se a violências, tal como um déspota. Para ele, essas violências são uma brincadeira, um espetáculo que ele faz para si mesmo, um meio de testemunhar diante de si a superioridade que ele próprio se atribui.

É muito verossímil que seja um fenômeno desse mesmo tipo que podemos observar nos países civilizados, todas as vezes em que um grupo de anciãos e um grupo de jovens estabelecem um contato duradouro, associados em uma vida comum. Nesse caso, podemos observar a emergência de um tipo de hostilidade muito peculiar: é o que chamamos de trote. O trote não é somente uma brincadeira maldosa, produzida sabe-se lá por qual capricho irracional. Se assim o fosse, não seria tão generalizada e tão difícil de extirpar. Na verdade, ele é o efeito necessário de causas bastante definidas, que não podem deixar de exercer sua ação enquanto não lhe opusermos forças morais que seguem uma direção contrária, com intensidade no mínimo igual. Os anciãos sentem-se superiores aos mais novos, porque são mais velhos, porque são os depositários dos usos e das tradições que os mais novos ignoram, porque já formam um grupo coeso, possuem um espírito de corporação, uma unidade coletiva, enquanto os mais novos não têm nada em comum, não tiveram sequer o tempo necessário para se constituir e se organizar como tal. Justamente porque essa superioridade não possui fundamentos suficientemente sólidos, porque a distância moral entre essas duas gerações aproximadas dessa forma no fundo não é tão grande assim, porque é uma distância provisória, destinada a desaparecer rapidamente, é que essas violências produzidas dessa maneira não são muito sérias; elas têm um ar quase inofensivo. É uma brincadeira bastante peculiar, caracterizada por certa necessidade de violência e de tormentos. Sob formas ligeiramente diferentes, encontramos aqui a mesma causa produzindo o mesmo efeito.

Eu me pergunto se as relações entre alunos e professores não são comparáveis às anteriores, guardadas as devidas proporções. Entre eles, há a mesma distância que existe entre populações com níveis culturais desiguais. Na verdade, é difícil que possa existir uma distância tão grande entre dois grupos de consciência, dado que os primeiros são absolutamente alheios à civilização, enquanto os segundos são completamente impregnados dela. Contudo, por sua própria natureza, a escola aproxima-os estreitamente, coloca-os em contato de forma constante. Mas, então, não há nada de extraordinário no fato de que esse contato suscite sentimentos análogos àqueles que acabamos de descrever. Não é verdade que existe uma espécie de megalomania na base desse pedantismo, traço tão característico de nossa fisionomia profissional? Quando mantemos um relacionamento constante com sujeitos em relação aos quais somos moralmente e intelectualmente superiores, é quase inevitável não termos uma percepção exagerada sobre nós mesmos, percepção que se traduz em nossos gestos, em nossa atitude, em nossa linguagem. Ora, tal sentimento está predisposto a manifestações violentas, afinal, qualquer ato que o ofenda aparece como um sacrilégio. A paciência é uma virtude mais difícil, ela reclama um autocontrole mais intenso quando estamos diante de indivíduos inferiores do que quando estamos entre iguais. Até mesmo as resistências involuntárias, as simples dificuldades de obter os resultados desejados, já são muito desconcertantes, irritantes, são consideradas como uma grande ofensa e são tratadas como tal, sem mencionar que a própria superioridade que nos atribuímos tende, como já dissemos, a afirmar-se pelo simples prazer de afirmar-se. Mesmo na família vemos esse fenômeno se repetir, entre irmãos de idades diferentes. Existe uma espécie de impaciência crônica por parte dos mais velhos, uma tendência a tratar os mais jovens como seres inferiores. Contudo, nesse caso particular, o sentimento familiar costuma ser suficiente para prevenir os excessos. Mas, na escola, as coisas não se passam da mesma maneira, uma vez que lá não existe esse sentimento antagônico tão útil. Há, pois, nas próprias condições da vida escolar, algo que inclina à disciplina violenta. E, *enquanto uma força contrária não intervir*, sabemos muito bem que essa causa irá operar de forma sempre mais intensa, na medida em que a escola se desenvolve e se organiza. Pois, à medida que o professor adquire maior importância social, que seu caráter profissional se torna mais acentuado, a força desse sentimento profissional não pode deixar de crescer. O modesto chantre, que desempenhava a função de instrutor em todas as escolas paroquiais durante a Baixa Idade Média, possuía muito menos autoridade do que os diretores dos grandes colégios dos séculos XIV e XV, que, por serem membros de uma imponente corporação, tinham muita fé neles próprios e em sua eminente dignidade, que era sustentada pela fé comum de seus pares. É provável que essa megalomania escolar, sobre a qual acabei de falar, jamais tenha atingido um grau mais elevado do que nesse período, o que nos permite começar a compreender o regime disciplinar daquele tempo.

Existe uma força capaz de conter esse estado de espírito: é a opinião moral vigente. É a ela que cumpre proteger a criança da autoridade do professor, de lembrar o caráter moral desse ser em formação, que deve fazer com que ela seja respeitada. Foi assim que os abusos por parte dos conquistadores em relação aos povos menos civilizados começaram a ser contidos, depois que a opinião, melhor informada, passou a ter mais condições de vigiar e julgar o que se passava nos países mais distantes. Mas as escolas medievais eram organizadas de um modo tal, que era impossível que a opinião pública pudesse fazer ecoar sua voz. Assim como todas as corporações daquele período, as corporações de professores eram sociedades fechadas, vedadas para qualquer influência externa, voltadas para si mesmas, quase uma sociedade secreta. Em princípio, nem o próprio Estado intervinha. O aluno dos colégios era completamente isolado do meio exterior; a comunicação entre ele e seus pais era bastante rara, muitas vezes até interditada. Nessas condições, os progressos da opinião pública não poderiam ter nenhuma influência sobre a prática da disciplina. Eis por que ela permaneceu durante tanto tempo obstinada em seus velhos erros. A despeito dos eloquentes protestos que se faziam ouvir (eles existiam inclusive em plena Idade Média), a despeito das tentativas de reforma por parte da autoridade civil, os antigos usos persistiram assim como nas outras corporações, até o dia em que a escola começou a sair da sombra na qual permanecera escondida, e não restou então outra possibilidade a não ser abrir-se à vida externa e à luz do dia.

Assim, é a própria constituição da escola a causa do mal. Se considerei útil tratar dessa questão, não foi apenas em virtude de seu interesse histórico, mas porque ela permite estabelecer com mais precisão um traço particular dessa sociedade que é a escola e da vida particular que se desenvolve nela. Justamente porque essa sociedade possui naturalmente uma forma monárquica, ela degenera facilmente em despotismo. É um perigo para o qual devemos abrir bem os olhos, a fim de nos prevenir contra ele; esse perigo é tanto maior quanto mais considerável for a distância entre o professor e os alunos, ou seja, quando estes são mais jovens. O meio mais eficaz para prevenir esse perigo é impedir que a escola se feche demasiadamente sobre si mesma, que viva uma vida exclusivamente sua, que não tenha um caráter muito exclusivamente profissional. Ela só pode vigiar a si mesma aumentando os pontos de contato com o mundo exterior. Por si mesma, assim como todo grupo constituído, ela tende à autonomia; ela não aceita facilmente qualquer controle; e, no entanto, esse controle é indispensável, não somente do ponto de vista intelectual, como também do ponto de vista moral.

Não é suficiente que não se possa bater na criança, é preciso proibir qualquer tipo de punição suscetível de prejudicar sua saúde. Por esse motivo, as privações do recreio devem ser aplicadas com extrema discrição, jamais devem ser completas. A privação da brincadeira durante o recreio não possui os mesmos inconvenientes, embora possua as diversas vantagens. Devemos estabelecer, em princípio, que uma criança que agiu mal e que recebeu uma repreensão não está com o coração apto para brincar. A brincadeira, com a alegria e a expansão que a acompanham, deve ser a manifestação exterior de um sentimento interior de satisfação, que não pode ser experimentado quando se falta com o dever. Há nisso, portanto, uma punição legítima, eficaz, muito apta a suscitar na criança esse sentimento de contrição que deve seguir-se à falta, e que não é difícil de ser aplicada.

Mas não é suficiente excluir as punições prejudiciais; é preciso buscar preferencialmente aquelas que podem ser úteis àqueles que são submetidos a ela. De modo geral, a disciplina penal do adulto tende, cada vez mais, a inspirar-se em sentimentos humanitários; ela se torna cada vez mais uma espécie de pedagogia do culpado. Portanto, a pedagogia propriamente dita não poderia subtrair-se a essas mesmas preocupações. Foi por isso que os *pensuns* despropositados de outrora, que tinham o único objetivo de irritar a criança ocupando-a com uma tarefa fastidiosa, desapareceram definitivamente. Aliás, eles eram totalmente desprovidos de eficácia moral. Ora, para que uma pena possa exercer alguma ação educativa sobre aquele a que ela é infligida, é preciso que ela lhe pareça respeitável. Mas o *pensum* é uma coisa absurda, completamente destituída de qualquer sentido, e nós desprezamos o que é absurdo. É preciso, pois, que as tarefas suplementares, atribuídas aos alunos que cometeram alguma falta, tenham o mesmo caráter que seus deveres ordinários, que sejam tratadas e corrigidas como tais.

Uma prática recorrente consiste em reunir todos os alunos que foram punidos, de uma ou mais classes, em uma mesma sala, para que executem diante do professor a tarefa extraordinária que lhes foi imposta. Não vejo muita utilidade nessa prática que, mesmo que seja regulamentada e utilizada nos estabelecimentos escolares de quase todos os países, não deixa de apresentar sérios inconvenientes. É sempre ruim aproximar muito os sujeitos que têm um valor moral medíocre; eles apenas se estragam mutuamente. A promiscuidade dessas classes artificiais, compostas inteiramente por pequenos delinquentes, não é menos perigosa do que a promiscuidade das prisões. Ali reina sempre um espírito de desordem e rebelião. Além disso, nessa circunstância as crianças geralmente não estão sob a supervisão do professor com o qual estão acostumadas. O exercício complementar corre o risco de não ser controlado com o mesmo interesse que os deveres ordinários, e por isso mesmo se torna muito parecido com o antigo *pensum*.

A privação da brincadeira, as tarefas complementares, eis, pois, junto com as censuras e reprimendas, os principais elementos da penalidade escolar. Na verdade, qualquer que seja a natureza das penas empregadas, há um princípio que domina toda essa matéria. O sistema de punições deve consistir em uma escala gradual cuidadosamente elaborada, que começa no nível mais baixo possível, e a transição para o próximo degrau deve ser sempre feita com muita prudência.

Com efeito, todo castigo, uma vez aplicado, perde parte de sua força, pelo mero fato de sua aplicação. Pois, o que constitui sua autoridade não é tanto a dor que ele causa, mas a vergonha moral implicada na condenação que ele exprime. Ora, esse sentimento de pudor moral, que protege contra as faltas, está dentre os mais delicados que existem. Ele não é muito forte, não existe sozinho, ele só exerce alguma influência enquanto o indivíduo ainda não perdeu sua pureza inicial. Costumamos dizer que uma primeira falta sempre desencadeia outras. Ocorre que nos sentimos menos sensíveis a essa vergonha depois que a experimentamos uma primeira vez. Portanto, a punição possui esse inconveniente de poder minar uma das molas propulsoras da vida moral, diminuindo sua própria eficácia no futuro. Ela mantém sua plena virtude enquanto permanece uma simples ameaça. É por isso que o professor hesita em punir um bom aluno, mesmo quando ele merece. Afinal, a punição só poderia contribuir para torná-lo um reincidente.

Nada é mais perigoso do que ter uma escala de punições muito curta: dado que é possível que ela tenha que ser percorrida muito rapidamente, essa força cominatória da pena, que subsiste apenas enquanto ela não for aplicada, corre o risco de exaurir-se rapidamente. Nesse caso, estaremos desarmados. É isso o que faz a fraqueza de todas as legislações draconianas. Como elas já começam com severidades extremas, acabam tendo que ser repetidas com muita freqüência, e a punição possui tanto menos força quanto mais vezes se repete. Trata-se, pois, de um princípio muito importante o de que, salvo em casos muito excepcionais, a punição não deve ser administrada em dose massiva, pois ela produz muito mais efeito se for sabiamente diluída. Eis por que é preciso multiplicar com muita engenhosidade os degraus da escala penal. Para tanto, conviria recorrer às punições propriamente ditas somente depois de se ter tentado todas as formas de censura e de reprimenda, que são infinitamente numerosas. Existe a censura individual, quase secreta, pela qual sempre se deve começar; a censura pública, diante de toda classe, a censura comunicada aos pais, o castigo com suspensão. E, antes da própria censura, quantos meios existem para advertir a criança, para fazê-la sentir que está cometendo uma falta, para interromper sua ação! Um olhar, um gesto, um silêncio, quando sabemos utilizá-los, são procedimentos muito significativos, e a criança sabe compreendê-los. Antes mesmo de chegar ao ponto de precisar dos verdadeiros castigos, o professor tem em suas mãos milhares de meios de ação, que têm infinitas nuanças e variações.

Existe, aliás, uma outra razão para que essa escala de punições seja percorrida lenta e sabiamente. É que as punições produzem tanto menos efeito quanto mais elevadas forem. Trata-se de uma lei da psicologia que as impressões causadas por uma excitação não crescem indefinidamente, conforme a excitação se torna mais intensa. Chega um momento no qual elas atingem um limite, além do qual nenhum acréscimo é percebido. Assim, ultrapassado certo degrau de sofrimento, todo novo sofrimento deixará de ser sentido. Depois de experimentada certa vergonha, ela não será mais percebida. Além disso, na medida que se aproxima desse limite, o descompasso entre a intensidade da impressão e a intensidade da excitação se torna cada vez maior; isso quer dizer que uma parte sempre mais ampla dessa força excitante deixa de afetar a consciência, e para nós ela passa a ser como se não existisse. Um homem que possui uma renda modesta regozija-se com o menor enriquecimento. O mesmo enriquecimento deixará insensível um homem cuja fortuna é considerável. Somente os benefícios realmente excepcionais poderão lhe causar algum prazer, ainda assim será um prazer que não se compara ao que seria causado por uma quantia infinitamente menor dada a um homem com rendimento médio. A mesma lei se aplica, naturalmente, às penas. À medida que elevamos a gama das punições, uma parte sempre crescente da energia que é utilizada para aplicá-la é perdida; é preciso reforçá-la cada vez mais para que se obtenha algum efeito, e esse efeito será cada vez menos proporcional à gravidade da falta cometida. Por conseguinte, quanto mais elevadas são as punições, menos econômicas elas são: sua utilidade é sempre mais desproporcional em relação às forças que elas demandam. É por isso que, de alguma forma, é preciso tentar poupar os recursos, para não ter que recorrer com muita frequência a punições tão dispendiosas e ineficazes.

Mas, escolher e graduar bem as punições ainda não é o suficiente. Existe ainda a arte de aplicá-las, para que possam produzir todos os efeitos úteis esperados. A maneira de punir é tão importante quanto a própria punição.

Já se disse muitas vezes que não se deve punir *abi rato*. Com efeito, isso faria com que a criança achasse que foi punida como consequência de uma cólera irracional, de uma impaciência nervosa: isso já bastaria para que a pena perdesse consideração diante de seus olhos e para que toda significação moral fosse obscurecida. É preciso que a criança sinta que essa punição foi imposta de forma deliberada, que ela resulta de uma decisão tomada com sangue frio. Por isso, é sempre bom deixar passar algum tempo, pode ser até bastante curto, entre o momento em que se constatou a falta e o momento em que a punição é aplicada; um tempo de silêncio destinado à reflexão. Esse momento de suspensão não é uma simples ilusão, destinada a dar à criança a impressão de uma deliberação; é um meio para que o próprio professor se previna contra decisões precipitadas, que são tão difíceis de serem revogadas quanto de serem sustentadas. Todo procedimento judicial, com suas lentidões e suas complicações, tem como objetivo obrigar o juiz a evitar precipitações, a emitir seu *veredicto* somente com conhecimento de causa. É preciso que o professor tome precauções análogas para prevenir-se a si mesmo. É sempre um problema, bastante complicado, decidir se se deve punir e, sobretudo, como se deve punir. A não ser que o caso seja extremamente simples, é preciso gastar algum tempo para resolver a questão. Esse tempo pode ser utilizado para motivar uma interrupção necessária das atividades, para fazer com que os alunos da classe reflitam e compreendam a decisão tomada. Porque é especialmente a classe que a punição deve fazer pensar.

Mas, por outro lado, se não se deve punir com cólera, também não se deve punir com indiferença. Um excesso de sangue-frio, de impassibilidade, não produz efeitos melhores do que um comportamento excessivo. Como já dissemos, punir é censurar, censurar é protestar, é afastar de si o ato censurado, é testemunhar o desprezo que ele inspira. Se a punição for aquilo que ela deve ser, não poderá ser aplicada sem certa indignação, ou, se essa palavra parece muito forte, sem um descontentamento mais ou menos expresso. Se toda paixão for retirada, ela perde seu conteúdo moral. Ela será reduzida ao ato material que ela impõe; mas nada irá conferir a esse ato a significação que é sua própria razão de ser. Que eficácia pode ter um rito que é observado em sua letra, mas cujo espírito não é sentido? Nesse caso, tudo acontece de forma automática. Estabelece-se uma tabela: a criança sabe o quanto deve pagar para cada falta; ela paga passivamente, obedecendo à injunção recebida; mas, uma vez que pagou sua conta, considera-se quite consigo mesma e com os outros, porque nessa punição ela não vê nada além da própria punição. Entendida dessa maneira, a disciplina pode até adestrar, mas não educar, porque não efetua nenhum trabalho interior. E ela ainda arrisca a gerar ainda mais revoltados. Afinal, é difícil que a criança aceite uma pena cujo sentido ela não percebe, que não diz nada a seu espírito. É preciso que o mestre não deixe sua sensibilidade profissional se desgastar com o tempo. É preciso que tenha um interesse contínuo por seus alunos, para que suas faltas não sejam vistas com lassitude, com indiferença; é preciso que ele sofra, que fique indignado, e que externe esses sentimentos.

Aplicar a punição com sangue-frio é algo tão contrário à sua natureza que, se é útil resguardar um tempo para a reflexão antes de administrá-la, é fundamental que esse tempo não seja demasiado longo. Pois, o sentimento que está na raiz da pena, que faz dela algo vivente, se enfraquece com o passar do tempo, de modo que a pena passa a ser a expressão de algo artificial. Em nossos estabelecimentos de ensino secundário instituiu-se recentemente uma espécie de tribunal, semelhante ao tribunal universitário, encarregado de julgar os delitos escolares que parecem mais graves. Essa instituição pode até ser útil quando se trata de deliberar sobre uma pena muito severa, tal como a expulsão; mas eu duvido que nos casos ordinários ela possa prestar todos os serviços que poderíamos esperar. Uma sentença solene, apresentada muito tempo depois que o ato foi cometido, de forma oficial, por uma espécie de magistratura impessoal, poderia tocar a criança tanto quanto algumas palavras de seu professor, pronunciadas no próprio momento da falta, sob o impacto da penosa emoção que ela causou, se a criança amar o professor e tiver sua estima? Se é verdade que a classe é uma sociedade, que as instituições escolares se assemelham às instituições sociais correspondentes, elas não deveriam, no entanto, tentar ser uma cópia pura e simples. Afinal, uma sociedade de crianças não poderia ser organizada da mesma forma que uma sociedade de adultos. Os delitos escolares têm como característica o fato de que todos eles pertencem à categoria de flagrante delito. Não são necessários procedimentos muito complicados para julgá-los. Além disso, existe um interesse moral na punição o mais imediata possível, que é o de neutralizar os efeitos nocivos da falta cometida. A criança vive de sensações. É preciso que a sensação contrária àquela causada pela infração seja rapidamente imposta.

Mas, qualquer que seja a punição e qualquer que seja a forma sob a qual ela venha a ser pronunciada, é preciso que, uma vez decidida, ela seja irrevogável. A única exceção é quando a própria criança repara sua falta de uma forma surpreendente, por um ato espontâneo. Essa é uma regra pedagógica que deve ser mantida com toda firmeza possível. É preciso que a criança sinta na regra uma necessidade igual àquela das leis da natureza. Porque é somente sob essa condição que ela irá adquirir o hábito de se representar o dever do modo que convém, isto é, como algo que se impõe às vontades de forma irresistível, com o qual não se argumenta e diante do qual não se tenta dissimular, algo tão inflexível como as forças da natureza, embora diferente delas. Se, ao contrário, a criança vê a regra dobrar-se diante de todo tipo de contingência, se ela vê a regra aplicada sempre de forma hesitante, fraca, indecisa, plástica, ela a conceberá e a tratará como tal. Ademais, se ela aparecer sempre como algo flexível, ela sempre tentará dobrá-la; dado que ela comporta essas acomodações, também poderá se acomodar às circunstâncias. As fraquezas e as incertezas da punição contribuem para deixar as próprias consciências fracas e incertas. A resolução é uma condição para a retidão moral que precisa ser praticada, para que possa ser devidamente comunicada à criança.

Acabamos de ver qual é o papel moral da punição, o que ela deve ser, como deve ser aplicada para atingir sua finalidade. Mas, a punição não é a única sanção vinculada às regras da moral escolar, como na moral dos adultos; há também as recompensas. Mesmo que as recompensas sejam a contrapartida lógica das punições, elas tomarão menos tempo de nossa discussão. Isso porque desempenham um papel muito menor na educação moral.

Com efeito, é certo que na escola elas são aplicadas especialmente como um meio de incentivar a criança a desenvolver suas qualidades de inteligência, muito mais do que aquelas do coração e do caráter. Elas consagram mais o sucesso do que o mérito moral. As boas notas, as classificações, os prêmios, as honras da classe são normalmente reservadas aos alunos mais inteligentes, mais do que àqueles que possuem uma consciência moral mais reta ou mais sensível. É mais um instrumento de cultura intelectual do que de cultura moral. É verdade que inclusive já se caracterizou como uma anomalia funesta o lugar tão pequeno que se atribui à virtude das recompensas escolares. "Qual é, indaga o senhor Vessiot, a característica do sistema educacional atualmente em vigor? A parte das punições é bem maior do que aquela das recompensas. Enquanto a primeira abrange todas as faltas que a criança pode cometer, a segunda está longe de contemplar todas as coisas louváveis e boas que ela pode realizar. Além disso, tudo parece bem calculado para excitar a emulação intelectual; mas não há quase nada previsto para criar a emulação moral"[3]. Mas, em primeiro lugar, é preciso observar que essa desproporção entre as punições e as recompensas também existe na vida real. As recompensas sociais são sempre mais ligadas ao mérito intelectual, artístico, industrial, do que à virtude propriamente dita. Os atos contrários aos deveres fundamentais são punidos; mas aqueles que ultrapassam o mínimo de moralidade exigido só recebem recompensas definidas em casos muito excepcionais. Que contraste existe entre esses códigos com múltiplas prescrições, com sanções estreitamente determinadas, e os poucos prêmios, títulos e insígnias honorárias, que de quando em quando recompensam algum ato de devotamento! Na verdade, parece que o número dessas recompensas coletivas vem diminuindo cada vez mais, e muitas delas vêm perdendo seu prestígio. Quase sempre, essas recompensas consistem exclusivamente na aprovação pública, no elogio, na estima e na confiança que são testemunhadas àqueles que se conduziram particularmente bem. As sanções vinculadas à prática positiva do dever não se igualam, portanto, nem em número, nem em importância, nem em grau de organização, às sanções repressivas vinculadas à violação da regra. Ora, dado que a escola tem como objetivo preparar para a vida, ela falharia em sua tarefa se fizesse a criança adquirir hábitos que mais tarde a vida virá a contradizer. Se a prática escolar acostuma a criança a receber uma recompensa por tudo o que ela faz de bom, que descontentamento, que desilusão ela irá experimentar quando constatar que a sociedade não retribui seus atos

---

3. *De l'éducation à l'école*, 1885, p. 144 (N.A.).

virtuosos com essa mesma exatidão e com essa mesma precisão! Ela precisará reconstruir uma parte de sua constituição moral e aprender a ter um comportamento desinteressado, que não lhe ensinaram na escola.

Poderíamos dizer que essa parte menor concedida às recompensas na vida do adulto é algo anormal? Mas, não há sociedade em que as coisas não se passem dessa maneira. Ora, é difícil considerar anormal uma prática que é tão universalizada. Ocorre que ela tem sua razão de ser. Afinal, se é importante que os atos indispensáveis ao funcionamento da vida moral sejam rigorosamente exigidos, se, por isso mesmo, todo descumprimento da regra exige uma sanção precisa, inversamente, tudo o que ultrapassa esse mínimo estritamente necessário de moralidade é alheio a qualquer regulamentação: pertence ao domínio da liberdade, das tentativas pessoais, das livres iniciativas, que não podem ser previstas e muito menos regulamentadas. Eis por que não poderia haver um código de recompensas paralelo ao código penal. E há mais: esses atos só possuem valor moral se o agente não visar uma recompensa determinada, se não for uma recompensa o que motiva sua ação. É exatamente essa incerteza, essa indeterminação da sanção, sua pouca importância material, que consiste em seu prêmio. Se essas ações já fossem tabeladas antecipadamente, adquiririam um ar mercantil, que faria com que perdessem sua característica própria. Portanto, é normal que as faltas tenham sanções mais precisas, mais certas e mais regulares do que as ações realmente meritórias; nesse aspecto, é preciso que a disciplina da escola se assemelhe àquela da vida.

Isso não quer dizer que não tenha nada de relevante nessa crítica que mencionamos há pouco. É claro que não seria o caso de fazer os alunos competirem em honestidade, em veracidade, etc. A ideia de um prêmio de virtude nos faria rir, não por misoneísmo, mas por ver aproximadas duas noções tão diferentes. Repugna-nos ver o mérito moral recompensado da mesma forma que o talento. Existe nisso uma contradição que nos choca, e com razão. A verdadeira recompensa da virtude encontra-se no estado de contentamento interior, no estado de estima e de simpatia que nos desperta, no conforto que resulta disso. Mas, é verdade que em nossa vida escolar a estima é vinculada muito exclusivamente aos méritos intelectuais, sendo que o valor moral mereceria um pouco mais de atenção. Para isso, não seria preciso acrescentar novas composições às composições existentes, novos prêmios em nossos concursos. Bastaria que o professor atribuísse mais importância a essas qualidades que, evidentemente, na prática corrente, são tratadas como uma coisa secundária. A afeição, a amizade que o professor testemunha em relação ao aluno esforçado, que estuda mais do que seus colegas melhor dotados, mesmo que não obtenha os mesmos resultados que estes, já seriam por si mesmas as melhores recompensas, restabeleceriam um equilíbrio que, atualmente, está injustamente turvado e falseado.

II. A vinculação aos grupos sociais

DÉCIMA QUARTA LIÇÃO

O altruísmo da criança

Veremos agora quais os meios para estabelecer na criança o segundo elemento da moralidade. Como já dissemos, esse segundo elemento consiste na adesão a um grupo social de uma maneira geral, porém mais especificamente na adesão à pátria, desde que esta seja concebida não como uma personalidade egoísta e agressiva, mas como um dos organismos pelos quais se realiza a ideia de humanidade.

A fonte de toda essa parte da vida moral reside, evidentemente, em nossa faculdade de simpatizar com outra coisa além de nós mesmos, isto é, no conjunto de tendências que chamamos de altruístas e desinteressadas. Por conseguinte, a primeira questão que devemos nos colocar é a de saber se essas tendências já existem na criança e, se existem, sob qual forma. Os métodos a serem utilizados serão diferentes, conforme determinemos se encontramos ou não na natureza congênita da criança um ponto de apoio sobre o qual poderemos exercer nossa ação, uma alavanca que podemos utilizar, e, inclusive, conforme a própria natureza dessa alavanca. Os caminhos a serem seguidos serão muito diferentes se, em um dos casos, a criança for considerada como inteiramente egoísta, ou se, ao contrário, ela for considerada predisposta ao altruísmo desde o momento de seu nascimento. Anteriormente, antes de saber como proceder para despertar na criança o primeiro elemento da moralidade, a saber, o espírito de disciplina, começamos por investigar quais os estados mentais naturais que poderiam nos ajudar a alcançar o resultado desejado. A questão que abordamos naquela ocasião é simétrica a que iremos discutir hoje.

Mas, para resolvê-la, é preciso, em primeiro lugar, definir o que entendemos por tendências altruístas ou desinteressadas e, por conseguinte, por tendências egoístas; afinal, precisamente porque se tratam de tendências radicalmente opostas, não podem ser definidas isoladamente. As duas noções são conexas. E, por outro lado, conforme a definição a que chegarmos, resolveremos de uma forma determinada a questão do altruísmo e do egoísmo infantis.

Comumente, chamamos de tendências egoístas aquelas que têm como objeto o prazer do próprio agente, e de tendências altruístas, aquelas que têm por objeto um ser diferente daquele que age. Desse ponto de vista, a antítese é a mais absoluta possível: afinal, o meu prazer e o prazer de um outro ser que me é estranho são tão radicalmente opostos, que não é possível estabelecer um meio-termo entre ambos. A distância é tão considerável que parece impossível atribuir uma origem comum a esses dois tipos de sentimentos. É por isso que tendemos a fundar o primeiro, isto é, o egoísmo, na constituição natural do homem, enquanto o segundo é considerado um produto relativamente tardio da cultura e da educação. Instintivamente, dizemos, o homem, enquanto animal, não conhece e não busca a não ser seu próprio prazer: ele é inteiramente egoísta. Tornou-se até mesmo banal atribuir ao primitivo um egoísmo feroz que só seria amenizado muito lentamente, sob a influência da civilização. Ora, a criança começa sua vida em condições muito semelhantes às que o homem começou sua história. Portanto, ela também seria totalmente egoísta, e caberia à educação constituir inteiramente todas as tendências altruístas, que originariamente lhe faltam.

Poderíamos então nos perguntar como é possível uma transformação que implica uma verdadeira criação *ex nihilo*. Afinal, nem a evolução histórica poderia obter do homem, nem a educação poderia obter da criança, algo que não se encontrasse neles ao menos em forma germinal, e é bastante difícil conceber algum meio pelo qual um ser totalmente egoísta poderia se tornar capaz de agir desinteressadamente. Não é necessário examinar aqui as teorias imaginadas pelos moralistas e pelos psicólogos para tornar inteligível esse milagre. É melhor já começar por avaliar a concepção que tornou essa hipótese necessária, isto é, a própria definição de egoísmo e de altruísmo que os apresentou como dois estados de espírito antagônicos, incomunicáveis. Veremos a seguir que, por mais evidente que seja aos olhos do senso comum, essa concepção é passível de inúmeras ponderações.

Em primeiro lugar, não é exatamente correto afirmar que todas as tendências desinteressadas têm por objeto o prazer de qualquer ser sensível diferente do agente. Existem também aquelas que concernem aos seres não sensíveis, aos seres puramente ideais. O sábio que ama a ciência, a ama em si mesma, por ela mesma, e não somente em função da influência benéfica que ela pode ter para os outros homens. Sem dúvida, o sentimento antecipado dos serviços que determinada descoberta pode prestar à humanidade pode operar como um estímulo secundário à pesquisa, orientá-la numa dada direção e não em outra; mas há outros sentimentos em jogo nesse amor pela ciência. O desejo de conhecer e de compreender, a pura curiosidade, eis seu verdadeiro móbil inicial. O desejo de trazer um alívio para as misérias humanas pode ter levado Pasteur e seus alunos a aplicar o princípio da vacinação às doenças graves, como a raiva e a difteria. Contudo, a ideia mãe da doutrina e de suas explicações era inteiramente teórica: tratava-se de certa visão sobre a natureza da própria vida e, talvez, de uma curiosidade inicial, inteiramente especulativa, em relação às coisas infinitamente pequenas. Na verdade, podemos até mesmo dizer que as preocupações utilitárias estão ausentes da pesquisa científica. O historiador, o erudito, o filósofo não poderiam representar de uma forma bem definida os serviços que seus trabalhos podem prestar; quando muito, poderão oferecer a seus semelhantes a possibilidade de se conhecer melhor. Podemos até mesmo estabelecer como uma regra de método que, em princípio, o sábio deve se dedicar a conhecer as coisas com o único objetivo de conhecê-las, sem se preocupar com as consequências práticas que podem resultar de suas descobertas. O que dissemos sobre o amor pela ciência é válido também para o amor pela arte. Mas, mesmo entre as tendências que concernem aos seres sensíveis, existem outras que são manifestamente desinteressadas e que, no entanto, têm como objetivo causar não o prazer ao outro, mas a dor. Há alguns tipos de ódio que estão tão longe de ser egoístas, que aquele que age chega até mesmo a sacrificar a própria vida em nome do sentimento que o anima; e, no entanto, esse sentimento tem como único propósito provocar danos. Exemplo disso são as práticas de ódio entre famílias, muito comuns nos lugares em que a *vendetta* permaneceu um costume; há ainda o ódio do crime e aquele do criminoso. Sem dúvida, poderíamos discutir para saber se essas são formas desejáveis de tendências desinteressadas; mas elas existem, e seu desinteresse é indiscutível.

Assim como as tendências altruístas não têm necessariamente como objeto o prazer dos outros, as tendências egoístas não têm necessariamente por objeto o nosso prazer. Um dipsomaníaco que cede à necessidade de beber, um cleptomaníaco que cede à necessidade de roubar, sabem bem que seus atos só trarão aborrecimentos e sofrimentos; no entanto, não conseguem resistir à inclinação que os atrai. Nesse caso, não é a perspectiva do prazer que determina sua conduta; é a bebida ou o objeto intensamente desejado que os atraem por si mesmos, como o ímã atrai o ferro, com uma necessidade verdadeiramente física, a despeito das consequências desagradáveis às quais eles se expõem. Alguém poderá dizer que se trata de estados mórbidos; mas sabemos que o que a doença faz é apresentar de forma ampliada as características presentes no estado de saúde. Com efeito, não é difícil encontrar fatos do mesmo tipo num indivíduo normal. O avaro é um egoísta. Mas o verdadeiro avaro ama a riqueza em si mesma, não pelo prazer que ela pode proporcionar. A prova disso é que, para conservar seu ouro, ele se privará de qualquer satisfação; ele se deixará morrer ao lado de sua riqueza para não deixar que lhe seja tomada. Alguém dirá que ele experimenta o prazer no próprio sentimento que tem de sua riqueza, mesmo que não faça uso dela? Não há tendência que, quando satisfeita, não seja acompanhada de certo prazer. Mas, nesse caso, as tendências altruístas não se distinguem das tendências egoístas. Uma mãe sacrifica-se com alegria por seu filho. No entanto, é evidente que o que ela busca com isso é a saúde de seu filho, não a alegria proporcionada pelo sacrifício. Essa alegria é simplesmente um acréscimo, que facilita o sacrifício, que o torna mais suave; não é sua causa determinante, nem seu objeto. É o mesmo caso do avaro que se sacrifica por seu ouro. É, pois, a seu ouro que ele está ligado, como a mãe está ligada a seu filho. Se a paixão não tivesse outro objeto além do prazer que ela causa, ela seria ininteligível. Podemos dizer o mesmo sobre o amor pelo poder. Muitas vezes, o poder é causa de tristeza e de amargura para aquele que o possui. E, no entanto, por mais duro que seja seu exercício, uma vez que ele se tornou um hábito, passa-se a amá-lo, a querê-lo, de tal modo que não se consegue viver sem ele. Podemos encontrar essa mesma característica nas tendências mais elementares. Ao ingerirmos um alimento quando estamos com fome, nossa ação visa à nutrição, não ao prazer que acompanha sua ingestão. É o alimento que é o objeto dessa tendência; o prazer pode ser somado, mas é apenas o tempero do ato, não é seu objetivo. De uma maneira mais geral, o tipo ideal da tendência egoísta é o que chamamos impropriamente de instinto de conservação, isto é, a tendência de todo ser vivente a preservar sua existência. Ora, essa tendência faz sentir sua ação sem que pensemos nos prazeres que a vida pode nos proporcionar, mesmo quando ela nos reserva apenas dores, mesmo quando temos consciência disso. É por isso que um homem que se jogou na água por desespero faz todos os esforços para salvar-se. Contudo, o próprio fato da imersão não mudou em nada a condição de sua existência, nem a maneira como ele a considera. O fato é que ele estava apegado à própria vida mais do que tinha consciência disso, por mais miserável que ela fosse. É porque nós amamos a vida, em si mesma, por ela mesma, mesmo que para nós ela não seja mais do que uma fonte perene de sofrimentos. Certamente, não quero dizer que a dor jamais possa triunfar sobre essa tendência; mas, quando ela é forte, quando o amor pela vida é bastante enraizado, somente uma acumulação de experiências dolorosas muito singular seria capaz de solapá-la. Podemos lembrar aqui o verso de La Fontaine:

Desde que eu viva, já é o bastante.

Essa frase não é senão a ilustração desse fato da experiência. Enfim, há até mesmo tendências egoístas que têm por objeto não o prazer do agente, mas seu sofrimento. Um homem célebre da Renascença, Jerome Cardan[4], disse em sua autobiografia "que não podia abster-se de sofrer; e quando isso lhe acontecia, sentia elevar-se

---

4. Jérôme Cardan, em latim Cardano e em sua língua-mãe, Gerolamo Cardano, nasceu em Pádua, no ano de 1501. Foi um dos grandes sábios da Renascença, era inventor, médico, matemático, astrólogo e mesmo filósofo. Ficou conhecido não apenas por suas contribuições, mas também por sua personalidade contraditória, médico e hipocondríaco, homem de ciência e místico, e pela vida marcada por grandes conquistas e por inúmeros sofrimentos e mesmo condenações por parte da Igreja. Algumas controvérsias rondam sua morte que, segundo alguns, teria sido corretamente prevista por ele; para outros, o pensador suicidou-se no dia 21 de Setembro de 1576, para confirmar suas previsões.

um sentimento tão tempestuoso dentro de si, que qualquer outra dor lhe parecia um alívio". Nesse estado, ele também tinha o hábito de submeter seu corpo à tortura até verter lágrimas. Muitos fatos desse mesmo tipo foram observados entre os neurastênicos. Mas podemos apontar fatos desse tipo também entre os sujeitos normais. O gosto pela melancolia não tem nada de mórbido: ora, que outra coisa poderia ser, senão certo amor pela tristeza?

Assim, não devemos procurar essas tendências na natureza diferente dos prazeres, não é nisso que podemos encontrá-las; afinal, as tendências egoístas, assim como as outras tendências, possuem outros objetos além do prazer que pode resultar delas, seja para nós, seja para outros. Normalmente, aquilo que nós amamos, aquilo que nós buscamos são as coisas para as quais tendemos; é a vida, a saúde, a riqueza, é uma outra pessoa, é a própria dor. Sem dúvida, quando alguma tendência é satisfeita, nós experimentamos uma satisfação. Mas essa satisfação é um simples acompanhamento da tendência; é o sinal de que ela flui com facilidade, que se desenvolve sem resistências, que ela atingiu seu objetivo; mas não é seu objetivo, nem sua razão de ser. Portanto, esse prazer é algo que acompanha a realização de todas as tendências, quaisquer que sejam, inclusive as tendências altruístas, bem como todas as outras. Não há nisso nada que permita diferenciá-las umas das outras. Na verdade, há uma inclinação que tem o prazer como seu objetivo; é o que chamamos de amor pelo prazer, ou melhor, pelos prazeres, a necessidade de experimentar sensações agradáveis indefinidamente; da mesma forma que existe uma inclinação que tem a dor como objeto. Mas essas são inclinações muito particulares, distribuídas entre os indivíduos de forma muito desigual. Elas não são o protótipo de todas as inclinações. Mesmo entre elas, com exceção do amor pela dor, poucas são as que se tornam mórbidas tão facilmente. Há, no amor pelo prazer, um perigo moral que foi assinalado por todos os moralistas. Nós sentimos que há algo de mórbido em erigir o prazer à categoria de um fim em si mesmo, a buscá-lo por si mesmo, uma vez que ele deve ser apenas um resultado, uma consequência, um estado concomitante. O que nós realmente precisamos para viver são as coisas com as quais nossa existência é solidária, não as impressões agradáveis que resultam dessa busca pelas coisas verdadeiramente essenciais. O prazer não pode ser a única coisa que possui algum valor e que merece ser buscada.

Portanto, é necessário renunciar a definir e distinguir as tendências baseando-se nos prazeres que delas resultam; é preciso considerar os próprios objetos aos quais nos vinculamos por intermédio dessas tendências e tentar classificá-los, abstraindo as impressões mais imediatas que temos a seu respeito. Ora, todos esses objetos podem ser repartidos em duas grandes categorias, cuja distinção irá nos fornecer a definição que buscamos. O que já podemos afirmar é que o objeto de nossa tendência é um elemento de nossa individualidade: é nosso corpo, nossa saúde, nossa riqueza, nossa condição social, nossa reputação e tudo o que, indiretamente, pode nos ajudar a atingir esses fins pessoais. Daí que provém o amor pela vida, o amor pela riqueza, pelas honras, etc. Todas essas tendências nos vinculam a diferentes aspectos de nós mesmos e, por isso, podem ser corretamente designadas de egoístas. Mas há outras tendências cujos objetos estão fora de nossa individualidade; eles não são nossos por natureza. Em primeiro lugar, existem aquelas coisas que não estão dentro de nós, mas estão muito perto, encontram-se no limite de nossa pessoa, isto é, são os lugares em que se desenrolou nossa vida, todas as coisas que, de algum modo, nos são familiares; um pouco mais além desses objetos extremamente próximos estão os nossos semelhantes e tudo aquilo que os concerne, os grupos sociais de que fazemos parte, a família, a corporação, a pátria, a humanidade e tudo o que serve para conservar a vida coletiva, como a ciência, a arte, a profissão, a moralidade, etc. Todos estes objetos possuem como característica comum o fato de serem dotados de uma existência própria, distinta da nossa, por mais fortes e estreitos que sejam os laços que nos unem a eles. Ao amá-los, ao buscá-los, nós buscamos e amamos algo que é diferente de nós mesmos. Só podemos nos vincular a eles se sairmos de nós, alienando-nos de nossa personalidade, desinteressando-nos, parcialmente, de nossa própria constituição. É a essas inclinações, portanto, que devemos reservar o nome de altruístas. Assim, o que diferencia o altruísmo do egoísmo não é a natureza do prazer que acompanha essas duas formas de nossa atividade sensível, é a diferença na direção seguida por essa atividade em cada um dos casos. Quando é egoísta, ela não transcende o sujeito do qual emana, ela é centrípeta; quando é altruísta, ela se expande para fora do sujeito; é fora dele que se encontram seus centros de gravitação; ela é centrífuga.

Uma vez admitida essa distinção, a distância intransponível que parecia separar as tendências egoístas das altruístas parece desaparecer. Antes, parecia existir tal heterogeneidade entre elas, que poderíamos julgar impossível atribuí-las a uma origem comum. Com efeito, o meu prazer está inteiramente dentro de mim; o prazer do outro está inteiramente dentro do outro: portanto, entre dois tipos de atividade tão distantes, não poderia haver nada em comum; poderíamos até mesmo nos indagar como seria possível que elas pudessem coexistir num único e mesmo ser. Mas, as coisas já não se passam dessa maneira se admitirmos que a diferença que separa esses dois tipos de inclinação é reduzida à diferença que existe entre a noção de um objeto exterior ao indivíduo e a noção de um objeto que lhe é imanente. Afinal, essa não é uma diferença absoluta. Como dissemos, o altruísmo existe quando nos vinculamos a algo que está fora de nós. Mas não podemos nos vincular a nada que seja exterior, qualquer que seja sua natureza, sem nos representar essa coisa, sem formar uma ideia a seu respeito, um sentimento mesmo que confuso. E, pelo simples fato de que a representamos, ela se torna, em alguma medida, interior. Ela existe em nós sob a forma dessa representação que a exprime, que a reflete, com a qual é extremamente solidária. Assim, do mesmo modo que essa representação, sem a qual ela não seria nada para nós, a própria coisa se torna um elemento de nós mesmos, um estado de nossa consciência. Nesse sentido, é ainda a nós mesmos que estamos vinculados. Se sofremos com a morte de alguém próximo, é porque as representações que exprimem em nós a figura física e moral dessa pessoa são atingidas em sua base, assim como todas as representações ligadas a estas. Já não podemos renovar a doce sensação causada por sua presença; as efusões, os extravasamentos vivenciados em nossas conversas familiares, o sentimento reconfortante, nada disso volta a acontecer. Produz-se um vazio em nossa consciência, e é essa sensação de vazio que nos é extremamente dolorosa. Somos atingidos em nossa vitalidade, sempre que se atinge a vitalidade dos seres aos quais estamos ligados; ao nos ligarmos a eles, é a nós mesmos que estamos ligados. Há, pois, um egoísmo no seio do próprio altruísmo. E, inversamente, existe altruísmo no egoísmo. Com efeito, nossa individualidade não é uma forma vazia; ela é constituída a partir de elementos que provêm do exterior. Retiremos de nós tudo o que tem essa origem: o que nos sobra? Nós amamos a riqueza, o poder, as honras; mas a riqueza, o poder, as honras são coisas que nos são exteriores; para conquistá-las, é preciso sair de nós mesmos, são precisos muitos esforços, é preciso dispêndio de energia, é preciso colocar fora uma parte de nós, desenvolver uma atividade centrífuga. Nós sentimos com muita clareza que, na atividade desempenhada para atingir esses fins, que são interiores, existe algo além do puro egoísmo; há certa doação de si, certa aptidão para doar-se, para expandir-se, a não fechar-se em si mesmo. Poderíamos citar outros exemplos. Nós somos ligados a nossos próprios hábitos, que são elementos de nossa individualidade, e essa é uma tendência que não é mais do que um dos aspectos do amor de si. Mas, estamos ligados ao próprio meio no qual esses hábitos foram constituídos e o qual refletem, e às coisas que habitam esse meio, com o qual são solidárias; eis um outro tipo de amor de si que nos obriga a sair de nós mesmos. Costumamos dizer que é muito difícil viver de maneira puramente egoísta. Podemos até mesmo dizer que isso é impossível, pelas razões que acabamos de apresentar. Nossa personalidade não é uma entidade metafísica, que começa num ponto determinado e termina num outro e que, como a mônada de Leibniz, não possui nem janelas, nem portas abertas para o universo. Ao contrário, o mundo exterior ecoa em nós, prolonga-se em nós, do mesmo modo que nos expandimos nele. As coisas, os seres de fora, penetram em nossa consciência, misturam-se à nossa existência interior e, de nossa parte, mesclamos nossa existência à sua. Nossas ideias, nossos sentimentos, passam de nosso cérebro para o cérebro de outra pessoa, e vice-versa. Há em nós mesmos algo diferente de nós, e nós não estamos inteiramente em nós; há algo de nós nos objetos que foram associados a nós ou que nós associamos à nossa vida. Nossa individualidade é, pois, relativa. Há certos elementos de nós mesmos que são mais centrais, por assim dizer, mais eminentemente constitutivos de nosso eu, naquilo que ele possui de mais estritamente individual, que carregam especialmente a nossa marca, que, de um modo especial, fazem sermos quem somos e não uma outra pessoa: é a forma de nosso corpo, nossa condição social, nosso caráter, etc. Há outros que são, de certa maneira, mais excêntricos, que estão menos próximos desse nó central de nossa personalidade e que, mesmo fazendo parte de nós de alguma maneira, referem-se de modo particular aos seres distintos de nós, e, por essa razão, são comuns também a outros homens: são, por exemplo, as representações que exprimem em nós os nossos amigos, nossos pais, a família, a pátria, etc. Enquanto somos ligados aos primeiros desses elementos, é a nós mesmos que estamos mais estreitamente ligados, porque possuem um caráter mais pessoal; quando estamos mais vinculados aos segundos, estamos mais próximos de algo diferente de nós, uma vez que possuem um caráter mais impessoal do que os primeiros. Podemos verificar nisso os dois tipos de tendências. Mas entre elas não há mais do que uma diferença de grau.

No fundo, egoísmo e altruísmo são duas manifestações contemporâneas e estreitamente entrelaçadas em toda forma de vida consciente. Desde que haja consciência, há um sujeito que se pensa enquanto ser distinto de tudo o que não é ele, um sujeito que diz "eu". Enquanto ele se pensa dessa maneira, e enquanto concentra toda sua atividade sobre si próprio, representando-se sob essa forma, ele age enquanto um egoísta. Por outro lado, uma consciência não pode deixar de representar de maneira mais ou menos confusa os seres que a circundam, sem os quais seu pensamento permaneceria vazio. Enquanto ela representa os seres exteriores como exteriores, e que faz deles o objeto de sua ação, existe altruísmo. Mas uma dessas formas de atividade não pode existir sem a outra. Jamais o sentimento de nós mesmos, o *Selbstgefühl* dos alemães, desaparece completamente do sentimento que temos em relação ao objeto exterior ao nosso pensamento; por outro lado, o sentimento de nós mesmos jamais é suficiente; ele sempre implica o sentimento de um objeto que é representado e ao qual ele se opõe. Portanto, egoísmo e altruísmo são abstrações que não existem em estado puro: um sempre implica o outro, em alguma medida, mesmo que num sentimento real eles nunca estejam presentes no mesmo grau de desenvolvimento. Podemos, pois, ficar seguros de que a criança não é um ser puramente egoísta, tal como muitas vezes se afirmou. Pelo simples fato de que ela é um ser consciente, por mais rudimentar que seja sua consciência, ela é capaz de algum altruísmo, desde o começo de sua vida.

Com efeito, sabemos com que facilidade e com que força a criança se apega a todo tipo de objeto que compõe o meio familiar. Já apresentamos alguns exemplos disso. Ela prefere não beber nada a ter que beber em um copo com o qual não está acostumada; ela prefere não dormir a ter que dormir em um quarto diferente. Ela está de tal modo ligada a essas coisas que a separação delas lhe causa sofrimento. Certamente, esse tipo de apego é de ordem inferior; ele não pressupõe uma grande capacidade da criança de solidarizar-se com outra coisa além de si mesma. Entre esse amor e o amor pelo campanário da aldeia, pela terra natal, pela casa da família, cujo caráter moral não se contesta, e o caráter altruísta, existe apenas uma diferença de grau. Não é somente às coisas, mas também às pessoas que a criança se apega dessa mesma maneira. A mudança de uma ama de leite para outra pode provocar crises dolorosas e inquietantes. A criança recusa-se a tomar um seio estranho, não se permite alimentar-se dele, não sem uma grande resistência. Ela estava muito ligada à pessoa que a deixou, mesmo que não tivesse uma representação suficientemente estruturada a seu respeito. Também os pais, desde muito cedo, são objetos de sentimentos análogos. "Uma criança muito pequena, de treze meses de idade, diz Sully, foi separada de sua mãe durante seis semanas; ao retornar para ela, ficou muda de tanta alegria, e não suportava ficar um minuto sem sua companhia. A pequena M., com a idade de dezessete meses, após cinco dias de ausência de seu pai, recebeu-o com uma ternura toda particular, correu a seu encontro e acariciou suavemente seu rosto, levando para ele todos os brinquedinhos que estavam no seu quarto" (*Études sur l'énfance,* tradução de 1898, p. 334). Em todo caso, vemos claramente que a criança experimenta a necessidade de unir sua existência à de uma outra pessoa, e que ela sofre quando esse laço é rompido.

Sob essa forma, o altruísmo da criança remete a uma característica da natureza infantil que já tivemos a ocasião de assinalar; é o tradicionalismo da criança, sua vinculação aos hábitos adquiridos. Uma vez que se acostumou a certa forma de agir e sentir, a criança dificilmente consegue abrir mão disso, apega-se intensamente a esse comportamento e, por conseguinte, a todas as coisas que constituem a condição dessas ações e sentimentos. É precisamente porque ela busca obstinadamente as mesmas impressões que ela acaba por buscar sempre os mesmos objetos que despertam essas impressões. Mas essa não é a única fonte de sentimentos altruístas que podemos observar na criança. Existe ainda uma outra: trata-se da extrema facilidade, da extrema prontidão com que ela reproduz tudo o que se passa diante de seus olhos. Ela imita os trejeitos da fisionomia das pessoas que estão à sua volta. Ela chora quando os outros choram, ela ri quando eles riem. Ela repete as mesmas palavras, os mesmos gestos e, quando essas palavras e esses gestos se tornam para ela símbolos de ideias e sentimentos determinados, ela reproduz as ideias e os sentimentos que ela acredita ler nas expressões dos rostos ou compreender através das palavras empregadas. Assim, tudo o que se passa no mundo exterior e que ela consegue abarcar com o olhar, ecoa em sua consciência. As razões disso são as seguintes. A vida interior da criança é ainda muito pobre, consiste apenas em um pequeno número de impressões demasiado fugazes, de modo que ela não opõe nenhuma resistência à intromissão de elementos estranhos. Uma personalidade mais solidamente constituída, a personalidade de um adulto, sobretudo de um adulto que recebeu certo grau de cultura, não se deixa penetrar tão facilmente. As influências alheias só nos tocam se estiverem em harmonia com nossas disposições interiores, se seguirem no mesmo sentido no qual já estamos naturalmente inclinados. Um estado emotivo que se manifesta diante de nós não irá nos contagiar só porque nós o testemunhamos; isso só aconteceria se ele estivesse em sintonia com nosso humor, com nossos sentimentos pessoais; do contrário, não irá nos tocar ou nos tocará no máximo muito superficialmente. Uma ideia não se tornará nossa própria ideia apenas porque foi enunciada em nossa presença; se ela não estiver em harmonia com nossas convicções, iremos recusá-la; ou então, para que ela acabe por se impor a nós, seria preciso uma pressão moral muito forte, uma argumentação muito convincente, que comunica essa ideia com entusiasmo e calor. A criança, porém, é muito mais aberta a essas ações adventícias, porque ainda não possui uma constituição mental sólida e bem determinada. Nela ainda não existem hábitos suficientemente consolidados, que uma impressão momentânea não pudesse derrubar. Sem dúvida, existem alguns que são bastante fortes, mas são pouco numerosos. Sua consciência é, na maior parte, constituída por estados fluidos, inconsistentes, que se substituem uns aos outros, que não duram o bastante a ponto de poder se consolidar, que não conseguem fazer frente às influências mais fortes que vêm de fora. Eis a origem disso que chamamos, impropriamente, de instinto de imitação. Afinal, não há nada de instintivo nisso, no sentido mais estrito do termo; não há uma necessidade de imitar já inscrita profundamente nos tecidos. A criança imita porque sua consciência ainda não possui afinidades eletivas bem definidas; portanto, ela assimila sem resistência todas as impressões um pouco mais fortes que lhe chegam de fora. Ora, essa aptidão a reproduzir e, portanto, a partilhar os sentimentos do outro, já não seria uma aptidão a simpatizar com ele, a primeira forma de uma tendência eminentemente altruísta e social? Com isso, estabelece-se um laço constante entre a consciência da criança e as consciências estrangeiras. Aquilo que se produz nestas ressoa na sua. Ela vive de sua vida, goza de seu prazer, sofre com seus sofrimentos. Assim, ela é naturalmente induzida a agir de forma a atenuar as dores dos outros ou a preveni-las. "Um bebê de um ano e dois meses engatinhava pelo chão. Sua irmã mais velha, Catarina, de seis anos de idade, estava fazendo um trabalho com lã, sem muito sucesso, e se pôs a chorar. O bebê começou a resmungar e passar os dedinhos no seu próprio rosto, de baixo para cima. A tia chamou a atenção de Catarina para que olhasse o bebê, o que provocou uma nova crise de lágrimas; diante dessa situação, o bebê conseguiu engatinhar até o outro lado do quarto, chegando perto de Catarina, repetindo numerosas vezes os seus resmungos e sua mímica expressiva. Catarina, vencida por tamanha solicitude, tomou o bebê em seus braços e sorriu; imediatamente, o bebê começou a bater palmas e a tagarelar, seguindo os vestígios de lágrimas com os dedinhos" (SULLY, p. 336). Portanto, ao mesmo tempo em que a criança procura consolar o sofrimento que contempla e compartilha, esforça-se também para causar prazer. Entretanto, muito provavelmente esses atos positivos, que ela realiza com o intuito de se fazer útil, só aparecem em uma fase posterior, porque pressupõem uma mentalidade mais desenvolvida. A dor que se esforça por amenizar é uma situação que faz parte do presente, ela própria suscita as ações destinadas à combatê-la ou atenuá-la. Mas o prazer a ser gerado é um fenômeno futuro, que é preciso que seja antecipado, representado antes; é preciso, pois, que o desenvolvimento mental da criança lhe permita prever as consequências futuras de seus atos. E, não obstante, a observação mostra-nos que desde o terceiro ano, e até mesmo antes disso, a criança já é capaz dessa simpatia previdente. "Um rapazinho de dois anos e um mês escutou a criada dizer: 'Se a Ana tivesse se lembrado de encher a chaleira do quarto de brinquedos!' Isso chamou a atenção do menino; ele foi procurar Ana, que estava limpando a chaminé em uma sala distante dali. Ele começou a puxá-la pelo avental... conduziu-a até o quarto de brinquedos, apontou o dedo para a chaleira e disse: vá lá, vá lá. A moça compreendeu e fez aquilo que ele lhe pedia" (p. 338).

Em suma, o altruísmo, a adesão a outra coisa além de si mesmo, não é, como já foi dito algumas vezes, alguma faculdade misteriosa, extraordinária, quase inexplicável, mediante a qual o homem supera sua natureza inicial e a contradiz. Renan, em um discurso sobre os méritos da virtude, acreditava falar do devotamento, do espírito de sacrifício e de solidariedade como um louvável absurdo, sem nenhuma explicação lógica. Na realidade, nada é menos misterioso e mais natural. E, para dissipar esse pretenso mistério, não é necessário reduzir o altruísmo a uma forma degenerada de egoísmo, como fizeram La Rochefoucauld e os utilitaristas, o que enleva todas as suas características distintivas. Na realidade, esses dois sentimentos não derivam absolutamente um do outro, mas ambos estão fundados em nossa natureza mental e exprimem diferentes aspectos desta, aspectos que se implicam mutuamente e se completam. Esse é o motivo pelo qual podemos encontrar o altruísmo na criança desde os primeiros anos de sua vida. Sem dúvida, o altruísmo da criança não é nem muito amplo e nem muito complexo, pelo simples fato de que seu horizonte intelectual é demasiado limitado. Para além daquilo que a concerne imediatamente, todo o resto é desconhecido. É preciso ainda levar em conta que o círculo de seres com as quais convive é, de certo modo, mais extenso do que o dos adultos. Afinal, ela dota de sensibilidade até mesmo as coisas inanimadas, participa de sua vida, sofre com seu sofrimento imaginário, e regozija com seu prazer: ela tem pena de sua boneca machucada, do papel rasgado e amassado, das pedras que permanecem imóveis no mesmo lugar. Ademais, não se pode perder de vista que seu egoísmo está relacionado com seu altruísmo; justamente porque sua individualidade é pouco complexa, ela oferece ainda pouco espaço para os sentimentos egoístas. Os únicos sentimentos desse tipo que ela experimenta são aqueles que concernem a sua vida material e a seus brinquedos. O egoísmo do adulto é mais complicado. Entretanto, é preciso levar em consideração que a cultura tem por objetivo desenvolver em uma proporção maior o aspecto altruísta de nossa natureza do que seu aspecto contrário. Mas não é menos verdade que já podemos encontrar na criança essa alavanca tão necessária para que possamos exercer nossa ação sobre ela. Resta apenas descobrir como convém nos utilizarmos dela. É isso o que faremos na próxima lição.

Décima quinta lição

A influência do ambiente escolar

Muitas vezes, o altruísmo, a adesão a algo além de si mesmo, foi considerado uma espécie de faculdade misteriosa, extraordinária, quase inexplicável, pela qual o homem faz violência à sua natureza inicial, contradizendo-a. Na última lição, nós vimos que não há nada de menos misterioso, de mais natural. Para dissipar esse pretenso mistério, não é necessário reduzir o altruísmo, como o fizeram La Rochefoucauld e os utilitaristas, a uma forma deturpada de egoísmo: isso equivale a negá-lo, sob o pretexto de torná-lo inteligível. Na realidade, ele está tão diretamente fundamentado na natureza psicológica do homem quanto o seu contrário. Esses dois tipos de sentimento exprimem dois aspectos diferentes, mas inseparáveis, de todo mecanismo mental. Enquanto nossa atividade se concentra sobre nós mesmos, sobre isso que constitui nossa individualidade e nos distingue dos seres e das coisas que estão fora de nós, é o egoísmo que tem lugar; ao contrário, o altruísmo existe quando nossa atividade persegue objetos exteriores, que não fazem parte de nossa personalidade. Mas, como não podemos nos vincular a esses objetos sem representá-los de alguma forma, mesmo sendo exteriores, em certo sentido eles também são elementos que fazem parte de nós: afinal, eles existem e vivem em nós sob a forma da representação que os exprime. É precisamente a essa representação que nos vinculamos mais diretamente; é ela que nos faz falta quando a coisa representada não existe mais ou quando não é mais a mesma: e, por conseguinte, há egoísmo em todo altruísmo. Mas, inversamente, como nosso eu é constituído de elementos que chegam até nós a partir de fora, como nossa consciência não pode alimentar-se exclusivamente dela própria, como não pode pensar no vazio, mas é constituída de uma matéria que só pode provir do mundo exterior, existe em nós algo além de nós mesmos e, por conseguinte, existe altruísmo até no egoísmo. Nós já vimos como o egoísmo ativo, progressivo, aquele que tem como objetivo o engrandecimento de nosso próprio ser, implica certa expansão, certa manifestação de uma atividade exterior, uma verdadeira aptidão para doar-se e para abdicar de si mesmo. Em suma, em virtude das necessidades de sua própria natureza, a consciência encontra-se simultaneamente orientada nas duas direções que temos o hábito de apresentar como sendo opostas, para dentro e para fora: ela não pode nem se voltar inteiramente para fora de si, nem pode permanecer inteiramente voltada para dentro de si. Tanto numa situação quanto na outra, a vida consciente é suspensa. Tanto no êxtase puro quanto na situação de completo fechamento para si do faquir, o pensamento pára, e junto com ele toda atividade. Essas são duas formas de morte mental. Mas, por mais que o egoísmo e o altruísmo sejam assim tão próximos, ao ponto de serem complementares, isso não quer dizer que deixem de ser distintos. Do fato de que eles não se opõem não se segue que eles se confundem. Afinal, há sempre uma diferença entre os objetos aos quais nos vinculamos em cada caso e, mesmo que se trate apenas de uma diferença de grau, não deixa de ser uma diferença legítima. Alguém poderá afirmar que quando as tendências altruístas são satisfeitas, elas nos causam satisfação, e por isso são tão egoístas quanto as outras. Mas, permanece sempre a considerável diferença de que, aqui, obtemos satisfação na persecução de objetivos pessoais e, lá, em objetos que, embora sejam representados em nossa consciência, não são elementos constitutivos de nossa personalidade.

Isto posto, podemos estar seguros de que a consciência infantil, pelo simples fato de que é uma consciência, é necessariamente aberta para esses dois tipos de sentimento. Com efeito, nós encontramos na criança uma dupla fonte de altruísmo. Em primeiro lugar, em função do caráter imperativo que o hábito exerce sobre ela, a criança vincula-se aos objetos e aos seres que povoam seu ambiente familiar. Forma-se um laço entre estes e a criança, em virtude da repetição e dos efeitos que esta exerce sobre a natureza infantil. Em segundo lugar, a grande receptividade da criança às influências exteriores faz com que os sentimentos expressos diante dela ressoem facilmente em sua consciência. Ela os reproduz e, por conseguinte, partilha deles. Ela sofre com o sofrimento que vê, ela regozija com a alegria, ou seja, ela simpatiza com outros. E essa simpatia não é meramente passiva; ela sugere à criança atos positivos.

Mas, então, o que significam os fatos tão frequentemente citados e que tenderiam a sustentar que a criança é constitutivamente refratária ao altruísmo? Muitas vezes se apontou sua crueldade inata para com os animais. "Essa fase" é considerada como sendo "destituída de compaixão". Não apenas ela não sofre com os sofrimentos que causa, mas ela chega até a obter prazer com isso. Isso não seria a prova de que, costuma-se dizer, há na criança um verdadeiro instinto para a maldade? Mas, para atribuir um juízo tão severo à criança, seria preciso provar que os atos dos quais ela é culpada resultam de um real desejo de provocar sofrimento. Ora, não há nada que nos autorize atribuir à criança qualquer inclinação natural à barbárie. O que a impulsiona a esse tipo de violência são tendências que, em si mesmas, não possuem nada de imoral. Muito frequentemente, trata-se de mera curiosidade, um sentimento que, por si mesmo, não possui nada de condenável. A criança destrói para ver o interior das coisas. Ela quer saber como o corpo é constituído, onde está esse sangue do qual ouve falar, como as asas se prendem ao corpo, etc. Há também, como alguns já afirmaram, não sem alguma verdade, certa necessidade de demarcar sua dominação em relação ao animal, afirmar seus direitos de superioridade. "O fato de ela espezinhar os gatinhos, diz Sully, não pode ser, a seus olhos, mais do que uma pura relação de posse" (p. 329). É possível que muitas vezes esses atos destrutivos aconteçam sem ter nenhum objetivo. Há na criança uma espécie de atividade acumulada, que está em uma permanente tensão; essa atividade não se consuma regularmente, em pequenas descargas constantes, em intervalos de tempo regulares; ela se manifesta de uma só vez, em uma explosão, e essas explosões são necessariamente violentas e destrutivas. A criança destrói da mesma maneira que pula, que corre, para satisfazer sua necessidade de movimentar-se. Por outro lado, ela não tem mais do que uma representação bastante confusa e incerta acerca dos sofrimentos que causa. Ela não tem uma ideia clara acerca do que se passa na consciência do animal; afinal, este não transmite o que sente da mesma forma que o fazem os seres humanos. Um sentimento tão confuso, tão dúbio, não pode conter tendências tão fortes a ponto de inclinar a criança a essas brincadeiras cruéis. Ela não percebe a crueldade. Se ela não simpatiza com o animal, isso não se deve a qualquer tipo de perversidade inata, a um gosto instintivo pelo mal; o que ocorre é que ela não se dá conta daquilo que faz.

O mesmo pode ser dito em relação à sua insensibilidade diante dos acontecimentos tristes que se passam no âmbito da família. Ela não provém de uma espécie de frieza constitutiva, mas do fato de que, até uma determinada idade, a criança não se encontra em condições de entender as consequências do desaparecimento de um parente próximo, seja para ela, seja para os que estão à sua volta. Afinal, é preciso certo grau de reflexão para que se possa ter uma ideia acerca do que significa a morte. Uma mudança tão radical como essa, quando um ser cessa de existir, uma aniquilação completa, não pode ser representada com muita facilidade, nem mesmo por um adulto. Mesmo quando dizemos para a criança que ela nunca mais voltará a ver aquela pessoa que não está mais ali, ela não é afetada muito profundamente por isso; afinal, as palavras nunca exprimem nada muito preciso a seu espírito. Ela ainda não é capaz de distinguir entre uma separação definitiva e uma separação temporária. Além disso, ela não possui uma percepção muito clara sobre as diferentes personalidades que estão ao seu redor, a não ser daquelas pessoas realmente muito próximas, com as quais mantém um contato constante, como por exemplo, a sua mãe ou mesmo sua babá. Quanto aos outros, as substituições não são tão difíceis, uma vez que a criança consegue preencher com relativa facilidade essa lacuna que se produziu em sua existência. Uma outra figura familiar poderá ocupar o lugar daquela que desapareceu, e, depois de passada essa leve turbulência provocada por essa pequena mudança, a vida segue seu curso normalmente. Somamos a isso o fato de que sua instabilidade natural a torna mais acessível às pequenas distrações. Seu pensamento se volta sem esforço para um outro assunto. Também é sabido que as crianças dotadas de maior inteligência e de uma imaginação mais viva tendem a manifestar um sofrimento maior com a morte de seus parentes e amigos mais precocemente, desde que uma educação ruim não tenha estimulado seu egoísmo e tenha anulado suas faculdades de simpatia.

Não há, portanto, nada nos fatos observados que denote esse egoísmo completo que tem sido atribuído à criança. Sem dúvida, seu altruísmo ainda é bastante rudimentar. Mas nós sabemos a razão disso: sua consciência, em geral, também compartilha dessa característica. Nesse momento ela está apenas começando a se formar, sua extensão limita-se ao meio mais imediato, constituído por um pequeno número de seres: seus pais, seus amigos, seus objetos familiares, eis tudo o que ela conhece. As outras coisas, em razão de seu distanciamento, aparecem para ela como representações fluidas e flutuantes, cuja individualidade não aparece com nitidez. Aquilo que ela sente mais vivamente é seu próprio organismo, o estado em que este se encontra. Por conseguinte, durante os primeiros anos de sua existência, as sensações pessoais (já que não há outras que possuem essa característica em maior grau do que as sensações orgânicas) desempenham um papel realmente preponderante; são elas que atuam mais intensamente em sua conduta; elas são o centro gravitacional da vida infantil, mesmo que aos poucos elas comecem a perder importância. Podemos, portanto, afirmar que na criança há mais egoísmo do que altruísmo, mas não que este último sentimento lhe seja estranho. Aliás, mesmo nessa fase, é possível constatar uma estreita solidariedade que une essas duas tendências. Se, na criança, o altruísmo é menos desenvolvido do que no adulto, com o egoísmo não é diferente. Pelo próprio fato de que o campo da consciência infantil é ainda muito estreito, apenas uma pequena parte do mundo exterior é retida por ela, o que também implica uma personalidade pobre, carente de substância; ela compreende apenas um pequeno número de elementos, e por isso mesmo oferece poucos pontos de apoio para os sentimentos egoístas. O círculo dos interesses pessoais da criança é bastante restrito; ele não se estende muito além de seus alimentos e de seus brinquedos. O egoísmo do adulto é muito mais complexo. Amor pela riqueza, pelo poder, pelas honrarias, pela reputação, o gosto pela elegância na toalete, por uma existência bem-sucedida, tudo isso aparece na medida em que o homem expande seu horizonte, quando entra em relação com mais seres e coisas. Esses dois aspectos de nossa natureza sensível progridem paralelamente, senão em um mesmo passo, ao menos sob influência das mesmas causas.

Ao mesmo tempo em que estamos seguros de ter encontrado na criança um tipo de altruísmo que a educação precisa apenas desenvolver, as afirmações precedentes apontam-nos como é preciso proceder para que esse desenvolvimento possa ser obtido. Dado que a fragilidade dos sentimentos altruístas, no começo da vida, é ligada à estreiteza da própria consciência, é preciso estendê-la aos poucos para além desse círculo que contempla apenas o próprio organismo, círculo esse que ela só pode ultrapassar lentamente e com muito esforço. É preciso fazê-la notar esses outros seres que, em princípio, ela percebe apenas de maneira confusa; sobretudo, é preciso dar-lhe uma ideia, tão clara quanto possível, desses grupos sociais dos quais ela faz parte, mesmo que não saiba disso. É nesse aspecto que o papel do educador é mais importante. Afinal, se a criança fosse abandonada à própria sorte, somente muito tarde e com muita dificuldade ela seria capaz de elaborar uma concepção acerca dessas sociedades, que são demasiado extensas e complexas para que ela seja capaz de vislumbrar com seus próprios olhos, com exceção da família que, em virtude de seu tamanho exíguo, pode ser facilmente abrangida por seu olhar. Mas, para promover a adesão da criança a esses grupos, finalidade última da educação moral, não é suficiente lhe oferecer uma representação qualquer a esse respeito. É fundamental que essa representação seja repetida com tal persistência, que se torne, pela própria repetição, um elemento constitutivo da própria criança que, então, não consegue mais viver sem isso. Afinal, ainda mais uma vez, nós só podemos nos vincular às coisas através das impressões que temos delas. Dizer que somos solidários a algo significa dizer que a ideia que temos a seu respeito se tornou solidária às outras ideias que temos em nossa consciência, que não pode desaparecer sem que isso provoque um vazio doloroso. Não somente é necessário repetir essa ideia, mas, ao repetir, é preciso dar-lhe um colorido todo especial, colocá-la em relevo, torná-la viva, para que ela possa facilmente engendrar a ação. É preciso que ela seja capaz de inflamar o coração e incitar a vontade. Afinal, não se trata de enriquecer o espírito com uma noção teórica, com uma concepção especulativa, mas de um princípio de ação que deve ser tão eficaz quanto possível. Em outros termos, é preciso que essa representação tenha uma carga emotiva, que se pareça mais com um sentimento do que com uma concepção. E, finalmente, dado que é só agindo que aprendemos a agir, é importante multiplicar as ocasiões em que esses sentimentos assim comunicados à criança possam se manifestar através de ações. Para aprender a amar a vida coletiva é preciso vivê-la, não apenas em pensamento, na imaginação, mas na realidade. Não se trata de formar virtualmente na criança essa faculdade de aderir a um grupo; é necessário estimular essa capacidade de exercê-la efetivamente, afinal, ela só pode se determinar e se fortificar através do exercício.

Em resumo, alargar pouco a pouco a consciência infantil, de modo a fazer penetrar nela paulatinamente a ideia dos grupos sociais dos quais a criança faz parte; servir-se da repetição para ligar estreitamente essas representações ao maior número possível de estados da consciência já existentes, de modo que as primeiras falem ao espírito constantemente e passem a ocupar um tal lugar, que a criança será incitada a preservá-las de qualquer diminuição e de qualquer enfraquecimento; pelo calor da palavra, pela sinceridade da emoção sentida e expressa, comunicá-las com uma força emotiva que as torne forças ativas e eficazes; desenvolver essa capacidade de ação através do exercício: esse é o método geral que deve ser seguido para vincular a criança aos fins coletivos que ela deve perseguir. Podemos constatar que não há nisso nada que esteja acima da capacidade do educador, pois trata-se apenas de oferecer à criança uma impressão tão viva e tão forte quanto possível das coisas tais quais existem. Agora nos resta apenas investigar de que modo isso pode ser feito, sob que forma esse método pode ser aplicado na escola. Ora, aqui, os meios de que dispomos para agir sobre a criança são de dois tipos: em primeiro lugar, há o próprio ambiente escolar e, em segundo lugar, há os diversos tipos de ensinamento transmitidos nesse ambiente. Vejamos como esses instrumentos de ação devem ser empregados tendo em vista o objetivo que queremos atingir.

I. Influência geral do ambiente escolar

Para compreender devidamente o importante papel a ser desempenhado pelo ambiente escolar é necessário inicialmente apresentar as condições gerais em que se encontra a criança na ocasião em que chega à escola. Até esse momento, ela conheceu apenas dois tipos de grupos. Em primeiro lugar, há a família, onde o sentimento de solidariedade resulta das relações de consanguinidade, de afinidades morais que são consequências disso, e que ainda é reforçada por um contato íntimo e constante de todas as consciências associadas, através de uma penetração mútua de suas existências. Em segundo lugar, há os pequenos grupos de amigos, de colegas, que se formam fora da família, a partir de uma seleção livre. Ora, a sociedade política não apresenta nenhuma dessas duas características. Os laços que unem os cidadãos de um mesmo país não têm origem nem no parentesco, nem nas inclinações pessoais. Há, pois, uma grande distância entre o estado moral em que se encontra a criança no momento em que deixa o seio da família e aquele no qual ela deve adentrar futuramente. Esse caminho não pode ser percorrido de uma hora para outra. São necessários caminhos intermediários. O ambiente escolar é a melhor mediação a que se pode aspirar. Trata-se de uma associação mais ampla do que a família e do que os pequenos grupos de amigos; que não resulta nem da consanguinidade, nem da livre escolha, mas de uma aproximação fortuita e inevitável entre sujeitos que são aproximados em função da faixa etária e das condições sociais análogas. Quanto a isso, a escola assemelha-se muito à sociedade política. Mas, por outro lado, ela é suficientemente pequena para que possam surgir relações pessoais; não se trata de um grupo cujo horizonte é demasiado vasto, e por isso a criança pode facilmente vislumbrá-lo. Em relação a isso, ela assemelha-se à família e aos grupos de amigos. O hábito da vida comum na classe, a adesão a essa classe, e mesmo à escola, em relação à qual a classe é apenas uma parte, constituem uma preparação natural para os sentimentos mais elevados que pretendemos despertar na criança. Existe aqui um precioso instrumento que utilizamos ainda muito pouco, mas que pode prestar grandes serviços.

 É bastante natural que se deva empregar a escola para esse objetivo, afinal, foram justamente grupos de jovens, mais ou menos semelhantes a esses que constituem a sociedade escolar, que permitiram a formação de sociedades mais amplas do que a família. No que concerne aos animais, o senhor Espinas demonstrou que as colônias de aves e mamíferos não poderiam ter se constituído se, em certo momento da vida, os mais jovens não tivessem sido impelidos a se desapegar de seus pais para formar um conjunto de sociedades de um novo tipo, diferentes das sociedades domésticas. Com efeito, lá onde a família zela por seus membros, ela facilmente basta a si mesma; como consequência disso, cada família particular tende a viver uma vida própria, autônoma, a isolar-se dos outros, a fim de buscar mais facilmente sua subsistência; e, nessas condições, é evidentemente impossível que uma sociedade mais ampla possa ser constituída. Uma nova comunidade só surge quando uma nova geração é conduzida a libertar-se do quadro familiar para dar início a uma vida coletiva de um novo tipo. Do mesmo modo, se, nos primórdios, as sociedades humanas não se limitaram ao círculo familiar, se elas compreendiam, ainda que de uma forma simples, uma pluralidade de famílias, isso se deveu em grande parte ao fato de que, dadas as circunstâncias que já apontamos aqui, a educação moral das crianças não era ministrada pelos pais a seus filhos, mas era uma tarefa que cabia aos anciãos, que promoviam uma educação coletiva a todos os indivíduos de uma mesma geração. Os anciãos reuniam todos os jovens que atingiam determinada idade, para iniciá-los no conjunto das práticas religiosas, nos ritos, nas tradições, enfim, em tudo aquilo que constitui o patrimônio intelectual e moral do grupo. Portanto, foi graças à reunião dos jovens em grupos especiais, formados segundo a faixa etária e não segundo a consanguinidade, que as sociedades extrafamiliares puderam nascer e se perpetuar. Ora, a escola é precisamente um grupo desse mesmo tipo; ela recruta segundo esse mesmo princípio, se bem que essas assembleias de jovens neófitos, dirigidos e instruídos pelos anciãos, já são verdadeiras sociedades escolares, e podem ser consideradas como a primeira forma de escola. Ao demandar da escola que ela prepare as crianças para uma vida social mais elevada do que aquela da família, nós não exigimos nada que já não seja conforme sua própria natureza.

Mas, se há um país no qual o papel da educação é particularmente importante e necessário, esse país é o nosso. Encontramo-nos diante de circunstâncias bastante particulares, e é importante percebermos isso. O fato é que, se a escola for deixada de lado, não temos nenhuma outra sociedade intermediária entre a família e o Estado, ao menos não uma sociedade que não seja completamente artificial e meramente aparente. Todos os outros grupos que, outrora, estabeleciam uma mediação entre a sociedade doméstica e a sociedade política, nos quais se participava obrigatoriamente, como as províncias, as comunas, as corporações foram inteiramente abolidos ou, ao menos, subsistem de forma absolutamente frágil. A província e a corporação já não são mais do que meras recordações; a vida comunal foi empobrecida e ocupa um lugar secundário nos espíritos. As causas dessa situação atualmente são bem conhecidas. Para que a monarquia conseguisse promover a unidade política e moral do país, ela aboliu todas as formas de particularismo local; ela se empenhou em reduzir a autonomia das comunas e das províncias, em enfraquecer sua individualidade moral, a fim de fundi-las completamente na grande personalidade coletiva da França. A Revolução, nesse aspecto, continuou e consumou a obra da monarquia. Todos os agrupamentos que se opunham a esse grande movimento de concentração nacional que foi o movimento revolucionário, tudo o que pudesse constituir um obstáculo à unidade e à indivisibilidade da República foi então dissipado. O espírito que animava os homens da Revolução guardava um verdadeiro distanciamento, um horror supersticioso em relação a todo tipo de associação particular, em razão dessa luta travada contra os agrupamentos intermediários: foi por isso que, até pouco tempo, nossa constituição se manteve hostil em relação às sociedades desse tipo.

Ora, esse estado de coisas constitui uma crise de excepcional gravidade. Com efeito, para que a moralidade seja assegurada em sua fonte, é preciso que o cidadão tenha gosto pela vida coletiva: afinal, é somente sob essa condição que ele poderá aderir, tal como convém, a esses fins coletivos que são os fins morais por excelência. Mas esse gosto não pode ser adquirido e, sobretudo, não pode ser adquirido com força suficiente para determinar a conduta, a não ser através de uma prática tão contínua quanto possível. Para gostar da vida coletiva ao ponto de não conseguir viver sem ela, é necessário adquirir o hábito de agir e pensar em comum. Deve-se aprender a amar esses laços sociais, que para um ser insociável são como pesadas correntes. É necessário aprender através da experiência o quanto são frios e pálidos os prazeres da vida solitária, se comparados aos da vida coletiva. Trata-se de todo um temperamento e de uma constituição mental que devem ser ensinados através de um exercício repetitivo, que requer uma prática contínua. Se, ao contrário, somos chamados a representar papéis coletivos somente de vez em quando, é impossível adquirir um gosto vivaz a esse tipo de existência, à qual só conseguiríamos nos adaptar de forma muito imperfeita. Ora, é da própria natureza da vida política que nós devamos tomar parte dela de forma intermitente. O Estado está distante de nós; estamos associados à sua atividade apenas de forma indireta; dentre os acontecimentos que lhe dizem respeito, somente os mais consideráveis produzem efeitos que nos atingem diretamente. No cotidiano nós não estamos diante de fins políticos pelos quais podemos apaixonar-nos, aos quais podemos nos doar inteiramente. Se, portanto, excetuando a família, não existe outra forma de vida coletiva da qual podemos tomar parte, se, em todas as outras formas da atividade humana, científica, artística, profissional, etc., em suma, em tudo o que há de mais essencial em nossa existência, nós não temos o hábito de agir solidariamente, nosso temperamento social terá somente muito poucas ocasiões para afirmar-se e desenvolver-se e, por conseguinte, torna-se inevitável que sejamos inclinados a um isolamento mais ou menos sombrio, ao menos em relação a tudo o que concerne à vida extradoméstica. Com efeito, esse é um dos traços característicos de nosso temperamento nacional que enfraquece o espírito de associação. Nós temos uma notável predisposição a um individualismo feroz, que nos faz parecer intoleráveis todas as obrigações reclamadas pela vida em comum, o que nos impede de aproveitar suas alegrias. Parece-nos impossível entrar em uma sociedade sem com isso sermos subjugados e nos diminuirmos; é por isso que aderimos o mínimo possível a esses grupos e, sempre que o fazemos, o fazemos com repugnância. Nada é mais instrutivo quanto a isso, do que comparar a vida do estudante alemão àquela do estudante francês. Na Alemanha, tudo se faz em conjunto: canta-se junto, passeia-se junto, joga-se junto, faz-se em comum filosofia, ciência ou literatura. Todos os tipos de associação, correspondentes a todas as formas possíveis da atividade humana, funcionam paralelamente e, assim, o jovem é constantemente enquadrado; é em grupo que ele cuida das ocupações mais sérias, e é em grupo que ele tem seus momentos de lazer. Na França, ao contrário, até muito recentemente, o princípio era sempre o do isolamento; e, se o gosto pela vida em comum começa a renascer, é preciso que ele ainda se aprofunde muito mais. Ora, o mesmo que vale para o adulto, vale também para os mais jovens. As únicas relações para as quais nos inclinamos são aquelas que são suficientemente exteriores, para que nosso engajamento não demande mais do que a parte mais superficial de nosso ser. Eis porque a vida nos salões adquiriu tamanha importância e tamanho desenvolvimento entre nós. Trata-se de uma maneira de satisfazer, ou melhor, de enganar essa necessidade que, a despeito de tudo, ainda subsiste em nós. É preciso mostrar o quanto há de ilusório nessa satisfação, dado que essa forma de vida em comum é tão claramente apenas um tipo de jogo, sem relação com a vida mais séria?

Por mais necessário que seja remediar essa situação, não é o caso de ressuscitar os agrupamentos do passado, nem de querer reavivar o tipo de atividade que promoviam outrora; afinal, se eles desapareceram, foi porque não correspondiam mais às novas condições da existência coletiva. O que é preciso fazer é buscar suscitar agrupamentos novos, que estejam em harmonia com a ordem social vigente e com os princípios sobre os quais ela repousa. Mas, por outro lado, o único meio de conseguir isso é ressuscitar o espírito associativo. Esses grupos não podem ser criados a partir do nada; para que eles tenham uma existência real é preciso que sejam reclamados pela opinião pública, que os homens sintam a necessidade disso, e que eles próprios se sintam inclinados a agrupar-se. E, assim, parece que estamos presos num círculo. Afinal, essas sociedades, essas associações que nos faltam, só podem renascer com o despertar do espírito de associação, do sentimento de grupo; por outro lado, vimos que esse sentimento só pode ser adquirido com a prática, no seio de associações já constituídas. Nós não podemos querer reanimar a vida coletiva, retirá-la desse estado de torpor, a não ser que nós a desejemos; mas só podemos aprender a amá-la se pudermos vivenciá-la e, para tanto, é preciso que ela exista. É precisamente aqui que o papel da escola se faz absolutamente indispensável; ela é o meio, talvez o único, pelo qual podemos sair desse círculo. A escola, com efeito, é um grupo real, existente, do qual a criança faz parte natural e necessariamente, e é um grupo diferente da família. Ela não é constituída, como esta, através de uma comunhão dos corações e de efusões sentimentais. Na escola se desenvolvem todos os tipos de atividade intelectual, sob uma forma embrionária. Por conseguinte, com a escola, nós encontramos o meio de colocar a criança em uma vida coletiva diferente da vida doméstica; temos a possibilidade de incitar hábitos que, uma vez adquiridos, sobreviverão ao período escolar e reclamarão a devida satisfação. Portanto, a vida escolar consiste em um momento decisivo, único, insubstituível, no qual podemos formar a criança, dado que nessa fase de sua vida a sociedade ainda não alterou profundamente sua natureza, ainda não despertou nela sentimentos que a tornam parcialmente refratária à vida em comum. Estamos diante de um terreno virgem, sobre o qual podemos semear os germes que, uma vez que criam raiz, tenderão a se desenvolver por conta própria. Certamente, eu não pretendo dizer que o educador deva ser capaz de remediar sozinho esse mal, que não sejam necessárias instituições que reclamam a ação do legislador. Mas essa ação só pode ser fecunda se repousar sobre determinado estado de opinião, se ela for exigida por necessidades que são realmente sentidas. Mesmo que desde sempre a escola tenha tido como função formar na criança o sentimento social, mesmo que essa seja uma função natural sua, da qual jamais deve abrir mão, atualmente, devido ao estado crítico em que nos encontramos, os serviços que ela pode prestar em relação a isso possuem uma importância incomparável.

DÉCIMA SEXTA LIÇÃO

O ambiente escolar (fim)
O ensino das ciências

No final da última lição, fiz questão de ressaltar, como uma particularidade de nosso temperamento nacional, o enfraquecimento a que foi submetido o nosso espírito de associação. A vida coletiva não tem atrativos suficientemente vivazes para nós e, em contrapartida, nós sentimos de uma forma muito pesada as obrigações que ela impõe e as restrições que ela faz à nossa liberdade. Disso resulta que nós nos engajamos voluntariamente nos grupos apenas com a parte mais superficial de nosso ser, o que quer dizer que nos engajamos o mínimo possível. A melhor prova desse desprezo que sentimos em relação entre os grupos que são intermediários entre a família e o Estado, é essa multidão de obstáculos que, até bem pouco tempo, o nosso direito impunha à formação desses grupos. Esse traço é tão enraizado justamente porque depende de causas históricas muito profundas e distantes: ele resulta, com efeito, de todo esse movimento de concentração e de unificação moral que teve início com a monarquia francesa, desde o momento em que tomou consciência de si mesma e de seu papel, e foi continuado e consumado pela Revolução Francesa. Afinal, para poder dar à personalidade moral da França a unidade que lhe caracteriza, foi necessariamente preciso lutar contra todas as formas de particularismo, comunal, provincial e corporativo. Certamente, não se trata de lamentar um movimento que fez com que a França se tornasse o primeiro e mais unificado país da Europa, dado que as sociedades, assim como os seres vivos em geral, possuem uma organização tanto mais elevada quanto mais una ela for. Mas não deixa de ser verdade que o desaparecimento radical de todos esses grupos, sem que novos grupos desse gênero tenham surgido para substituir os que deixaram de existir, atingiu a moralidade pública em uma de suas fontes mais vitais. Posto que, nessas condições, as principais formas da atividade humana se desenvolvem fora de qualquer grupo, o homem tem menos ocasiões para viver em comum; e tendo menos hábito de vida em comum, ele não terá tanto gosto por isso; ele sentirá menos os seus encantos, e perceberá mais intensamente e mais penosamente os compromissos nela implicados.

A percepção dessa lacuna e de sua gravidade já começa, aliás, a se difundir e, já há alguns anos, temos assistido a um novo florescimento de associações intermediárias. São os sindicatos, na vida industrial e comercial, as sociedades científicas e os congressos, na vida intelectual, os grupos de estudantes, na vida universitária. Em outros contextos, há o esforço de se tentar reanimar a vida local que desapareceu, mas isso é quase sempre em vão: fala-se correntemente sobre descentralização comunal, provincial mesmo. Infelizmente, sem querer desconsiderar o valor desigual desses empreendimentos, a maior parte dessas instituições não goza de uma existência mais concreta do que aquela que pode ser conferida pela vontade do legislador; elas ainda não penetraram profundamente nos costumes. Tratam-se, frequentemente, de arranjos meramente externos, que testemunham essa necessidade que sentimos, mas que ainda não possuem uma existência suficientemente intensa. O que ocorre é que se elas não se tornarão realidades viventes a não ser que sejam desejadas, ansiadas, exigidas pela opinião pública; ou seja, somente se o espírito associativo recuperar sua força não apenas em alguns círculos de pessoas mais cultas, mas também nas camadas mais profundas da massa da população. É nesse ponto, como já demonstrei da última vez, que ficamos presos em um círculo aparente. Por um lado, as associações não podem renascer se o espírito de associação não voltar a desabrochar, e este só pode desabrochar no seio de associações já existentes. O único meio de sair desse círculo é aproveitar esse momento em que a criança sai da família e entra na escola, e suscitar nela o gosto pela vida coletiva. Afinal, a escola é uma sociedade, um grupo natural, que pode até mesmo impulsionar o surgimento de todo tipo de ramificações, que podem surgir sob a forma de agrupamentos derivados dela. Se nesse momento decisivo de sua vida a criança tomar gosto pela vida social, há grandes chances de que esse gosto permaneça durante toda sua existência. Se ela adquire o hábito de realizar em grupo as diferentes atividades que fazem parte de sua vida, ela o conservará no momento posterior à sua vida escolar e, então, a ação do legislador poderá ser verdadeiramente fecunda, porque será exercida sobre um terreno que já foi preparado pela educação. É nisso que consiste a importância social tão excepcional da escola nos dias de hoje. Eis porque a opinião pública espera tanto do professor. Não é apenas em virtude da cultura intelectual que ele pode oferecer. A opinião pública tem esse pressentimento de que a vida escolar constitui uma ocasião única, em que se pode exercer uma importante influência sobre a criança, uma ocasião insubstituível.

Como deve ser a escola, como deve ser a classe, para que possa corresponder a essa expectativa?

Todo o problema consiste em aproveitar essa associação na qual as crianças se encontram obrigatoriamente, para fazer com que tomem gosto por uma vida coletiva mais ampla e mais impessoal do que aquela à qual ela estava habituada. Ora, essa não é uma dificuldade intransponível; na realidade, nada é mais agradável do que a vida coletiva, mesmo quando não se está habituado a ela desde pequeno. Um de seus efeitos é aumentar a vitalidade de cada indivíduo. Temos mais autoconfiança, nos sentimos mais fortes, quando sentimos que não estamos sozinhos. Há, em toda vida em comum, alguma coisa de ardente, que aquece o coração e fortalece a vontade. As minorias religiosas são um interessante exemplo dessa firmeza de caráter, dessa vida ardorosa que se comunica aos membros de um grupo fortemente coeso. Nos lugares em que determinada igreja constitui uma minoria, para poder lutar contra a hostilidade ou a má vontade do ambiente em que se encontra, ela é obrigada a fechar-se em si mesma; ela promove entre os fiéis laços de solidariedade muito mais fortes do que nos lugares em que, não tendo que lutar contra resistências exteriores, pode desenvolver suas atividades livremente, o que faz com que a trama de seu tecido social se afrouxe. Ora, dessa intensificação da concentração resulta um sentimento de conforto, algo revigorante, que oferece sustento para enfrentar todas as dificuldades da vida. É por isso que a tendência ao suicídio em uma mesma confissão religiosa é maior ou menor, conforme ela seja praticada pela maioria ou minoria de um dado país. Existe certo prazer em dizer *nós*, em vez de dizer *eu*, porque quem está em condições de dizer *nós* sente que atrás de si existe algo, um apoio, uma força com a qual pode contar, uma força muito mais intensa do que aquela de que dispõem os indivíduos isoladamente. E esse prazer é tanto maior quanto mais pudermos dizer esse *nós* com segurança e convicção. Trata-se de ensinar à criança o gosto por esse prazer, fazê-la ter a necessidade disso. Nós conseguiremos isso com alguma facilidade, pois ela é muito mais acessível do que o adulto. Com efeito, o grande obstáculo a essa fusão, a essa comunhão de consciências no seio de um grupo comum, é a personalidade individual. Quanto mais acentuada ela for, quanto mais definidos forem os seus contornos, mais é difícil que ela se funda a outras consciências. Para obter o prazer de dizer *nós*, é preciso não dizer demasiadamente *eu*. Na medida em que a individualidade das consciências particulares se torna muito acentuada, só se torna possível um tipo de solidariedade bastante complexa, que implica uma organização muito engenhosa para que seja possível estabelecer uma ligação entre as diferentes partes do todo, deixando a cada uma um espaço para sua autonomia. Não investigaremos aqui como essas necessidades contrárias podem ser conciliadas; basta-nos perceber que se trata de um problema complicado. Mas, em relação à criança, essa dificuldade não existe; afinal, hoje como outrora, em razão de sua idade, ela possui uma personalidade indecisa e flutuante. Os traços característicos da personalidade individual ainda não recobriram inteiramente os traços gerais da espécie. A vida em comum ainda não exige, de sua parte, um sacrifício de sua individualidade; ela oferece mais coisas do que pede e, portanto, possui mais atrativos para ela. Não há mudança maior do que a que pode ser observada em uma criança que foi educada sozinha em sua família e que ingressa pela primeira vez em uma classe vivaz e bem organizada. Ela sai de lá completamente transformada. A postura de sua cabeça, a expressão de seu rosto, a rapidez e o calor de sua fala, uma espécie de excitação generalizada testemunham que pela primeira vez a criança experimenta uma vida nova, mais intensa do que aquela que ela conhecia até então, que a faz feliz. Isso ocorre porque ela não se sustenta mais apenas com sua própria energia; porque suas forças somaram-se àquelas que provêm do ambiente escolar; porque agora ela participa de uma vida coletiva: disso tudo resulta uma elevação geral de todo o seu ser. (Eu pressuponho que não exista um professor que considere ser um dever sobrepor-se à própria existência da escola. Mas voltarei a essa ponderação mais adiante.)

Contudo, para que as coisas se passem dessa maneira, é preciso que exista verdadeiramente uma vida coletiva da classe: o professor deve se aplicar com todas as forças para promover isso. É preciso que palavras como "a classe", "a honra da classe", sejam mais do que palavras abstratas. Todo mundo sabe que, espontaneamente, sem que ninguém precise intervir, cada classe possui uma fisionomia própria, sua maneira de ser, de sentir, de pensar, um temperamento que persiste ano após ano. A classe é como um ser pessoal, um verdadeiro indivíduo, cuja identidade se reconhece à distância. Quando dizemos que uma classe é boa ou má, que possui um bom ou um mau espírito, que ela é cheia de ardor ou que, ao contrário, ela é mole e lânguida, é sua individualidade coletiva que estamos julgando, que qualificamos dessa forma. O que constitui seu caráter são as condições nas quais ela recruta seus membros, sua maior ou menor homogeneidade moral e intelectual; uma classe varia conforme seus elementos sejam de uma mesma origem ou, ao contrário, tenham origens disparatadas (exemplo: as classes de matemática elementar). Essa vida coletiva, que se produz por conta própria, que resulta das trocas de ideias e sentimentos entre as crianças nela associadas, é formada ao acaso; portanto, ela pode tanto resultar de uma comunhão de sentimentos ruins quanto do compartilhamento de ideias justas e de hábitos bons. É ao professor que cabe dirigi-la de tal modo que seu comportamento seja normal. Como ele pode fazer isso?

Certamente, e é isso que resulta do que acabamos de dizer, é preciso partir do princípio de que uma classe não pode ser forjada e modelada como bem quisermos. Um professor não pode fazer o espírito de uma classe, assim como um rei não pode criar o espírito de uma nação. Como mostrei há pouco, a maneira com que uma classe é composta já determina em parte seu caráter. Ademais, mesmo que todas as classes que passam pelas mãos de um mesmo professor passem a trazer sua marca, nem por isso elas se tornam iguais. Há, pois, toda uma vida coletiva espontânea, que não pode ser planejada peça por peça, e que nada pode substituir. O papel do professor – mesmo que seja limitado, é demasiado importante – é o de dirigi-la. Sua ação consiste, sobretudo, em multiplicar as circunstâncias em que pode ser produzida uma livre elaboração de ideias e de sentimentos comuns e em coordenar e consolidar os produtos que disso resultam. Impedir que os maus sentimentos sejam comunicados, reprimir sua expressão, reforçar os outros sentimentos com todo o peso de sua autoridade, aproveitar todos os acontecimentos da vida escolar para despertar esses bons sentimentos, a fim de que se consolidem e se tornem tradicionais, eis os meios de ação do professor. Em suma, o professor deve estar atento para captar e aproveitar tudo aquilo que pode fazer a classe vibrar em conjunto, em um único movimento. Quanto às ocasiões favoráveis para obter esse resultado, elas se apresentam em abundância, por menos que se esforce em encontrá-las. Aqui, é uma emoção provocada em toda a classe pela leitura de algum trecho comovente; ali, um juízo enunciado sobre um personagem ou um evento histórico cujo valor moral se discute conjuntamente; ou então, pode ser um movimento de aprovação ou reprovação, que pode ser suscitado pelos milhares de acontecimentos da vida em comum, sejam uma falta cometida ou um ato meritório. Já se chegou a propor que a classe atuasse como uma espécie de tribunal, que deveria julgar a conduta de seus membros, e que ao professor caberia apenas presidir esse tribunal. Essa ideia é inconciliável com o papel preponderante que o professor deve desempenhar na vida moral da classe. Mas, por outro lado, uma classe em que a justiça é feita exclusivamente pelas mãos do professor, sem que a opinião comum esteja de acordo com ele, parecerá uma sociedade na qual os magistrados editam penas contra atos que não são condenados pelo sentimento público. Essas sentenças não teriam nem influência, nem autoridade. É preciso, pois, tanto quando o professor pune quanto quando ele recompensa, que ele saiba associar a classe ao julgamento que ele pronuncia. Nós já vimos o quão numerosas são as fontes de vida coletiva da classe. Mas, se essas emoções de todos os tipos que surgem no âmbito desse pequeno ambiente desaparecessem logo em seguida, sem deixar sua marca, essa vida coletiva seria muito caótica e muito instável, de modo que não poderia tocar a criança de forma significativa. Por isso que é importante que os sentimentos coletivos da classe não sejam meras impressões passageiras, sem vínculo com os alunos, sem continuidade; é preciso que esses sentimentos deixem algum rastro duradouro, pelo qual podem ser sempre recordados. As ideias que surgem a partir da narrativa de algum evento histórico ou de um evento escolar sempre contêm elementos que ultrapassam as circunstâncias particulares desse acontecimento. Há sempre alguma conclusão geral que pode ser tirada; é preciso que essa conclusão seja evidenciada e fixada. Com essa condição, a criança poderá perceber que está diante de algo coerente, que possui uma unidade, e não diante de uma série de incidentes sem qualquer relação de continuidade. Ao mesmo tempo, ela irá adquirir o hábito, eminentemente social, de se conformar, no futuro, aos tipos de conduta ou de opinião elaborados coletivamente. É desse modo que, na sociedade dos adultos, os sentimentos coletivos cristalizam-se sob a forma de provérbios populares, de aforismos, de máximas morais e jurídicas. Da mesma forma, cada classe deve ter seu pequeno código de preceitos, elaborado no decorrer do cotidiano, que opere como um resumo condensado de suas experiências coletivas. Certamente, nos contornos dessas máximas, haverá a marca do professor e do espírito da classe, assim como o espírito de um povo deixa sua marca em seu direito, em seus preceitos familiares, em seus provérbios, etc.

Um outro meio que também permite despertar na criança o sentimento de solidariedade consiste na utilização, sempre muito discreta e refletida, de punições e recompensas coletivas. Certamente, essa proposição enfrenta alguns preconceitos. Há muitos que acreditam que toda responsabilização deve ser necessariamente individual. Entretanto, a responsabilização estritamente individual só se justifica nos casos em que o indivíduo é o único autor responsável por sua ação. Ora, de fato, é quase impossível que a comunidade da qual fazemos parte não tenha uma influência maior ou menor sobre tudo o que fazemos, de modo que ela partilha de nossa responsabilidade. Nem nosso temperamento, nem as ideias e os hábitos que nos foram inculcados pela educação são uma obra pessoal. Portanto, essa ideia de responsabilidade que desapareceu com o tempo não pode continuar a ser vista como mera recordação de um passado distante, ao qual já não se pode voltar. Ao contrário, é importante que a coletividade tenha plena consciência da parte que lhe cabe na moralidade de seus membros. Ora, isso que é válido para a sociedade civil aplica-se também para a classe. Na verdade, parece que nesse último contexto a importância da responsabilidade coletiva ainda é mais considerável que alhures, justamente em virtude das dimensões mais restritas da sociedade escolar, das relações de aproximação que resultam disso, da proximidade de cada um diante do todo, da facilidade com que ocorrem os fenômenos de contágio social. Existem faltas ou méritos escolares que resultam de um estado geral que não pode ser imputado a nenhuma pessoa em particular. Algumas vezes existe em determinada classe uma efervescência coletiva que desencadeia uma impaciência coletiva em relação a todo tipo de disciplina, e que muitas vezes se manifesta de forma mais ostensiva justamente naqueles que menos contribuíram para produzir essa situação geral. Quando se concentra a atenção sobre estes, essa tendência é então amplificada, exagerada, mesmo que a iniciativa não tenha sido deles; são estes que são mais suscetíveis à punição, muito embora não sejam os maiores culpados. Ao contrário, uma atmosfera de saúde moral ajuda a tornar bons alunos até mesmo aqueles que não têm muitos méritos pessoais. Cada um contribui para isso. As sanções coletivas possuem, portanto, um papel normalmente importante na vida da classe. Ora, qual pode ser o meio mais poderoso para fomentar nas crianças esse sentimento de solidariedade que as une a seus companheiros, para oferecer esse sentido da vida em comum? Nada é mais eficaz contra esse individualismo estreito do que fazê-las sentir que o valor de cada um é uma função do valor de todos, que nossos atos têm causas em consequências que ultrapassam a esfera de nossa personalidade. Nada pode ser melhor do que isso para ensejar essa percepção de que não somos um todo autossuficiente, mas parte de um todo que nos abrange, que nos penetra, e do qual dependemos.

Mas tal princípio, uma vez admitido, demanda ser aplicado com moderação e discernimento. Quando se está diante de uma falta individual, não se deve repartir a responsabilidade entre o culpado e o restante da classe. A responsabilidade coletiva reduz-se a muito pouco em cada ato, quando este é tomado em particular, isoladamente dos outros; ela só se faz sentir verdadeiramente no conjunto das ações realizadas por todos durante um período de tempo determinado, nas atividades gerais da classe. Para poder apreciar esse comportamento coletivo, é importante realizar, de tempos em tempos, um balanço moral não dos indivíduos em particular, mas da classe tomada coletivamente, de modo que seja possível julgá-la em seu conjunto e aplicar as sanções vinculadas a esse julgamento. Por exemplo, a cada semana se pode fazer um inventário de tudo o que se fez de bom e de ruim, revendo as notas, as observações feitas a cada dia, e, após essa revisão, de acordo com a impressão obtida a partir disso, poder-se-á concordar ou discordar em oferecer a toda classe uma determinada recompensa, uma atividade favorita, uma recreação excepcional, uma leitura, um passeio, etc. A recompensa é dada a todos porque foi merecida por todos, sem distinção de individualidades. Não irei examinar aqui detalhadamente quais as regras que se deve seguir para realizar esse tipo de avaliação, qual coeficiente deve ser atribuído à gravidade das faltas em comum ou à importância dos atos meritórios, ou com qual frequência ela deve ser realizada. São questões que podem ser resolvidas na prática sem muita dificuldade. O importante é que a criança perceba com clareza, a todo momento, que ela trabalha por todos, e todos trabalham por ela. A existência dessas recompensas coletivas, que podem ser concedidas ou recusadas, de acordo com as circunstâncias, permite resolver um problema da casuística escolar que muitas vezes provoca embaraços na consciência do professor: é a questão de saber se ele deve punir toda a classe pela falta cometida por um único indivíduo, quando o verdadeiro culpado não se entrega. Deixar a falta impune é algo muito grave; punir inocentes é algo muito cruel. Por outro lado, nada mais natural do que recusar um benefício, que só pode ter sentido quando as coisas se passam normalmente. A privação de uma recompensa coletiva constitui a melhor sanção aos delitos anônimos.

 Ideias comuns, sentimentos comuns, uma responsabilidade comum, eis os alimentos com os quais a vida coletiva da classe pode se servir. Mas a classe é um grupo de jovens de uma mesma idade, de uma mesma geração. A sociedade, ao contrário, sempre compreende em seu seio uma pluralidade de gerações superpostas, ligadas umas às outras. Quando entramos na vida, já encontramos ao nosso redor um conjunto de ideias, de crenças, de costumes, que os outros já admitiam e praticavam antes de nós, que são o legado de nossos antepassados, e que provavelmente não serão modificados em nada no decorrer de nossa existência individual. Por isso, nós somos ligados não apenas aos nossos contemporâneos, mas também a nossos ancestrais; desse modo, temos a sensação de que existe uma força impessoal acima de nós, que foi constituída antes de nossa própria existência, que sobreviverá a nós, a cuja ação nos submetemos: é a sociedade. Sem o sentimento desse laço que une as gerações, que assegura as sucessivas fases de um mesmo ser, a saber, o ser coletivo, a solidariedade social seria singularmente precária, uma vez que estaria condenada a não durar mais do que a idade de um homem, e seria preciso que fosse reformada a cada nova geração. Por conseguinte, seria bom que também a criança, ao adentrar numa classe, pudesse ter a impressão de que o grupo do qual faz parte não é algo improvisado, mas que entra em um ambiente moral já constituído, que data de muito antes do dia de sua chegada. Para atingir esse objetivo, seria importante que cada classe guardasse alguma recordação das gerações anteriores: os cadernos de honra, em que seriam compilados os deveres melhor executados, constituem uma forma de ligar os alunos do passado aos do presente. Poder-se-ia também anotar todos os acontecimentos mais notáveis que marcaram a vida da classe nos anos precedentes, as boas ações, as recompensas extraordinárias, as festas, etc. Enfim, seria fundamental que cada classe tivesse sua própria história, um passado que pudesse ser transmitido. Por essa mesma razão, seria importante que cada professor estivesse ciente de tudo o que se passou na classe antes de sua chegada, durante os anos precedentes, que conheça sua história, que conheça seus alunos e os principais acontecimentos de sua vida escolar. Com essa condição, a criança não terá a impressão de que, ao final de cada ano, o antigo laço se rompe e um novo deve ser construído, para durar pouco tempo. Ela sentirá que toda a escola e que todas as classes pelas quais ela passou formam um todo contínuo, que compõem um mesmo ambiente moral. Ela se sentirá envolvida e sustentada, reforçando, assim, o sentimento de solidariedade. É verdade que, para prevenir a descontinuidade da vida escolar, muitas vezes se propôs que uma classe fosse sempre acompanhada por um mesmo professor; trata-se de um costume que foi efetivamente praticado em alguns estabelecimentos escolares. Mas já dissemos quais são os inconvenientes e os perigos disso. A autoridade do mestre é muito grande para que os alunos sejam deixados durante todo o tempo sob a influência de um único professor, durante toda sua trajetória escolar. É preciso que exista uma diversidade de professores que se sucedem para impedir que a influência de algum deles seja muito exclusiva e, portanto, muito opressora da individualidade da criança; por outro lado, é preciso que essas sucessivas influências não se contradigam mutuamente: é preciso que, em certa medida, haja certa ligação entre elas, que a criança sinta uma continuidade da ação, embora diferente, à qual ela é submetida em cada momento. É especialmente ao diretor da escola que cabe assegurar essa continuidade. Não quer dizer que isso seja uma obra que cabe inteiramente a ele, assim como o professor não pode construir sozinho o espírito da escola. Mas ele deve promover o contato entre os diferentes professores, impedindo que cada um considere sua tarefa como um todo que basta a si mesmo, uma vez que ele deve continuar e preparar tarefas similares. Em resumo, é ele que deve ser incumbido de representar o espírito, a unidade moral da escola, assim como ao professor cumpre representar o espírito, a unidade moral da classe.

Enfim, a escola possui tudo o que é preciso para despertar na criança o espírito de solidariedade, o sentido da vida em grupo. Mas, se a vida coletiva que ela experimenta cessa bruscamente no momento em que ela deixa sua última classe, se, ao deixar esse meio social estreitamente fechado, no qual conviveu durante toda sua infância, ela é arremessada nesse ambiente solitário da sociedade, as sementes de sociabilidade que ela adquiriu na escola correm o risco de murchar, de congelar sob o efeito dos ventos gélidos e violentos que sopram nesses imensos espaços sociais. Felizmente, já há algum tempo, a própria sociedade escolar experimenta a necessidade de desenvolver ramificações para além de suas fronteiras iniciais, graças às quais ela tem continuidade nas sociedades dos adultos. Estas são as obras pós-escolares, as sociedades de antigos alunos, sociedades de patrocinadores, nas quais os mais novos e os mais velhos se encontram e se associam em uma vida comum. Essas sociedades não constituem apenas excelentes escolas de virtudes cívicas, mas ainda possuem a incomensurável vantagem de oferecer à criança, no momento em que deixa o meio escolar, um novo grupo que a acolhe, que a enquadra, que a sustenta e lhe dá alento, ou seja, que lhe permite escapar dessa influência tão deprimente do isolamento moral. De uma maneira geral, tudo aquilo que promove o contato entre as diversas gerações (e é isso que fazem as obras pós-escolares) é dotado da mais elevada utilidade social. Com efeito, cada geração possui seu humor próprio, sua própria maneira de pensar e sentir, suas necessidades, suas aspirações especiais. Há nisso uma verdade cujas causas ainda não são bem conhecidas, mas que é, sem dúvida, incontestável. Há mudanças linguísticas a cada geração. Há mudanças na moda, nos gostos artísticos, nas opiniões filosóficas. A uma geração cosmopolita sucede-se outra movida por um ideal estreitamente nacional, ou vice-versa. Ao pessimismo se sucede o otimismo, ao dogmatismo religioso, o anarquismo, etc. Essa descontinuidade moral entre as gerações corre o risco de fazer com que a evolução social consista em uma sequência de incidentes bruscos, de agitações, que fazem a história seguir nas mais divergentes direções, isso se não forem tomadas precauções para que as diferentes gerações sejam aproximadas, tão cedo e tão completamente quanto possível, de modo que se penetrem mutuamente e com isso reduzam a lacuna moral que as separa.

Influência geral do ensino

Nós acabamos de ver como a escola, pelo simples fato de se tratar de um grupo constituído, pode fazer com que a criança adquira o hábito da vida em grupo, a necessidade de se vincular a forças coletivas. Mas, além dessa ação muito genérica, há ainda uma outra, que a escola é capaz de exercer nesse mesmo sentido, por intermédio dos diversos tipos de ensinamento que ela oferece.

Sem dúvida, num primeiro momento, pode parecer surpreendente que a instrução possa servir à educação moral. A instrução, com efeito, é da ordem da teoria, da especulação, enquanto a moral é da ordem da ação ou da prática. Mas nossa ação é vinculada à maneira com que representamos as coisas à que se aplica nossa ação. Nossa moralidade, pelo simples fato de que somos seres inteligentes, possui base na inteligência. De acordo com a concepção que temos acerca da realidade social, teremos mais ou menos condições de aderir a ela. Vinculamo-nos mais ou menos a um ser, de acordo com a ideia que temos a seu respeito. Ora, essa concepção da realidade social é uma coisa teórica, que pode ser formada a partir de diversos tipos de ensinamento. O ensino das ciências físicas e naturais também desempenha um importante papel em sua elaboração.

Existe, com efeito, uma determinada tendência do espírito que constitui um grave obstáculo à formação dos sentimentos de solidariedade, e que o ensino científico é particularmente apto a combater: é o que podemos chamar de racionalismo simplista. O que caracteriza esse estado de espírito é a tendência a considerar que só é real aquilo que é perfeitamente simples, aquilo que é tão pobre em qualidades e em propriedades que a razão pode apreender inteiramente de uma só vez, bastando-lhe fazer uma representação iluminada, análoga àquelas que temos das coisas matemáticas. De acordo com esse ponto de vista, só podemos ter a certeza de ter apreendido um elemento verdadeiro da realidade se esse elemento puder ser contemplado por uma intuição imediatamente evidente, onde não subsiste nada de obscuro. Assim, afirma-se, a única coisa de real em um corpo é o átomo, o átomo simples, o átomo indivisível, sem cor, sem sabor, sem sonoridade, sem forma, sem dimensões, simples determinação do espaço abstrato. Mas, então, o que são essas características tão complexas do som, do sabor, da figura, etc. que sempre nos são dadas a partir de sensações confusas? Simples aparências, que se devem ao fato de estarmos mal posicionados para ver as coisas. Ao percebê-las de fora e à distância, através de mediações sensíveis, elas nos aparecem como sendo nebulosas, de modo que não percebemos nada muito definido. Mas, quando as submetemos à análise do entendimento, logo esse véu se desfaz, essa nuvem que recobre a realidade e que não é senão produto de nossa óptica especial é dissipada, e a massa indivisível, indistinta, confusa que víamos até o momento, resulta em uma constelação de elementos distintos e perfeitamente simples. No lugar de um complexo inextrincável de propriedades entrecruzadas, teremos algo semelhante a um sistema de pontos matemáticos. Em suma, essa é uma postura que tem em Descartes seu mais ilustre representante nos tempos modernos e sua mais elevada expressão. Sabemos, com efeito, que, para Descartes, só é real aquilo que pode ser objeto de uma ideia clara, translúcida para o espírito e que, para ele, nada pode gozar de tal evidência a não ser que seja dotado de uma simplicidade matemática.

Se essa invenção do espírito permanecesse restrita ao círculo dos sábios e dos filósofos, não seria preciso tratar dela aqui. Mas, em virtude de causas diversas, esse simplismo se tornou um elemento constitutivo do espírito francês. Ora, mesmo que essa maneira de conceber as coisas seja teórica em seu princípio, ela teve, historicamente, e ainda tem, repercussões muito importantes sobre a prática moral. A sociedade, com efeito, é um todo enormemente complexo. Se, pois, aplicamos a ela o princípio do racionalismo simplista, somos levados a afirmar que a única coisa que há de real na sociedade é aquilo que é simples, claro, facilmente representável para o espírito; ora, a única coisa que satisfaz a todas essas condições é o indivíduo. O indivíduo seria, pois, tudo o que existe de real na sociedade. Isso implica que a sociedade não é nada em si mesma, que não constitui uma realidade *sui generis*, que não é mais do que um termo coletivo que designa a soma dos indivíduos. Mas, então, isso quer dizer que nossa atividade moral se encontra desprovida de qualquer objeto. Para que se possa amar a sociedade, devotar-se a ela, tomá-la como fim de sua conduta, é preciso que ela seja mais do que uma simples palavra, que um termo abstrato; é preciso que ela seja uma realidade vivente, animada por uma existência especial, distinta daquela dos indivíduos que a compõem. É somente sob essa condição que ela pode nos elevar acima de nós mesmos e, por conseguinte, desempenhar o papel de objetivo moral. Podemos perceber, enfim, como essa maneira viciosa de se representar o real pode afetar a ação e como, por conseguinte, é importante que ela seja repensada. O ensino das ciências pode nos ajudar: veremos a seguir através de quais procedimentos isso pode acontecer.

Décima sétima lição

O ensino das ciências
(fim)

Na última lição, eu mostrei como determinadas maneiras de conceber as coisas, certas atitudes intelectuais, podem afetar a organização moral dos povos e dos indivíduos. Esse é, notadamente, o caso dessa invenção particular do espírito a que chamei de racionalismo simplista. De maneira geral, podemos dizer que compreendemos tanto melhor as coisas quanto mais simples elas são. Se chegamos a uma inteligibilidade perfeita das coisas matemáticas, é em razão de sua extrema simplicidade. As coisas complexas, ao contrário, por serem complexas, só podem ser representadas de forma difícil e confusa. Disso resulta essa tendência a negar sua realidade, a torná-las mera aparência, a considerá-las produto de uma ilusão cuja única causa é a fragilidade de nossas faculdades intelectuais. As coisas complexas nos aparecem como tal porque, em princípio, não somos capazes de ver os elementos muito simples de que são constituídas. Mas, de fato, não seriam mais do que um composto de coisas simples; isso suprime a questão de saber como é possível traduzi-las em uma linguagem inteligível. É por isso que, para Descartes, por exemplo, todas as qualidades secundárias da matéria, forma, cor, sonoridade, etc., não possuem fundamento na realidade; a única coisa que haveria de real é o espaço matemático, e os corpos não seriam mais do que compósitos de porções do espaço.

Se essa maneira de ver as coisas fosse compartilhada apenas por alguns filósofos, não haveria motivos para nos ocuparmos dela neste contexto. Mas ela se encontra profundamente enraizada em nosso espírito nacional; acabou por se tornar um dos traços constitutivos do espírito francês, ao menos até esses últimos tempos. Com efeito, acabamos de ver que foi no cartesianismo que ela se afirmou com mais método e de forma mais sistemática. Ora, podemos dizer que, em geral, o francês é, em alguma medida, consciente ou inconscientemente, um cartesiano. A necessidade de distinção e de clareza que caracteriza nosso gênio nacional nos inclina a afastar nosso olhar daquilo que é demasiado complexo para que seja representado com facilidade no espírito: e, aquilo que nos inclina a não ver, a não olhar, leva-nos, necessariamente, a negar essa realidade. Nossa própria língua não foi feita para expressar as camadas mais obscuras das coisas, que podemos até perceber vagamente, mas que não compreendemos com clareza. Precisamente porque nossa língua é analítica, ela só exprime bem as coisas analisadas, isto é, decompostas em seus elementos essenciais; ela é capaz de designar cada um desses elementos com uma expressão bem precisa; mas a unidade complexa e vivente que é formada por esses elementos da realidade concreta, que se somam, que se completam, que se fundem, tudo isso lhe escapa, porque tudo isso escapa à análise. Aquilo que nossa inteligência busca é o mais simples, e o ideal para ela seria que houvesse uma palavra para cada porção indivisível do real, uma palavra, e uma só, de modo que a expressão do todo consistisse na combinação mecânica dessas notações elementares. Quanto ao aspecto que esse todo adquire, enquanto todo, quanto àquilo que constitui sua unidade, sua vida e sua continuidade, ela se desinteressa. Eis de onde provém esse caráter abstrato de nossa literatura. Durante muito tempo, nossos poetas, nossos romancistas, nossos moralistas limitaram-se a apresentar o homem em geral, isto é, as faculdades mais abstratas da alma humana. Os heróis imaginados por nossos poetas dramáticos não eram individualidades complexas, com características múltiplas, instáveis, imbricadas umas nas outras e tão numerosas a ponto de tornar impossível uma enumeração analítica; esses heróis eram sempre a encarnação de um sentimento determinado. Mas o indivíduo real, o indivíduo que somos, é a própria complexidade; em cada um de nós reside uma multiplicidade de aptidões, de propriedades, algumas em ato, outras ainda em potência, outras em vias de formação, como intermediárias entre esses dois estados; o geral, ao contrário, é simples, pobre em qualidades, e por isso, para construí-lo, é preciso empobrecer metodicamente o real.

E, por detrás desses sentimentos simples e abstratos desenhados por nossos escritores, só muito raramente podemos ter a impressão dessas profundezas ilimitadas, vislumbradas, mas não explicadas, tal como podemos perceber no *Fausto* de Goethe ou no *Hamlet* de Shakespeare. Tudo se passa em plena luz da consciência. Tudo é absolutamente claro. De resto, até mesmo na ciência podemos encontrar uma prova dessa tendência. Não é sem razão que nossa nação se distingue, dentre todas as outras, pelo número e importância de gênios ou de talentos matemáticos aos quais deu à luz.

Sem dúvida, não se trata de renunciar ao postulado racionalista que está na própria raiz dessa concepção, uma vez que nós mesmos fizemos desse postulado a base de nosso ensinamento. Devemos continuar a sustentar que não existem motivos para não admitir que não há nada nas coisas que seja irredutivelmente irracional. No entanto, o racionalismo não implica esse simplismo exagerado, sobre o qual acabamos de falar. Do fato de que as coisas complexas submetem-se com mais dificuldade às exigências da razão, do fato de que uma representação inteligível só pode ser obtida com muita dificuldade, com muito trabalho, e de que esta será sempre mais ou menos imperfeita, não se segue que estejamos autorizados a negar sua realidade. Isso seria algo contraditório. Afinal, o complexo existe; é um fato que não podemos negar, e não podemos fazer com que deixe de existir aquilo que existe. Há quem diga que se trate de uma aparência. Aceitemos provisoriamente essa expressão. Mas, uma aparência não é um nada; é um fenômeno tão real quanto os outros. A imagem de um objeto que vejo em um espelho não possui a mesma realidade que esse objeto; mas ela é uma realidade de um outro tipo. Não há, diz-se, cores, sabores, nem calor nos átomos que constituem o corpo. Eu não os vejo; mas as cores, os sabores, os cheiros, o calor que percebo no contato com os corpos são bem reais. São realidades que eu percebo, que para mim possuem mais importância e interesse do que os movimentos impessoais e abstratos que se passam na matéria. Supondo-se que essas características não sejam fundadas nos elementos invisíveis da matéria, basta-nos, então, simplesmente concluir que são fundadas em outra coisa, de outra maneira. Já afirmaram que, objetivamente, o calor não é mais do que movimento, de modo que puderam reduzir algo eminentemente complexo, fugaz, multiforme, àquilo que há de mais simples no que se refere aos fenômenos, isto é, ao movimento. Mas, me desculpem; o calor não é movimento. Não importa qual seja o papel que o movimento pode desempenhar na produção do calor, é impossível identificar realidades tão diferentes. Podemos afirmar o mesmo em relação a todas as propriedades complexas, cuja complexidade se pretende fazer desaparecer mediante procedimentos de análise. Enfim, se há complexidade em nossas sensações, é porque existe a complexidade. Afirma-se que isso é apenas nosso ponto de vista, que a natureza de nosso organismo e de nossa consciência alteram as coisas e as fazem aparecer sob um aspecto que não lhes é próprio. O que importa? Que a causa da complexidade esteja aqui ou acolá, no nosso corpo ou nos corpos exteriores, existe sempre uma causa real para essa complexidade que é percebida, e os efeitos de uma causa real também são reais. E, aliás, por que é que o complexo só existiria em nós, por que só encontraria fundamento em nossa organização física ou mental? Admitamos que o mundo inteiro seja redutível a elementos muito comuns. Pelo simples fato de que esses elementos se unem, em vez de permanecerem isolados, pelo fato de que se combinam, eles agem uns sobre os outros e, mediante essas ações e reações, podem produzir propriedades novas, que não estavam presentes nos elementos tomados separadamente. Experimentemos combinar duas forças homogêneas e aplicá-las a um mesmo móbil, e teremos como resultado uma força única, diferente daquelas que a compõem, tanto em intensidade quanto em direção. Experimentemos combinar a flexibilidade do cobre com aquela do estanho, e obteremos o corpo mais duro que existe, o bronze. Portanto, mesmo que na base de todas as coisas existam apenas elementos muito simples, quando eles se unem, dão origem a características completamente novas, que não possuem a mesma simplicidade e cuja representação se torna mais difícil e complexa. Acrescento ainda que a própria hipótese de que existam elementos perfeitamente simples é, todavia, arbitrária. Afinal, nós ainda não pudemos fazer uma observação direta desses elementos, de modo que ainda não pudemos construir uma noção adequada a seu respeito. A simplicidade mais perfeita que podemos imaginar é sempre relativa. Afirmamos que o átomo é indivisível. Entretanto, não conseguimos conceber uma porção de espaço que seja indivisível. Dizemos que ele não possui forma, mas não conseguimos conceber qualquer matéria que não tenha forma. Depois, em todo átomo se faz sentir a ação de outros átomos; o mundo inteiro repercute em cada elemento do mundo, e assim há um infinito em cada coisa infinitamente pequena. O simples é um limite ideal ao qual aspira o pensamento, sem jamais encontrá-lo na realidade.

Se me preocupei em mostrar com algum detalhe o que há de problemático nessa maneira de ver, não foi em virtude do interesse teórico dessa questão; foi com o intuito de colocar o leitor em melhores condições de perceber os graves inconvenientes práticos dessa atitude mental, e, assim, melhor avaliá-los. O homem, dissemos, só age moralmente quando toma uma coletividade como objetivo de sua conduta. Mas, para tanto, é preciso que exista uma coletividade. Ora, se considerarmos a sociedade sob esse ponto de vista simplista, ela resultará apenas em um mero nome. Com efeito, desse ponto de vista, sendo a sociedade um todo complexo, devemos pressupor que esse todo, enquanto tal, é mera aparência, e que aquilo que constitui a realidade de ser coletivo é algo muito simples, que deve ser descoberto. Ora, o elemento mais simples da sociedade é o indivíduo. Deveríamos, pois, afirmar que não há nada de real na sociedade além dos indivíduos que a compõem, que ela não é nada em si mesma, que não possui uma personalidade especial, interesses e sentimentos que lhe são próprios. Chegamos, assim, a um verdadeiro atomismo social. A sociedade não é mais do que um nome coletivo, um pseudônimo dado a uma soma de indivíduos, justapostos externamente. É um ser imaginário. Ora, ninguém ama um ser imaginário; seria um absurdo sacrificar um ser concreto e vivente, que sou eu, em nome de um ser imaginário. Não podemos nos devotar à sociedade a não ser que vejamos nela uma potência moral mais elevada do que nós, da qual dependemos. Contudo, se o indivíduo é tudo o que existe de real, de onde poderia advir essa dignidade e essa superioridade? Nesse caso, longe de dependermos dela, a sociedade é que dependeria de nós. Afinal, segundo essa hipótese, ela não poderia gozar de outra realidade além daquela que provém de nós. Não poderia ser senão aquilo que queremos que ela seja. Mesmo as vontades das gerações que nos precederam não poderiam limitar nossas próprias vontades. Isso porque as individualidades que compõem as gerações anteriores não seriam mais realidades atuantes. Para poder conceber que as tradições do passado determinam o futuro, é preciso conceber que elas dominam os indivíduos, de modo que possam se manter acima do fluxo cambiante das gerações. Mas, se não existem senão indivíduos, então, em cada momento da história, são apenas os indivíduos existentes, e somente eles, que constituem o ser da sociedade, ao desejá-la, ao desejá-la perpetuamente, assim como o deus de Descartes criava o mundo a cada instante de sua duração. Se, de um momento para o outro, nossa vontade bruscamente se voltar para outra direção, todo o edifício social que está construído sobre ela desmoronaria ou se transformaria. É nisso que se baseia a crença, que vigora ainda hoje, na onipotência do legislador. Dado que a existência da sociedade depende de como a querem as vontades individuais, não bastaria que elas se entendessem, que entrassem em acordo, para que a sociedade mudasse sua natureza, para que essa metamorfose se completasse rapidamente? Na atualidade, ninguém mais acredita que, mesmo unindo nossas vontades, podemos fazer com que as leis da natureza deixem de ser o que são. No entanto, ainda são poucos os que dentre nós que compreendem que mesmo que os cidadãos de um mesmo Estado estivessem de acordo sobre realizar uma revolução, seja econômica, seja política, esta não poderia dar certo se não constituísse uma necessidade implicada na natureza, nas condições de existência dessa sociedade. Também são poucos aqueles que compreendem que o desejo de dotar a França de uma constituição social que só seria possível daqui a alguns séculos, é algo tão impossível quanto querer retomar a constituição social da Idade Média, mesmo que a maioria dos franceses quisesse uma ou outra dessas revoluções. Quantos são os que suspeitam de que exista nisso uma força imposta pelas próprias coisas, que existam leis necessárias que se chocam contra nossa vontade, e que, se podemos até destruir a ordem social existente, não saberíamos edificar uma ordem que é, por definição, impossível? Mas, então, como vincular-se e subordinar-se a um arranjo social, a uma organização que não é nada em si mesma, e que é perpetuamente dependente de nossas vontades?

    O que nos mostra que esse não é um perigo meramente imaginário, é o que já se passou na França. O espírito simplista do século

XVII se aplicava, inicialmente, somente às coisas do mundo físico; ainda não se especulava sobre o mundo social e moral, ainda considerado muito sagrado para que pudesse ser submetido às profanações do pensamento laico, isto é, da ciência. Mas, no século XVIII, essa reserva deixou de existir. A ciência ousou ainda mais; ela se tornou mais ambiciosa, porque, ao longo do caminho, adquiriu mais força. Ela passou então a se debruçar sobre as coisas sociais. Fundou-se uma filosofia social e política. No entanto, essa filosofia do século XVIII era, como não poderia deixar de ser, a filha da ciência do século XVII. Era animada pelo mesmo espírito; ela estendeu aos novos problemas, ao estudo do mundo social, esse mesmo simplismo que inspirou o século passado no estudo do mundo material. Eis por que a filosofia social dessa época é essencialmente atomista. Para Rousseau, que pode ser considerado o teórico por excelência da época, não há nada de real na sociedade além do indivíduo. Além disso, para saber aquilo que ela deveria ser, ele não se importou em interrogar a história, em investigar como ela se constituiu, em qual sentido ela tende a se desenvolver, etc. Para o autor, seria suficiente descobrir aquilo que o homem deveria querer que a sociedade fosse. A seus olhos, a ordem social não é produto de uma evolução histórica, que só pode ser dirigida na medida em que se conhecem suas leis; é um ato das vontades individuais, que se unem umas às outras por um contrato cujas cláusulas são livremente debatidas, o contrato social. Como consequência disso, para saber o que devem fazer, basta tomar consciência dessas vontades e que estas sejam firmes em suas resoluções. É bem verdade que essa tendência foi ameaçada por uma tendência contrária. Há algum tempo, a sociedade francesa possuía um vivo sentimento de si mesma e de sua unidade; por isso que dissemos que o movimento revolucionário foi, em parte, um grande movimento de concentração nacional, como o prova o horror dos homens da Revolução por todo particularismo moral e político. Jamais se teve um sentimento tão vivo sobre a supremacia dos interesses coletivos sobre os interesses individuais e da soberania da lei, que dominava com toda a majestade a multidão de indivíduos. Esse sentimento se fez presente tanto entre os teóricos quanto entre os homens de Estado da época. Rousseau sonhava com uma lei que se impõe a todos os indivíduos com a mesma necessidade que as leis da física, com uma lei impessoal e dotada de tal força, que poderia dobrar as vontades individuais, assim como as forças da natureza. Entretanto, o preconceito simplista, que se impunha ao mesmo tempo aos espíritos, impossibilitava a resolução dos problemas que assim se colocavam: os problemas eram contraditórios. Com efeito, eles começavam por admitir como evidente que não há nada de real na sociedade além dos indivíduos, que é deles que provém todo o seu ser, que a sociedade é aquilo que eles querem que ela seja. Mas, então, como obter, a partir dos indivíduos, uma ordem social que os ultrapassa; como extrair, das vontades individuais, uma lei que as domina? Se a lei é uma obra sua, como ela poderia uni-los, como ela poderia manter-se perpetuamente sob sua dependência? Não iremos expor nem examinar aqui os artifícios que tentaram utilizar para conciliar esses termos irreconciliáveis. Mas essa contradição fundamental foi certamente uma das causas que paralisaram parcialmente a obra revolucionária, que a impediu de produzir todos os resultados que se poderiam esperar dela.

Assim, a história mostra quais são os graves inconvenientes práticos que podem resultar dessa distorção do espírito francês. Sobretudo, de nosso ponto de vista laico, o perigo é pungente, e urge a necessidade de combatê-la. Afinal, não nos esqueçamos disso, não poderemos instituir uma educação laica se não pudermos oferecer ao indivíduo um fim que o transcende, se não pudermos oferecer-lhe um objeto para essa necessidade de devotar-se e de sacrificar-se, que é a raiz de toda vida moral. Se a sociedade não é mais do que mera aparência, se, portanto, a realidade moral termina com o indivíduo, ao que ele poderá vincular-se, devotar-se, sacrificar-se? Ora, para chegar a sentir que a sociedade é algo mais do que mera aparência, que, mesmo sendo composta exclusivamente por indivíduos, ela possui uma realidade própria, que ela é um ser digno de ser amado e servido, é preciso superar esse preconceito simplista. É preciso conseguir compreender, ou ao menos ter a impressão de que o grau de realidade das coisas não se mede por seu grau de simplicidade. Trata-se de um estado de espírito que deve ser encarnado. É preciso dar à criança o sentimento da complexidade real das coisas; é preciso que esse sentimento se torne orgânico, natural, de modo a constituir uma categoria de seu espírito. Para tanto, é necessário toda uma educação intelectual, com um interesse prático, e é para essa educação que pode contribuir o ensino elementar das ciências: certamente não das ciências matemáticas, que, ao contrário, são simplistas em princípio, mas das ciências físicas e naturais. Sem dúvida, elas só podem oferecer esse sentimento de complexidade em relação às coisas que concernem o mundo físico; mas, para que esse sentimento possa ser estendido ao mundo social, é necessário que antes tenha adquirido força e constância suficientes a propósito dos reinos inferiores da natureza. Há nisso uma propedêutica indispensável, e é nisso que consiste o papel das ciências na educação moral.

Investiguemos agora com maior precisão como esse papel deve ser desempenhado.

Quando se acredita que o complexo é mera aparência, que no fundo todas as coisas são simples, tendemos a acreditar que a ciência pode ser feita através de procedimentos dotados dessa mesma simplicidade. Porque aquilo que é simples é facilmente inteligível; podemos logo elaborar uma noção clara, bem definida, adequada, análoga àquelas que estão na base das matemáticas; e, uma vez obtida essa noção, basta desenvolvê-la pelo raciocínio, tal como procede o matemático, e assim obter todas as verdades científicas que dela derivam. O simplismo depende, pois, de uma crença na razão abstrata, na razão que raciocina. Acredita-se que o espírito pode extrair a ciência a partir de si mesmo, uma vez que ele já construiu os conceitos iniciais que a contêm implicitamente. Não há, portanto, nenhuma necessidade de métodos laboriosos e complicados para descobrir os segredos da natureza; a natureza não possui nada de tão misterioso, nada que desconcerte nosso entendimento, dado que ela é tão simples quanto este. Uma vez dissipado esse véu que dissimula essa simplicidade, tudo deve ser iluminado. Essa tendência é tão inerente ao espírito simplista que o cartesianismo não é outra coisa, em suma, senão uma tentativa de reduzir a ciência do mundo a uma matemática universal; e, quando os filósofos do século XVIII aplicaram os princípios cartesianos às coisas sociais, conceberam a nova ciência que empreendiam como passível de ser construída de uma só vez, através de definições e de deduções, sem que fosse necessário recorrer à observação, isto é, à história. Combater, prevenir o espírito simplista, significa, antes de tudo, precaver a criança contra essas construções e essas deduções. Para tanto, devemos nos dedicar a fazê-la perceber em que consistem os procedimentos das ciências da natureza, fazê-la constatar o quanto esses procedimentos são trabalhosos, o quanto a lentidão e a complexidade de seu progresso contrastam com essas improvisações. Falamos a ela sobre tal ou qual descoberta, sobre a propagação da luz, por exemplo? Em vez de lhe apresentar todos os resultados num único bloco, devemos lhe contar todo o árduo caminho percorrido, mostrando que a humanidade só chegou a esse resultado depois de muitos experimentos, depois de tatear muito no escuro, depois de fracassos de todo tipo: indicaremos as hipóteses que se seguiram sucessivamente, que foram deixadas de lado; explicaremos que os resultados atuais também são provisórios, que amanhã, talvez, será feita uma nova descoberta que fará com que esses resultados sejam questionados, ou ao menos parcialmente retificados. Isso já basta para que a criança perceba que a verdade não pode ser descoberta de uma só vez; isso já basta para que ela compreenda que a verdade não está já contida inteiramente em nosso entendimento. Em suma, é preciso fazê-la sentir a necessidade da experiência, da observação, isto é, a necessidade de sairmos de nós mesmos para ingressarmos na escola das coisas, se desejarmos conhecê-las e compreendê-las. Somente sob essa condição a criança poderá perceber a distância que existe entre a simplicidade de nosso espírito e a complexidade das coisas: afinal, foi exatamente na medida em que o homem se deu conta dessa distância que ele notou a necessidade do método experimental. O método experimental é a razão *razoável* que toma consciência de seus limites e abdica do império absoluto que se atribuía originalmente.

Um outro meio para inculcar esse sentimento na criança é fazê-la perceber que, com frequência, o resultado da pesquisa científica é diferente daquele que seria o esperado, se tivéssemos acreditado apenas no raciocínio. D'Alembert divertiu-se formulando algumas leis físicas que, *a priori*, deveriam aparecer-nos como provavelmente verdadeiras, mas cuja falsidade foi demonstrada pela experiência. Por exemplo: o barômetro sobe para anunciar a chuva. Com efeito, quando está para chover, o ar encontra-se mais carregado de vapores, logo, mais pesado; portanto, ele deve fazer com que suba a coluna de mercúrio do barômetro. O inverno é a estação em que há mais granizo. Com efeito, estando a atmosfera mais fria no inverno, é evidente que será particularmente nessa estação que as gotas de chuva deverão se congelar até o ponto de endurecerem na atmosfera (*D'Alembert*, por Joseph Bertrand, p. 17). Há milhares de outros exemplos: a forma da terra, seu movimento em torno do sol, a concepção sobre a abóbada celeste, etc. Em todos os casos, a razão razoável aprende a desconfiar dela mesma, ao constatar todos os erros que ela provoca. Quantas vezes ela poderia nos incitar a negar realidades incontestáveis!

Não devemos ter medo de ensinar às crianças que existem fatos que são observados, de cuja existência não se duvida, mas que contrariam nossa lógica e que por isso mesmo nossa tendência inicial seria opor-lhes uma negação pura e simples. A maneira com que foram recebidas as primeiras descobertas sobre o hipnotismo, o espírito de não receptividade, é algo que elucida muito bem esse tipo de situação.

Mas são especialmente as ciências da vida as suscetíveis de fazer com que a criança compreenda o que há de complexo nas coisas e que essa complexidade é perfeitamente real. Todo organismo é formado por um mesmo elemento que se repete muitas vezes: a célula. Parece que nesse caso estamos diante de algo muito simples. Ora, é fácil demonstrar que essa simplicidade é apenas aparente. Nada é tão complexo quanto a célula, já que toda a vida pode ser resumida nela. A célula trabalha e reage conforme as excitações exteriores, produz movimentos, assimila e desassimila, alimenta-se, cresce através da alimentação e se reproduz, tal como os seres vivos mais desenvolvidos. E a complexidade confusa de todas essas funções, de todas essas formas de atividade estreitamente vinculadas, associadas nesse pequeno espaço, sem que se possa atribuir um centro a cada uma delas, um organismo distinto, embora cada um pareça estar por toda parte e em lugar nenhum, essa complexidade talvez possa sensibilizar com mais vivacidade o espírito do que a observação de organismos plenamente diferenciados, como no caso dos animais superiores. É possível ir ainda mais longe e obter um ensinamento ainda mais instrutivo acerca dessa mesma consideração. Essa pequena massa viva é constituída por elementos que não são vivos, átomos de hidrogênio, de oxigênio, de azoto e de carbono. Assim, da combinação de elementos não viventes surgem elementos novos, que caracterizam a vida. Isso fará com que a criança compreenda (e a criança é plenamente capaz de compreender isso) que, em certo sentido, o todo não é igual à soma de suas partes, e eis o que a levará a perceber que a sociedade não é simplesmente a soma dos indivíduos que a compõem.

Contudo, se esse ensinamento pode exercer uma poderosa influência sobre a ação e sobre o pensamento, é preciso que ele seja cercado das maiores precauções. Se é importante prevenir a criança contra um racionalismo muito fácil, é ainda mais necessário preveni-la contra o misticismo. É preciso fazê-la perceber que as coisas não são assim tão simples, como pretendia nosso entendimento, que tanto ama a simplicidade, mas que, por outro lado, elas não são irredutivelmente ininteligíveis, que não são dotadas de um princípio de trevas, que não são, ou que não permanecerão para sempre refratárias à razão. No passado, e ainda nos dias de hoje, há quem insista sobre aquilo que há de mais obscuro nos fatos e nos seres, para fomentar o espírito obscurantista; procuram lembrar a razão de sua impotência, justamente no momento em que ela ensaia bastar-se a si mesma, para então pedir que abdique de suas prerrogativas em favor de um poder superior qualquer. Estamos diante de dois abismos que devemos fazer de tudo para evitar que toquem o espírito da criança. É importante que ela compreenda que as coisas não podem ser apreendidas de uma só vez através de alguma iluminação, que talvez o homem jamais chegue a compreender tudo com perfeita clareza, que talvez algumas coisas permanecerão sempre obscuras; mas, ao mesmo tempo, é fundamental mostrar-lhe, através da história, que essa parte obscura diminui a cada dia, que é impossível atribuir algum limite para essa regressão, que começa desde o início da história, e que é destinada a continuar indefinidamente. O racionalismo não implica necessariamente que a ciência possa ser completamente acabada algum dia; tudo o que ele pressupõe, tudo o que ele afirma, é que não há motivos para estabelecer limites ao progresso, de dizer: irás até aqui e não mais adiante. Para ser racionalista, não é preciso acreditar que numa época próxima a ciência estará concluída; basta admitir que não existe um ponto preciso no qual tem início o domínio do mistério, do irracional, um ponto no qual, impotente, o pensamento científico deva parar. Não se trata, portanto, de nos despojarmos completamente desse cartesianismo, que está em nosso sangue. Devemos permanecer racionalistas impenitentes, mas nosso racionalismo deve se desemaranhar desse simplismo, aprender a desconfiar das explicações fáceis e formais, deixar-se penetrar cada vez mais pelo sentimento de complexidade das coisas.

Com muita frequência, especialmente nos tempos mais recentes, a ciência positiva tem sido acusada de ser destituída de qualquer valor moral. Costuma-se dizer que não é aprendendo como os corpos caem, como o estômago faz a digestão, que saberemos como nos conduzir para com os outros homens. As colocações precedentes demonstram o quanto essa crítica é injustificada. Sem incluir as ciências das coisas morais, que também podem ser entendidas de uma maneira positiva e são aptas a guiar o homem em sua ação, nós acabamos de ver como as ciências do mundo material possuem um papel importante na formação do caráter moral. Elas só poderiam ser inúteis se a vida moral fosse separada das coisas da natureza por um abismo. Se a vida moral fosse inteiramente voltada para um mundo transcendente qualquer, supraexperimental, se nada a ligasse ao mundo temporal, então as ciências que estudam este último realmente não poderiam nos ajudar a compreendê-la, nem a praticar nossos deveres. Mas já rejeitamos essa dualidade. O universo é um só. A atividade moral tem por finalidade os seres, superiores aos indivíduos, mas tão empíricos, tão naturais quanto os minerais e todos os seres viventes: estes seres são as sociedades. As sociedades fazem parte da natureza; elas são apenas um compartimento separado, especial, uma forma particularmente complicada e, portanto, as ciências da natureza física podem nos preparar para compreender melhor o reino humano, munir-nos com noções mais corretas, de bons hábitos intelectuais, que poderão servir para guiar nossa conduta.

Décima oitava lição

A cultura estética
O ensino histórico

Depois de mostrar, na última lição, qual é o papel do ensino das ciências na educação moral, agora posso afirmar que esse papel é muito mais importante do que aquele da arte e da literatura. Espero que essa afirmação não seja interpretada de forma exagerada, por isso a explico melhor. Mesmo que a cultura estética não ocupe um lugar preponderante na escola primária, não posso deixar de me pronunciar sobre ela. Com muita frequência se atribuiu a ela um papel demasiado preponderante na formação do caráter moral para que eu possa simplesmente preteri-la. Devo ao menos expor os motivos pelos quais considero que ela ocupa um lugar secundário e acessório no processo de educação moral.

Certamente, há um aspecto no qual a arte – resumo sob esse nome tanto as belas-artes quanto a literatura – pode, com razão, aparecer como um instrumento de educação moral. A arte é essencialmente idealista. É verdade que, num primeiro momento, essa afirmação parece prejulgar a controvérsia sempre pedante entre idealismo, de um lado, e realismo ou naturalismo, de outro. Mas, não é nada disso. Porque os próprios naturalistas são idealistas ao seu modo. Em primeiro lugar, a natureza jamais pode ser servilmente copiada; ao lado do belo que existe nela, há também o desagradável e o medíocre, e por isso é preciso que a imaginação do artista a transforme. Além disso, o que constitui o belo da natureza são as impressões, as emoções *sui generis* que ela desperta em nós, e o objetivo da arte é precisamente traduzir esses estados completamente ideais, por meios diferentes daqueles de que dispõe a natureza. Toda obra de arte é, portanto, a expressão de um ideal e a única diferença é que, para os realistas, o ideal é imediatamente provocado pelo espetáculo do real, enquanto para os outros ela é, sobretudo, o produto de um trabalho interior. Mas são apenas diferenças de graus. Ora, o ideal é, por definição, algo que não pode ser incorporado ao real, algo que o transborda, que o ultrapassa e que, por consequência, ultrapassa a nós mesmos. Assim, de qualquer modo que seja concebido, o ideal nos aparece como sendo dotado de uma espécie de superioridade em relação a nós. Ele excede as forças naturais de que dispomos. Não se pode tender a algum ideal sem, ao mesmo tempo, tender a algo diferente de nós. Desse modo, o amor pela arte, o gosto pelas alegrias artísticas promovem no homem certa aptidão para sair de si, para se desapegar, promovem uma ação desinteressada. Com efeito, quando estamos sob a ação de uma forte impressão estética, voltamo-nos inteiramente para a obra que desperta essa impressão, e então nos desapegamos de nós, esquecemo-nos de nós. Perdemos de vista o que está à nossa volta, esquecemos de nossos cuidados ordinários, de nossos interesses imediatos; inclusive é isso o que constitui essa grande virtude consoladora da arte. A arte consola-nos, porque nos distancia de nós mesmos. Esse esquecimento de si, no artista, resulta até em verdadeiros estados de êxtase. Completamente apaixonados pela ideia que se esforçam por exprimir, o poeta, o pintor, o músico tornam-se absortos, completamente entregues a ela; eles acabam por identificar-se inteiramente com o personagem que procuram representar, tal como Flaubert que, ao retratar um envenenamento, acabou por sentir realmente todos os sintomas disso.

Ora, esse processo mental do artista, ou simplesmente do homem que experimenta um prazer estético é, em seu mecanismo interior, idêntico em todos os aspectos àquele do qual resultam os grandes atos de sacrifício e de devoção. O homem que está completamente entregue à beleza que contempla, confunde-se com ela, do mesmo modo que o homem, quando se doa ao grupo do qual faz parte, confunde-se com esse grupo. Ao despertar o gosto pela beleza, abrimos o caminho para o espírito de desinteresse e sacrifício. Tudo o que incita o homem a se perder de vista, a olhar para além e acima de si mesmo, a não fazer de si o centro do mundo, tudo o que o vincula a algum objetivo que o ultrapassa em alguma medida, tudo isso só pode desenvolver nele tendências comparáveis àquelas que nós encontramos na raiz da vida moral. Em ambos os casos, estamos diante da mesma necessidade e das mesmas faculdades de não permanecer estreitamente voltados sobre nós mesmos, de abrir-se amplamente para fora, de deixar a vida exterior penetrar em nós, de comungar com ela até o ponto de esquecer-nos completamente. Em certo sentido, a cultura estética imprime à vontade uma atitude de que a educação moral pode se servir para alcançar suas próprias finalidades e, portanto, pode parecer que a arte seja um poderoso instrumento para moralizar.

Mas vejamos agora o outro lado dessa trama, pelo qual a cultura estética diverge radicalmente da cultura moral.

O que acontece é que o domínio da arte não é o domínio do real. Mesmo quando os seres que o artista representa são diretamente tirados da realidade, não é a sua realidade que faz a sua beleza. Pouco nos importa que determinada paisagem tenha existido aqui ou acolá, que determinado personagem dramático realmente tenha existido na história. Não é porque ele é histórico que nós o admiramos no teatro, mas porque ele é belo; nossa emoção não seria diminuída em nada se ele fosse inteiramente um produto de uma ficção poética. Podemos até mesmo dizer que quando a ilusão é completa e nos faz tomar por real o cenário no qual figura o artista, o prazer do belo desaparece. Seguramente, se os homens ou as coisas, que são postos diante de nossos olhos, fossem absolutamente verossímeis, o espírito não se interessaria tanto; como consequência, a emoção estética não poderia nascer. É suficiente que sua não realidade não seja muito gritante, que não nos pareça algo absolutamente impossível. E, ainda, não saberemos dizer em que ponto preciso o inverossímil se torna muito evidente e muito chocante para não ser tolerado. Quantas vezes os poetas nos levam a aceitar temas cientificamente absurdos, mesmo que saibamos que são absurdos! Fazemo-nos cúmplices voluntários de erros dos quais temos consciência, para não estragar nosso prazer. Definitivamente não existe, para o artista, nem leis da natureza, nem leis da história que devam ser respeitadas sempre, em todas as circunstâncias. O que explica essa característica da obra de arte é que os estados interiores que ela traduz e que comunica não são nem sensações, nem concepções, mas imagens. A impressão artística resulta do modo como o artista afeta não o nosso sentido ou nossa razão, mas nossa imaginação. O artista nos pinta as coisas de modo que possamos representá-las não tal qual o faz um intelectual ao elaborar uma noção objetiva e impessoal, nem tal qual nós mesmos podemos senti-las, quando estamos em contato com elas. Seu papel é o de suscitar em nós certos estados que, pela maneira com que se combinam, por seu jogo interno, e abstraindo de sua relação com o real, nos causam esse prazer particular que denominamos prazer estético. Essas são as imagens. Ora, as imagens constituem a matéria mental mais plástica que existe. Não há nada que seja tão pouco resistente. A sensação é causada em nós por uma causa exterior presente; ela é o prolongamento no interior de nossa consciência dessa coisa exterior; ela é então obrigada a reproduzir essa coisa, de que ela própria é um aspecto. Por conseguinte, a coisa sendo aquilo que ela é, nossa sensação não pode ser diferente, qualquer que ela seja. O conceito elaborado pela ciência também tem essa função de exprimir a realidade, mesmo que de uma maneira diferente da sensação. Portanto, ele também deve ser moldado a partir da realidade. A imagem, ao contrário, ocupa um lugar à parte, privilegiado. Ela não está submetida à ação de uma coisa, da qual não seria mais do que mera cópia interior; ela não é o produto de uma elaboração científica, severamente regulamentada. É livre. Longe de ser subserviente a qualquer realidade exterior, ela é moldada à vontade. Ela depende principalmente de nosso humor, de nossas disposições interiores. Conforme a maneira como nos sentimos, muda de aspecto, torna-se mais luminosa ou mais sombria, mais vivaz ou mais desoladora. Como as imagens não estão condenadas a exprimir as relações verdadeiras entre as coisas, elas podem se combinar de maneira caprichosa, de acordo com nossos desejos conscientes ou inconscientes. As imagens são livres da dura necessidade à qual a natureza é submetida. Eis por que as leis da natureza, por assim dizer, não existem para o artista, pois, de modo geral, o domínio da arte não é o real. O mundo no qual o artista se move é o mundo das imagens, e o mundo das imagens é o mundo do sonho, da ficção, das livres combinações mentais.

Ora, desse ponto de vista, existe um verdadeiro antagonismo entre a arte e a moral. A arte nos faz viver em um ambiente imaginário; por isso mesmo, ela nos desconecta da realidade, dos seres concretos, individuais e coletivos, que a compõem. Costuma-se dizer, com razão, que a grande contribuição da arte é nos fazer esquecer da realidade tal como ela é, dos homens tal qual eles são. Ao contrário, o mundo da moral é o mundo do real. O que a moral nos ordena é amar o grupo do qual fazemos parte, os homens que compõem esse grupo, o solo que eles ocupam, todas as coisas concretas e reais, que devemos ver tal qual são realmente, mesmo quando nosso objetivo é elevá-los ao maior grau possível de perfeição. É que a moral pertence ao domínio da ação, e só há ação possível se seu objeto for extraído da realidade. Cumprir o próprio dever é ser útil a algum ser vivente, existente. A arte se afasta da vida moral precisamente porque se afasta da realidade. Além disso, é somente em parte e somente sob determinados aspectos que os hábitos desenvolvidos pela cultura estética podem ser comparados aos hábitos propriamente morais. Estes hábitos assemelham-se em sua economia interna; ambos tendem a elevar o indivíduo acima de si mesmo. Entretanto, enquanto uns nos vinculam a imagens, a puras criações de nosso espírito, os outros nos vinculam ao mundo das coisas reais. É preciso ver as pessoas tal como são, ver seu sofrimento e sua miséria, para poder trazer a reparação necessária. A arte volta seu olhar para um outro lado. Sua orientação é bem diferente. É por isso que quando a moralidade finca suas raízes na cultura estética, ela logo se dissipa e evapora, transforma-se em puros jogos de imaginação, nos quais o espírito se perde em vagas aspirações interiores, em devaneios; deixa, então, de consistir em atos definidos e eficazes, destinados a retificar ou modificar a realidade. Já vimos que muitas crianças que receberam uma educação puramente artística se transformarem em homens que consideram que a elevação moral consiste em construir um belo edifício de ideias, um belo sistema de pensamento, que eles admiram e contemplam preguiçosamente, em vez de pôr as mãos à obra e tomar sua parte no trabalho coletivo.

    Esse antagonismo poderia ser expresso da seguinte maneira. Muitas vezes se comparou a arte a uma brincadeira. E, com efeito, esses dois tipos de atividade são duas espécies de um mesmo gênero. Quando brincamos, assim como quando contemplamos uma obra de arte, vivemos uma vida fictícia, imaginária, que perderia todo seu charme se se tornasse indiferenciada da vida real. Se adoramos jogar cartas, dados, é sem dúvida porque a pequena guerra implicada nesses jogos é muito diferente dos confrontos reais que travamos uns com os outros, na luta de cada dia; mas, se o jogo passar a ser muito semelhante à vida real, se, por exemplo, apostarmos uma quantia de dinheiro muito próxima ao nosso salário, o prazer do jogo desaparece. Voltamos a ficar sérios; tornamo-nos o homem que somos em nossa vida mais séria; nós paramos de brincar. É, portanto, a imaginação que nos proporciona esse prazer particular que experimentamos durante a brincadeira, uma imaginação que nem sequer nos ilude. Esse interesse é o produto de uma ilusão, mas de uma ilusão da qual temos consciência, de modo que nunca é uma ilusão completa. Ora, o mesmo acontece com a arte. Uma obra de arte não nos interessaria se não tivesse nenhuma relação com o real; por outro lado, deixaria de ser uma obra de arte para nós se os seres e acontecimentos que ela representa fossem tomados por nós como sendo a própria realidade, se tivéssemos em relação a eles os mesmos sentimentos que temos em relação às coisas reais. Tanto a brincadeira quanto a arte nos fazem viver em um mundo de imagens, e sabemos disso, e são essas combinações de imagens que produzem tanto o prazer da brincadeira quanto o prazer da arte. Nesse sentido, podemos dizer que a arte é uma brincadeira. A moral, ao contrário, faz parte da vida séria. Na verdade, ela constitui aquilo que existe de mais sério, de mais grave na vida séria. Podemos ver, assim, a distância que existe entre essas duas formas de atividade: é a mesma distância que separa a brincadeira do trabalho. Não é, pois, aprendendo a jogar esse jogo especial, que é a arte, que aprenderemos a realizar nosso dever.

Não quer dizer, contudo, que a arte não tenha nenhum papel a desempenhar na educação moral. Ao contrário, a partir do que dissemos é possível determinar a parte que lhe cabe e aquilo que podemos esperar dela. A arte, dissemos, é uma brincadeira, mas a brincadeira tem seu lugar na vida. Não podemos trabalhar o tempo todo; não podemos fazer esforço constantemente. Essa energia concentrada sobre um único objetivo, como exige o trabalho, possui algo de anormal, que não pode prolongar-se muito. É preciso que a descontração se suceda ao esforço, que a atividade passe a tomar a forma de uma brincadeira. Mas há vários tipos de brincadeira. Existem aquelas grosseiras e materiais, que apelam exclusivamente aos sentimentos egoístas, até mesmo brutais (como em alguns esportes), que são muito parecidos com os sentimentos que nos animam em nossas lutas cotidianas. Há outras, ao contrário, que motivam sentimentos que, se não são eles próprios morais, ao menos se assemelham a estes em alguns aspectos. A brincadeira que apresenta essa característica num grau mais elevado é a arte; nós já vimos como a arte implica certo desinteresse, certo desapego de si, certo distanciamento em relação aos interesses materiais mais grosseiros, como promove certa espiritualização da sensibilidade e da vontade. Eis o modo com que a arte nos interessa. É preciso que tenhamos momentos de descanso e é importante que eles sejam preenchidos de forma nobre, tão moralmente quanto possível. Somente a arte pode nos oferecer isso. A arte é a forma mais nobre da brincadeira; é a moral estendendo sua ação até os momentos de ócio, imprimindo neles sua marca própria. Por isso seria importante dar uma cultura estética para todas as crianças. Por si mesmo, o momento de descanso é sempre perigoso. Na vida séria, o homem é sustentado contra as más seduções pela obrigação do trabalho. É preciso que, uma vez cumpridas suas obrigações, ele continue a resistir, a ocupar-se de algo sem se desmoralizar. O homem que foi iniciado na prática de alguma arte está a salvo desse perigo. Podemos constatar, porém, que se a arte desempenha algum papel na educação moral, esse papel é meramente negativo. A arte não serve para formar o caráter moral; ela não vincula a atividade a um ideal que seja moral em si mesmo; ela não é um fator positivo da moralidade; é tão somente um meio de preservar o temperamento moral já constituído contra certas influências prejudiciais. Isso explica por que sempre falei da arte apenas de forma secundária, quase acidentalmente. É porque, quando analisamos os meios que permitem formar a constituição moral da criança, a arte não se faz presente.

E, ao mesmo tempo, podemos compreender melhor a importância, bastante considerável, que atribuímos ao ensino das ciências. A moral, conforme já dissemos, é a vida séria, tem o real como objeto. Os atos que ela reclama de nós concernem aos seres ou às coisas que existem realmente ao nosso redor. Portanto, quanto melhor conhecemos esses seres e essas coisas, melhor poderemos realizar os atos que nos são prescritos. Quanto mais precisa for nossa noção acerca da realidade, mais estaremos aptos a agir da maneira que convém. Ora, é a ciência que nos permite conhecer aquilo que existe. É, pois, a ela, e somente a ela, que podemos interrogar acerca das ideias que guiam nossa ação, tanto a ação moral quanto qualquer outra. É nisso que reside o interesse moral do ensinamento científico.

Já discutimos como as ciências físicas podem e devem servir a esse objetivo; elas permitem que a criança adquira bons hábitos intelectuais, que serão aproveitados por sua prática moral. Mas é evidente que existe uma outra realidade que é importante conhecer e fazer com que seja conhecida, porque é ela o principal objeto da atividade moral: é a realidade social. Sem dúvida, dado que o mundo social não é separado por um abismo do mundo natural, mas o reproduz em seus traços fundamentais, as ciências da natureza física constituem, para a moral, uma propedêutica cuja utilidade é inquestionável. Não obstante, a sociedade possui seu caráter próprio, sua constituição especial; é, pois, indispensável que ela seja conhecida em si mesma, que o espírito da criança seja colocado em contato direto com essa realidade. É verdade que a ciência dos fatos morais, propriamente dita, encontra-se ainda num estado bastante rudimentar para que possa ser ensinada na escola. Mas, entre os ensinamentos escolares, existe um, parente próximo da sociologia, que pode oferecer ao aluno uma idéia bastante completa sobre o que é a sociedade e suas relações com o indivíduo. Trata-se do ensino da história.

Para que a criança possa aderir à sociedade é preciso que ela sinta que existe nela algo de real, de potente, que domina o indivíduo, ao qual ele deve a melhor parte de si mesmo. Ora, nada pode oferecer melhor essa impressão do que o ensino da história, desde que ele seja compreendido corretamente. Sem dúvida, se, fiel aos velhos erros, se ensinar à criança que nosso direito moderno foi criado por Napoleão, que a literatura do século XVII foi suscitada pela ação pessoal de Luís XIV, que foi Lutero quem criou o protestantismo, não faremos senão reproduzir os velhos preconceitos, dos quais já falamos, segundo os quais a sociedade seria obra de apenas alguns indivíduos, em vez de ter uma natureza própria que se impõe a esses indivíduos: trata-se de um preconceito que, dentre outras deploráveis consequências, nos induz a identificar a pátria com um homem.

Mas essa maneira simplista de discutir a história nem precisa mais ser discutida atualmente. Há cerca de um século os historiadores vêm colocando em relevo a ação dessas forças coletivas e anônimas, que conduzem o povo porque são produto do povo, porque não emanam de tal ou qual indivíduo, mas da sociedade em seu conjunto. Ora, somente a história da França já oferece milhares de exemplos que permitem oferecer à criança o sentimento dessa vida impessoal: o feudalismo, as cruzadas, a Renascença. Mas, talvez, o que seja ainda mais elucidativo, o que talvez toque ainda mais o espírito dos alunos, é fazê-los perceber não somente como, em cada momento histórico, cada um de nós é submetido à ação coletiva de todos os nossos contemporâneos, mas ainda como cada geração depende das gerações anteriores, como cada século, qualquer que seja, continua a obra de seus antepassados, caminha pelas trilhas abertas por eles; e isso acontece mesmo quando se acredita estar voltado na direção contrária. Não há espetáculo mais instrutivo do que o da vida social, que segue sempre adiante, imutável, em seu próprio caminho, mesmo que os indivíduos através dos quais essa evolução se realiza se renovem constantemente. Certamente, não se trata de fazer considerações abstratas e filosóficas sobre a necessidade da evolução social diante dos alunos da escola primária. Nada seria mais deslocado do que isso. Trata-se apenas de oferecer-lhes uma forte impressão a respeito do que é o desenvolvimento histórico; trata-se, sobretudo, de preveni-los contra certas ideias falsas nas quais ainda muitas pessoas acreditam; e a história de nosso país se presta maravilhosamente bem a esse tipo de ensinamento. Afinal, ela é caracterizada por uma notável unidade. Nada é mais fácil do que mostrar a perfeita continuidade com que ela tem se desenvolvido, desde o momento em que a monarquia se desenvolve e se subordina ao feudalismo, quando surgem as comunas, até o momento da Revolução Francesa. Os regimes mais diferentes, até mesmo os mais opostos, foram operários de uma mesma obra, na medida em que havia uma força inerente às próprias coisas que os impulsionava na mesma direção. A monarquia absoluta e a democracia revolucionária se negam mutuamente; no entanto, foi a primeira que abriu os caminhos para a segunda. Já tive a ocasião de mostrar como a unidade moral do país, consumada pelos homens da Revolução, foi preparada pelo Antigo Regime. O vínculo entre o movimento comunal e o movimento revolucionário é ainda hoje conhecido por todos; ora, sabemos como a emancipação das comunas foi favorecida pelos reis. Devemos, pois, precaver-nos de acreditar em bruscas soluções de continuidade. O ensinamento histórico falharia em seu objetivo se não deixasse essa impressão de que, para usar uma expressão conhecida, a história não começa, nem termina, em parte alguma. Para fazer com que as ideias formuladas no final do século passado sejam amadas não é preciso apresentá-las como uma espécie de improvisação quase ininteligível. Elas não terão mais autoridade se nós mostrarmos que, na realidade, elas são o produto natural de todo um desenvolvimento anterior? Nesse caso, a própria glória da Revolução não será diminuída: afinal, seu verdadeiro mérito foi o de extrair daquela situação histórica as consequências que já estavam logicamente implicadas nela. Desse modo, a criança, e mais tarde o homem, compreenderá que os direitos que são reconhecidos atualmente, a liberdade que desfrutamos, a dignidade moral atribuída a ela, tudo isso é uma obra não de determinados indivíduos, de tal ou qual geração, mas desse ser, a um só tempo pessoal e impessoal, que chamamos de França, ou seja, compreenderá que foi a sociedade inteira, desde suas origens mais remotas, que preparou sua emancipação.

Mas para vincular a criança ao grupo social de que faz parte não basta fazer com que sinta sua realidade; é necessário que ela a sinta efetivamente em todas as fibras de seu ser. Ora, para tanto, o procedimento mais eficaz é fazer com que a sociedade viva nela, que seja uma parte integrante dela, de modo que não possa separar-se dela sem separar-se de si mesma. Mas a sociedade não é a obra dos indivíduos de um determinado momento da história; não é somente o solo que ela ocupa; é, sobretudo, um conjunto de ideias e sentimentos, de certas maneiras de ver e sentir, certa fisionomia intelectual e moral característica do grupo inteiro. A sociedade é, antes de tudo, uma consciência: é a consciência da coletividade. É, pois, essa consciência coletiva que deve ser passada para a alma da criança. Sem dúvida, essa penetração se dá, em parte, pela própria ação da vida, pelo jogo automático das relações humanas. Essas ideias e esses sentimentos estão espalhados por todo lugar, a criança impregna-se deles ao viver. Mas esta é uma operação demasiado importante para que possa ser abandonada ao acaso desses encontros fortuitos. É à escola que cabe organizá-la metodicamente. É preciso que um espírito esclarecido efetue uma seleção adequada em meio a esse conjunto confuso de estados mentais de todo tipo presentes na vida social, que muitas vezes são até contraditórios; é preciso que ela estenda sua ação a tudo aquilo que é vital; por outro lado, ela deve deixar de lado aquilo que é secundário, deixar os defeitos na sombra e iluminar as qualidades. Esse é o papel do professor, e também nesse caso o ensino da história lhe oferecerá os melhores meios para atingir esse objetivo.

Com efeito, para inculcar nas crianças o espírito coletivo, não servirá para nada lhes apresentar análises abstratas. É preciso que as crianças sejam colocadas diretamente em contato com esse espírito. Ora, o que é a história de um povo senão o gênio desse povo desenvolvido ao longo do tempo? Quando fazemos a criança viver a história de seu país, fazemos com que viva na própria intimidade da vida coletiva. Não é convivendo com um homem a vida inteira que aprendemos a conhecê-lo? Nesse caso, uma aula de história é uma exposição de fatos. Entretanto, como os traços de nosso caráter nacional são imanentes aos acontecimentos históricos, a criança só poderá senti-los se o professor se empenhar em depreendê-los, especialmente aqueles que merecem ser evidenciados. Como já disse, não se trata de fazer um curso sobre o espírito francês; basta saber em que ele consiste, e dirigir o ensino de modo que esse espírito se sobressaia na trama dos fatos.

Tal ensinamento supõe, evidentemente, que o professor não fale ao acaso, mas que já tenha algumas ideias consolidadas acerca do que é esse espírito francês. É somente sob essa condição que seu espírito não irá se dispersar, mas, ao contrário, poderá se concentrar sobre um pequeno número de aspectos bem definidos. Não será no final desta lição que poderemos determinar quais são os principais traços de nosso caráter nacional; mas existe ao menos um, sobre o qual é importante insistir; afinal, ele me parece ser o ponto central desse conjunto, aquele em torno do qual todos os outros serão naturalmente agrupados. Trata-se da tendência universalista e, portanto, cosmopolita de todas as nossas concepções e de nossas produções. Essa é, sem dúvida, uma das características desse espírito geométrico e cartesiano, do qual já falamos anteriormente, e que está na própria raiz do espírito francês. Nossa simplicidade, nossa sede de racionalismo, inclinam-nos a abstrair daquilo que é muito individual e concreto, para representar as coisas de uma forma mais geral e abstrata. Ora, precisamente porque as noções desse tipo são gerais, porque são despojadas de tudo o que é particular, todas as inteligências humanas podem comungar com elas. É por isso que costumamos dizer que pensamos pela humanidade. Quando tentamos fazer uma constituição, temos a intenção de construí-la não para nosso uso próprio e exclusivo, em fazer com que esteja de acordo somente com as características particulares de nosso país, nós queremos que ela sirva para a humanidade inteira. É por isso que fazemos essas declarações válidas para todo o gênero humano, declarações que muitas vezes são criticadas em nome de um suposto método histórico. Há nisso uma maneira de ver as coisas que é tão absolutamente inerente ao nosso espírito, que nossa própria língua carrega essa marca. Justamente por ser tão essencialmente analítica é que ela é perfeitamente adequada para exprimir essas maneiras de pensar. É isso que lhe conferiu durante tanto tempo essa capacidade de se expandir. Não há dúvida de que, como já mostrei, é desejável e mesmo necessário que superemos essa fase do simplismo geométrico na qual permanecemos por muito tempo. Mas é possível fazer isso sem abdicar dessa inclinação para pensar as coisas de forma impessoal, que é a própria essência do espírito científico. Podemos aprender a não nos contentar com noções excessivamente simples, mesmo continuando a buscar noções gerais e inteligíveis. Pensar cientificamente será sempre pensar com a ajuda de conceitos determinados e definidos. Certamente, como já mostrei, devemos chegar a sentir que os conceitos mais elementares não são os mais objetivos; que a realidade, ao contrário, é infinitamente complexa; que só poderemos chegar a exprimi-la muito lentamente, com muito trabalho, sempre contando com a ajuda de sistemas complexos de conceitos distintos; que talvez jamais obtenhamos mais do que uma expressão imperfeita. Mas renunciar à precisão e à determinação das ideias implicaria renunciar ao uso de nossa razão, seria mergulhar no misticismo. Não é isso que devemos fazer. Ainda mais uma vez, nosso problema não é o de buscar obter ideias claras, isto é, racionalizar as coisas, mas ter permanecido durante muito tempo em uma forma muito elementar e simples de racionalismo, em um racionalismo muito fácil. Nós podemos, pois, adquirir um sentimento um pouco mais vivo acerca daquilo que há de mais complexo nas coisas, sem abdicar de tudo aquilo que é excelente nessa tendência essencial de nosso temperamento nacional.

Se eu insisto sobre esse aspecto de nosso caráter coletivo, é porque é por esse lado que nossa consciência nacional se confunde com a consciência humana, pelo qual, portanto, patriotismo e cosmopolitismo se confundem. Nossa maior glória nacional, à qual somos mais apegados, não está precisamente nessas ideias humanistas que difundimos por todo o mundo? Não quero dizer que por ser um traço característico de nosso espírito nacional, que o cosmopolitismo seja um privilégio, um monopólio de nosso povo. Porque nosso cosmopolitismo também possui características especiais, nacionais, por assim dizer, e deixa espaço aberto para outros tipos de cosmopolitismo. O que o distingue é seu intelectualismo. Porque é especialmente nas ideias que somos cosmopolitas, não tanto em nossos atos. Nós pensamos pela humanidade, talvez muito mais do que agimos por ela. Não é, pois, sem razão que muitas vezes fomos acusados de chovinismo. Em virtude dessa característica contraditória que, aliás, é perfeitamente explicável, ao mesmo tempo que abstraímos de todas as diferenças nacionais em nossas concepções morais e políticas, nós demonstramos um amor-próprio coletivo quase excessivo, fechamo-nos voluntariamente às ideias estrangeiras e aos próprios estrangeiros, não deixamos que eles penetrem em nossa vida interior e, ao menos até bem pouco tempo, não experimentamos com muita intensidade qualquer necessidade de nos misturarmos à vida que se passa fora daqui. Ao lado desse cosmopolitismo intelectual, ou dos intelectuais, pode haver outros tipos, que completam este. Pode existir, por exemplo, um cosmopolitismo econômico; um outro que se traduz por um humor menos pessoal, menos exclusivo, mais receptivo às coisas e às pessoas do estrangeiro. Em suma, cada sociedade concebe o ideal humano à sua própria maneira e, entre esses ideais, não há nenhum que goze de qualquer sorte de excelência ou de supremacia. Cada um corresponde ao temperamento próprio de cada sociedade. Para que a nossa sociedade possa ser amada é inútil vangloriar-se, como se fosse a única boa; do mesmo modo que um homem esclarecido pode amar sua família sem ter que acreditar que seus pais ou seus filhos superam todos os outros em inteligência e em moralidade. Tudo o que importa que seja compreendido é que temos a nossa própria maneira de contribuir para o bem comum da humanidade. Seria até mesmo pertinente apontar, no momento adequado, aquilo que ela tem de necessariamente incompleto.

Coleção sociologia

- *A educação moral*
  Émile Durkheim
- *A pesquisa qualitativa*
  VV.AA.
- *Quatro tradições sociológicas*
  Randall Collins
- *Introdução à Teoria dos Sistemas*
  Niklas Luhmann
- *Sociologia clássica – Marx, Durkheim, Weber*
  Carlos Eduardo Sell
- *O senso prático*
  Pierre Bourdieu
- *Comportamento em lugares públicos*
  Erving Goffman
- *A estrutura da ação social –* Vols. I e II
  Talcott Parsons
- *Ritual de interação*
  Erving Goffman
- *A negociação da intimidade*
  Viviana A. Zelizer
- *Os quadros da experiência social*
  Erving Goffman
- *Democracia*
  Charles Tilly
- *A representação do Eu na vida cotidiana*
  Erving Goffman
- *Sociologia da comunicação*
  Gabriel Cohn
- *A pesquisa sociológica*
  Serge Paugam (coord.)
- *Sentido da dialética – Marx: lógica e política - Tomo I*
  Ruy Fausto
- *A emergência da teoria sociológica*
  Jonathan H. Turner, Leonard Beeghley e Charles H. Powers
- *Análise de classe – Abordagens*
  Erik Olin Wright
- *Símbolos, selves e realidade social*
  Kent L. Sandstrom, Daniel D. Martin e Gary Alan Fine
- *Sistemas sociais*
  Niklas Luhmann
- *O caos totalmente normal do amor*
  Ulrich Beck e Elisabeth Beck-Gernsheim
- *Lógicas da história*
  William H. Sewell Jr.
- *Manual de pesquisa qualitativa*
  Mario Cardano
- *Teoria social – Vinte lições introdutórias*
  Hans Joas e Wolfang Knöbl
- *A teoria das seleções cultural e social*
  W.G. Runciman
- *Problemas centrais em teoria social*
  Anthony Giddens
- *A construção significativa do mundo social*
  Alfred Schütz
- *Questões de sociologia*
  Pierre Bourdieu
- *As regras do método sociológico*
  Émile Durkheim
- *Ética econômica das religiões mundiais – Vol. I*
  Max Weber
- *Ética econômica das religiões mundiais – Vol. III*
  Max Weber
- *Teoria dos sistemas na prática – Vol. I - Estrutura social e semântica*
  Niklas Luhmann
- *Teoria dos sistemas na prática – Vol. II - Diferenciação funcional e Modernidade*
  Niklas Luhmann
- *Teoria dos sistemas na prática – Vol. III - História, semântica e sociedade*
  Niklas Luhmann
- *O marxismo como ciência social*
  Adriano Codato e Renato Perissinotto
- *A ética protestante e o espírito do capitalismo*
  Max Weber
- *As fontes do poder social – Vol. 1 - Uma história do poder desde o início até 1760 d.C.*
  Michael Mann
- *Mente, self e sociedade*
  George Herbert Mead

CULTURAL

Administração
Antropologia
Biografias
Comunicação
Dinâmicas e Jogos
Ecologia e Meio Ambiente
Educação e Pedagogia
Filosofia
História
Letras e Literatura
Obras de referência
Política
Psicologia
Saúde e Nutrição
Serviço Social e Trabalho
Sociologia

CATEQUÉTICO PASTORAL

Catequese
Geral
Crisma
Primeira Eucaristia

Pastoral
Geral
Sacramental
Familiar
Social
Ensino Religioso Escolar

TEOLÓGICO ESPIRITUAL

Biografias
Devocionários
Espiritualidade e Mística
Espiritualidade Mariana
Franciscanismo
Autoconhecimento
Liturgia
Obras de referência
Sagrada Escritura e Livros Apócrifos

Teologia
Bíblica
Histórica
Prática
Sistemática

REVISTAS

Concilium
Estudos Bíblicos
Grande Sinal
REB (Revista Eclesiástica Brasileira)

VOZES NOBILIS

Uma linha editorial especial, com importantes autores, alto valor agregado e qualidade superior.

VOZES DE BOLSO

Obras clássicas de Ciências Humanas em formato de bolso.

PRODUTOS SAZONAIS

Folhinha do Sagrado Coração de Jesus
Calendário de mesa do Sagrado Coração de Jesus
Agenda do Sagrado Coração de Jesus
Almanaque Santo Antônio
Agendinha
Diário Vozes
Meditações para o dia a dia
Encontro diário com Deus
Guia Litúrgico

CADASTRE-SE
www.vozes.com.br

EDITORA VOZES LTDA.
Rua Frei Luís, 100 – Centro – Cep 25689-900 – Petrópolis, RJ
Tel.: (24) 2233-9000 – Fax: (24) 2231-4676 – E-mail: vendas@vozes.com.br

UNIDADES NO BRASIL: Belo Horizonte, MG – Brasília, DF – Campinas, SP – Cuiabá, MT
Curitiba, PR – Fortaleza, CE – Goiânia, GO – Juiz de Fora, MG
Manaus, AM – Petrópolis, RJ – Porto Alegre, RS – Recife, PE – Rio de Janeiro, RJ
Salvador, BA – São Paulo, SP